KB057384

인생의 무기가 되는 삼국지

인생의 무기가 되는 삼국지

초판 인쇄 2022년 6월 20일
초판 발행 2022년 6월 25일

편저자 김세중
펴낸이 김상철
발행처 스타북스
등록번호 제300-2006-00104호
주소 서울시 종로구 종로 19 르메이에르종로타운 B동 920호
전화 02) 735-1312
팩스 02) 735-5501
이메일 starbooks22@naver.com
ISBN 979-11-5795-652-4 03150

슬기로운 동양고전
인생의
무기가
되는
삼국지
김세중 편저
배우고 익히면
즐거움이 터진다
지혜가 꼬리를 무는
인생 공부
스타북스

책머리에

『삼국지』를 읽지 않은 사람과는 인생을 논하지 말라

『삼국지』를 평할 때 가장 유명한 말이 있다. '『삼국지』를 한 번도 읽지 않은 사람과는 친구가 되지 말고, 세 번 이상 읽은 사람과는 싸우지도 말며, 열 번 이상 읽은 사람과는 상대도 하지도 말라'는 말이다.

지금도 가장 유명한 책으로 손꼽히는 『삼국지』에는 사람이 능력으로 할 수 있는 모든 응용 가능한 지혜가 고스란히 담겨 있다. 이 책 『인생의 무기가 되는 삼국지』는 중국 역사의 축적된 삶의 지혜 77편을 선정하여 그 의미와 역사적 사례를 이야기로 정리하여 재미를 더했다.

아무리 뛰어난 아무리 뛰어난 예술가라도 일 분 일 초까지 완벽한 사람은 없고 영원한 가치를 지닌 예술 작품이라 할지라도 창작은 한순간의 영감으로 이루어진다. 이와 마찬가지로 아무리 뛰어난 명작이라 할지라도 모든 글귀가 다 명작이 되는 것은 아니며 가장 뛰어난 부분은 대개 감동적인 몇 마디 글귀로 집약되게 마련이다.

우리는 흔히 이런 감동적인 몇 마디 글귀들을 '경전의 명언'이라고 한다. 명언은 비록 몇 마디에 불과하지만 한 작품을 아우르는 모든 지혜와 정수가 녹아들어 있고 작자의 창작 영감이 고스란히 응축된 핵심이라 할 수 있다. 바로 그래서 명언은 세세대대로 전해지며 인류에게 더 많은 깨달음과 상상력을 제공해주었다. 명작에서 얻은 깨달음과 상상력은 다른 수천, 수만의 작품들보다 훨씬 뛰어난 결과를 가져왔을 뿐만 아니라 심지어 때로는 원작 그 자체의 성과를 초월하기도 했다. 이런 이유로 그동안 널리 사랑을 받아온 역대 중국의 고전 중에서 인구에 회자되는 경전의 명언들을 엄선해 독자들에게 선물할 책을 꾸렸다. 이 책 한 권이면 독자들은 생활에서 만나게 되는 명언뿐만 아니라 그 명언의 유래까지도 알 수 있을 것이다.

왼손에는 『사기』, 오른손에는 『삼국지』를 들어라

이 책은 명언의 원문 해석을 곁들인 것으로 때로 어렵지 않은 원문이더라도 가장 보편적이고 쉬운 해석을 사용해 원문의 함의를 정확하게 이해할 수 있도록 했다. 뿐만 아니라 명언과 관련된 배경 지식을 소개해 더 깊이 있는 지식을 얻을 수 있도록 도왔다.

아무리 사람의 영혼을 울리는 글이라도 글의 배경이 빠져서는 안 되고 아무리 파란만장한 이야기라도 자세한 내력이 없으면 이야기가 되지 않는다. 모든 명언에는 심금을 울리는 이야기들이 숨어 있다. '명언 이야기'는 독자들에게 명언과 관련된 배경과 이야기의 자세한 내막을 알려준다. 독자들은 '명언 이야기'를 통해 명언이 탄생한 역사의 현장 속으로 들어가 명언 속에 살아 숨 쉬는 함의를 생생히 이해하게 될 것이다.

명언은 바다가 육지가 되는 역사의 기록이며 문화유산이다. 명언은 서로 다른 시간과 공간을 살던 중국인의 경험과 지혜가 한데 녹아든 산물로, 과거와 현재를 사는 중국인들의 자연·사회·역사·인생 등 모든 부분에 대한 생각을 담고 있다.

그러나 구슬 서 말도 꿰어야 보배라고 이런 값진 생각들을 현실생활에서 적용하지 않는다면 명언에 대한 이해도 완벽해질 수 없다. '명언의 역사적 사례' 부분에서는 태평양처럼 무궁무진한 고전 사료 속에서 고른 생생한 이야기를 통해 명언을 생동감 있게 익힐 수 있도록 했다.

이 시리즈 '왼손에는 『사기』, 오른손에는 『삼국지』를 들어라'는 문학 감상과 실용적인 가치를 동시에 지닌 '명언 총선'으로서 독자들이 단시간 내에 고전 명작의 정수를 완벽히 이해할 수 있도록 도와줄 것이다. 편집 과정에서는 자료의 정확성을 중시했을 뿐 아니라 독서의 즐거움도 충분히 고려해 모든 독자들이 명언을 이해함을 물론이요, 지식이 한 단계 성장하는 즐거움을 만끽하며 회심의 미소를 지을 수 있도록 노력했다.

따라서 독자들께서는 명언의 기초적 이해를 바탕으로 심층적 이해를 통해 한층 더 높은 경지를 경험하는 기쁨을 직접 느낄 수 있을 것이다.

차례

죽음으로도 용서되지 않는 죄

②

화살이 활에 놓였으니 쏘지 않을 수 없다

③

하늘을 다스리고 땅을 다스리다

모든 것이 다 준비되었는데 동풍이 없다

5

주유를 낳으시고 어찌 제갈량을 또 낳으셨습니까

이름은 헛되이 전해지는 법이 없다

7 먹자니 맛이 없고 버리자니 아깝다

죽음으로도 용서되지 않는 죄

고리를 잇는 계책

連環計(연환계)

왕윤은 무릎을 꿇으며 말했다. "……내가 보니 그 두 사람은 모두 여색을 밝히는 무리라 연환계連環計를 사용하려고 한다. 나는 먼저 여포에게 널 시집보내겠다고 약속하고 후에 다시 동탁에게 바칠 것이다. 그러면 너는 그 둘 사이에서 적절하게 처신하며 기회를 봐서 두 부자가 서로 반목하도록 만들고 여포가 동탁을 죽여 이 큰 악을 없애버리도록 해라. 이 나라를 힘써 돕고 강산을 다시금 일으키는 것은 전부 너의 힘에 달렸다. 그런데 너는 어떤 뜻을 품고 있는지 모르겠구나."

태사太師 동탁은 전권을 휘두르며 연회석상에서 사공司空(어사대부, 부승상의 지위) 장온張溫을 죽여 버렸다. 그러나 조정과 백성은 상하를 막론하고 아무리 화가 치밀어 올라도 동탁 앞에서 감히 말도 할 수 없

었다. 장온의 죽음에 깊은 유감과 동정심을 느낀 사도司徒(토지 관리와 노역을 담당한 관직으로, 삼경三卿 중 하나) 왕윤은 관저로 돌아와 한밤중에 홀로 화원에 앉아 조용히 눈물짓고 있었다. 그런데 그때, 목단정牧丹亭에서부터 긴 탄식 소리가 흘러나왔다. 집안에 있던 16살 난 미녀 가기歌妓 초선貂蟬의 소리였다.

왕윤이 초선을 책망하며 그 이유를 물으니 초선은 그의 앞에 엎드려 무릎 꿇고 대답했다. "소녀가 대인의 관저에 들어온 후 대인께서 태산과 같은 은혜로 소녀를 대해 주셨기에 항상 이 은혜를 어찌 보답해야 할까 걱정했습니다. 그런데 최근에 대인의 얼굴을 뵈오니 수심으로 온 얼굴을 찌푸리신 것이 아주 심각한 중대사가 있으신 것이 분명했습니다. 하지만 감히 묻기도 어려워 이렇게 길게 탄식만 하고 있는 중입니다. 소녀가 대인의 근심을 나눠 질 수만 있다면 얼마나 좋겠습니까?"

왕윤은 초선의 말을 듣는 순간 무언가를 깨달은 듯 외쳤다. "한나라 왕조가 한 여인의 손에 달려 있을 줄은 미처 몰랐구나!" 그는 초선을 목단정 안으로 데리고 가더니 땅에 엎드려 무릎을 꿇고 머리를 찧으며 초선에게 큰절을 올렸다. 영문을 모르는 초선이 황급히 물었다. "대인, 어찌 이러십니까? 저를 사용할 만한 곳이 있으시면 그저 분부만 내려주십시오." 왕윤이 대답했다. "동탁과 여포는 전부 여색을 밝히는 무리라 내 지금 너를 수양딸로 삼아 먼저 여포에게 시집보내겠다고 약속을 하려 한다. 그런 후에 다시 동탁에게 첩으로 바칠 생각이다. 너는 그 둘 사이에서 적절하게 대처하되 기회를 봐가면서 거사를 준비해라. 무슨 수를 써서든지 반드시 여포가 동탁을 죽이게 만들어서 한 왕조를 지켜내야 한다." 초선은 두말없이 승낙하며 맹세했다. "만일 제가 대인의 말대로 대의를 이루지 않는다면 천 번이라도 칼에 맞아 죽어 마땅합니다!"

왕윤은 초선과 함께 연환계(먼저 한 가지 계략을 사용해 적의 판단력을 흐리게 한 후에 또다시 새로운 계략으로 치명적인 공격을 가하는 계책)를 행하기로 결정하고 마침내는 여포의 손을 빌어 동탁을 제거하는 데 성공했다.

지혜가 꼬리를 무는 역사 이야기

사사명史思明은 중국 소수민족 돌궐突厥('투르크'의 가차假借 표기이며 알타이 산맥에서 발원하여 후에 중앙아시아에서 만주 지방까지 이른 북방 민족) 사람으로, 본명은 솔간窣干이라 한다.

736년 사사명은 관청에서 많은 돈을 빌린 후 이를 갚지 못해 북방의 해족奚族 지역으로 도망쳤다. 그러나 그는 지금까지 줄곧 배척해온 해족 사람들에게 붙잡히게 되었다. 해족인들은 외지인인 그를 바로 죽여 버리려 했지만 사사명은 짐짓 정중하고도 위엄이 가득한 표정을 지으며 말했다. "나는 해왕奚王과 화친하고자 대당 왕조에서 파견한 사자다. 지금 나를 죽였다가는 멸족을 당하는 화를 입을 것이다."

그의 말에 감쪽같이 속아 넘어간 해왕은 그를 귀빈의 예로 대접하고 100여 명의 사신단을 파견해 사사명과 함께 대당 황제를 알현하기로 결정했다. 그런데 사사명은 해왕에게 더 큰 요구를 했다. "왕께서 파견하는 사신단 수가 적은 건 아니지만 제가 볼 때는 전부 비천한 무리들입니다. 이런 사람들이 어찌 대 당나라의 황제를 뵙겠습니까? 듣자하니 해왕의 수하에는 쇄고瑣高라는 월등한 인재가 있다던데 어째서 쇄고는 보내지 않으십니까?"

해왕은 사사명의 의견을 받아들이고 쇄고와 그 수하의 300명에게 사사명을 따라가 대당 황제를 알현하고 오라고 명했다. 사신단 일행이 여평廬平에 가까워지자 사사명은 수행원들을 쉬게 한 후 자신은 몰래 여평을 지키는 장수 배휴자裴休子를 찾아가 보고를 올렸다. "해족 정예부대가 지금 막 여평에 당도하려고 합니다. 그 놈들은 천자를 배알하러 왔다고 할 테지만 실제로는 여평을 습격하려는 음모입니다. 장군은 단단히 준비를 하시고 놈들이 미처 손을 쓰기 전에 없애 버리십시오."

사사명의 말을 곧이곧대로 믿은 배휴자는 해족 사람들이 여평에 도착하자 쇄고 한 사람만 빼고는 수하의 300명을 모조리 죽여 버렸다. 그런 후 사사명은 쇄고를 압송해 유주 절도사 장수규張守珪에게 보냈다. 장수규는 매우 기뻐하며 조정에 상주문을 써서 사사명을 크게 칭찬했다.

사사명은 이렇게 교묘하게 연환계를 이용해 목숨을 건졌을 뿐만 아니라 장수규의 신임을 얻어 전혀 힘들이지 않고 자신의 야망에 다가갔다.

세상에서 보기 드문 인재

曠世逸材(광세일재)

태부 마일제馬日磾 또한 남몰래 왕윤에게 아뢰었다. **"백개伯喈는 세상에서 보기 드문 인재입니다. 그러니 그가 한사漢史를 계속 쓸 수 있도록 해주신다면 실로 뜻깊은 일이라 할 수 있습니다. 게다가 백개는 본래 효행이 남달라 이렇게 성급히 그를 죽여 버린다면 많은 사람을 실망시킬까 두렵습니다."**

왕윤은 연환계를 사용해 동탁을 토벌하는 데 성공했다. 그러나 동탁이 생전에 자신을 후대했던 일을 잊지 않은 채옹蔡邕은 그의 시체를 찾아 끌어안고 통곡했다. 비록 동탁이 백성들에게 포악하기 그지없게 굴긴 했지만 문인과 선비들에겐 온갖 회유책을 들이대며 구슬렸던 터라 과거 채옹은 하루에 3급이나 승진하여 좌중랑장左中郎將으

로 봉해진 일이 있었다. 그러나 왕윤은 채옹이 동탁의 시체를 안고 통곡했다는 이야기를 전해 듣고 크게 노했다. "동탁은 이 나라의 역적이고 그놈 때문에 한 왕실이 무너질 뻔했소. 채옹은 한나라의 녹을 먹는 신하로서 동탁을 원수처럼 미워해야 마땅하지 않소! 그런데 사사로운 은혜를 내세워 대의를 잊어버리다니! 채옹이 동탁이 죽은 것을 이렇게 슬퍼하는 걸 보면 그도 분명 동탁과 한 패거리일 거요."

채옹은 감옥에 갇힌 후 자신의 죄를 인정했다. 그러면서 그는 이렇게 간청했다. "비록 지금은 제 몸이 이런 불충한 자리에 있지만 고금의 군신지간의 도리를 항상 듣고 이야기해 오던 저입니다. 그런데 제가 어찌 나라를 배반한 채 동탁을 비호할 수 있겠습니까! 저는 얼굴에 글자를 새기고 두 다리를 자르는 형벌이라 해도 달게 받겠습니다. 제가 쓰던 한사漢史만 완성하게 해주십시오!"

많은 사대부들이 채옹을 동정해 백방으로 그를 구하려 애썼다. 태위太尉(진한秦韓 시기 무관 중 최고의 직위) 마일제도 채옹을 살리고자 특별히 왕윤을 찾아가 통사정을 했다. "채옹은 세상에서 보기 드문 인재인데다 한나라 왕조의 역사에 아주 정통합니다. 그가 사서를 계속 쓸 수 있다면 실로 한 시대의 위대한 경전이 될 것입니다. 지금 채옹의 죄가 중하지도 않은데 그를 죽여 버린다면 천하 선비들을 실망시키지 않겠습니까!"

그러나 왕윤의 대답은 그가 동탁에 버금가는 잔인하고 포악한 사람이라는 것을 여실히 증명해 주었다. 그는 차가운 목소리로 대답했다. "예전에 한 무제가 사마천을 죽이지 않고 살려두었기 때문에 역사를 비판한 『사기史記』가 후대에 전해지게 되었소. 국운은 쇠하고 병마는 모두 도성 밖에 있는 처지인 지금 간신을 살려두어 어린 군주 곁에서 사서를 편찬하게 한다면 이것은 군왕의 성덕에도 전혀 도움이 되지 않을 뿐더러 훗날 우리도 비웃음을 당하고 말게요."

왕윤을 만나고 돌아온 마일제는 다른 이들에게 이렇게 말했다. "왕윤의 후손은 멸절당할 게야! 옛말에 선한 사람은 나라의 모범이요, 사서는 만대의 경전이라 했지. 허나 왕윤은 그 모범을 없애버리고 경전을 폐하겠다고 하니 그런 사람이 어떻게 오래갈 수 있겠나?"

결국 채옹은 옥사하고 말았다. 그리고 왕윤 역시 동탁의 옛 세력들을 사면하지 않겠다는 방침을 고수하다가 동탁의 부장 이각李傕과 곽사郭汜가 도성을 함락했을 때 온 가족이 몰살당했다.

지혜가 꼬리를 무는 역사 이야기

당대의 유명한 군사가 이정李靖은 조상의 고향이 옹주雍州 삼원三原이고, 조부 이숭의李崇義는 서위西魏 시절에 은주殷州 자사를 지냈으며 부친 이전李詮은 수 왕조 시절에 조군趙郡 군수를 지냈다.

이정은 어린 시절부터 양질의 교육을 받으면서 문무를 모두 연마했다. 그의 외삼촌은 건강에 입성해 진陳 후주後主를 붙잡은 한금호韓擒虎였다. 이 수나라 명장의 입에서는 외조카에 대한 칭찬이 끊이지 않았다. "나와 같이 손자병법을 토론할 수 있는 사람은 이정뿐이야." 한금호는 외조카가 무한한 잠재력을 갖춘 전대미문의 광세일재曠世逸材라는 것을 알아보고 아주 엄하게 훈련시켰다. 심지어 고육계를 쓰면서까지 궁술과 마술을 부지런히 익히게 했다. 그는 이정에게 이런 분부를 내렸다. "삼 개월의 시간을 줄 터이니 그동안 열심히 무술을 익히도록 해라. 삼 개월 후에 내가 양쪽 귀에 작은 쇠귀걸이를 걸고 머리 위에 동전 한 닢을 얹고 훈련장에 서 있겠다. 너는 말을 달려오면서 창으로 귀걸이를 잡아채고 다시 달려오면서 내 머리 위의 동전을 창으로 쳐서 떨어뜨리도록 해라. 창이 정확하게 명중하지 못하면 내가 죽을 수도 있다."

외삼촌에게서 이런 말을 들은 이정은 당연히 연습을 게을리 할 수 없었다. 성실한 자세로 삼 개월 동안 밤낮없이 연습한 이정은 마침내 외삼촌이 요구한 수준에 완벽히 도달했다. 그는 정말로 말을 타고 달려가면서 외삼촌의 좌우 귀에 걸린 쇠귀걸이를 각각 창으로 잡아채고 또 돌아오면서 머리 위의 동전을 창으로 쳐서 떨어뜨렸다. 그렇게 여러 번을 반복해도 한 번의 실수가 없자 외삼촌 한금호는 매우 기뻐했다.

이정은 이렇게 문무를 겸비한 우수한 청년 인재로 빛어졌고 수나라 대신들 사이에서도 이정에 대한 칭찬이 자자했다. 이부상서吏部尙書(관리들을 총괄하는 부문의 장관) 우홍牛弘은 이정을 두고 '왕을 보좌할 인재'라고 일컬었고, 재상 양소楊素는 자신의 자리를 가리키며 이정에게 "공은 틀림없이 앞으로 이 자리에 앉게 되실 겁니다."라고 말했다.

훗날 이정은 양소의 말대로 정말 재상의 자리에 앉았다. 그러나 대 수나라 제국의 재상 자리가 아닌 대 당나라 제국의 상서좌부사尙書左僕射 자리였다.

밤낮을 가리지 않고 달려오다

倍道而進(배도이진)

"조조의 군사들은 연주를 잃었다는 소식을 들으면 틀림없이 밤낮을 가리지 않고 달려올 것입니다. 그들이 반 이상 도착하기를 기다렸다가 공격하면 단 한 번의 공격으로도 조조 군을 사로잡을 수 있습니다."

조조의 군대가 서주徐州를 포위하고 공격할 때, 여포가 그 틈을 타고 조조의 땅 연주를 점령하고 이어서 복양濮陽까지 쳐서 얻었다는 전갈이 왔다. 조조는 하는 수 없이 군사를 돌려 산동으로 돌아가야 했다. 그때 아우 조인曹仁이 그에게 여포의 기세가 만만치 않을 뿐 아니라 진궁陳宮까지 가세해 계책을 내고 있다고 말했다. 하지만 조조는 그 말을 듣고도 "여포는 용맹하기는 하기만 머리는 전혀 못 쓰는 사람이니 하나도 걱정할 필요가 없다."고 했다.

여포는 조조의 대군이 이미 등현滕縣을 지났다는 이야기를 듣고는 부장인 설란薛蘭, 이봉李封에게 명해 군사 1만을 데리고 연주를 지키게 하고, 자신은 직접 군사를 이끌고 복양으로 달려갈 준비를 했다. 진궁은 이 작전 계획을 듣고 여포를 찾아가 말했다. "장군께서는 연주를 버리고 어디로 가시려 하십니까?" 여포가 대답했다. "나는 복양에 병사를 주둔시키고 연주와 연합해 양쪽에서 협공하려고 하오." 그러자 진궁이 말했다. "설란은 분명히 연주를 지키지 못할 겁니다. 차라리 여기에서 남쪽으로 180리쯤 떨어진 곳에 있는 태산泰山의 험준함을 이용해 정예부대를 1만 명 정도 매복시켰다가 기습하는 것이 좋겠습니다. 조조는 연주를 잃었다는 소식을 들으면 틀림없이 밤낮을 가리지 않고 달려올 겁니다. 그들이 반 이상 도착하기를 기다렸다가 공격하면 단 한 번의 공격으로도 조조 군을 사로잡을 수 있습니다."

그러나 여포는 진궁의 말을 듣지 않고 자신이 생각한 작전을 고집했다. 헌데 조조 군은 과연 진궁의 예상대로 태산의 지름길로 달려왔다. 태산 앞에 이르러 곽가郭嘉가 조조에게 매복을 조심하라고 주의를 주었다. 그러나 조조는 코웃음 치며 말했다. "여포는 계략을 쓸 줄 모르는 사람이네. 설란에게 연주를 지키라 하고 자기는 복양으로 가버렸으니 여기에 무슨 군사가 매복해 있겠나?"

말을 마친 조조는 조인에게 군대를 거느리고 연주를 포위하도록 명한 뒤 자신은 복양으로 달려가 여포와 결전을 준비했다.

당 고종 때 토번吐藩(중국 당, 송 시대에 티베트 고원에 있던 티베트 왕국과 티베트족을 일컫는 이름)의 세력은 하루가 다르게 강대해져 서돌궐이 자진해서 토번에 복속하고 싶다는 의사를 밝힐 정도였다. 그리하여 당 왕조는 본래 서돌궐의 추장이었던 아사나도지阿史那都支를 좌효위左驍衛장군으로 임명해 토번과 관계를 청산하라고 명령했다. 그러나 아사나도지는 겉으로만 당나라 왕조에 굴복하는 척하고 속으로는 토번과 손을 잡고 당의 서부를 공격하려 계획을 꾸미고 있었다.

679년 한여름 당 고종은 중국에 와 있던 페르시아 왕자가 왕위 계승을 위해 귀국하는 기회를 이용해 그를 호위한다는 명목으로 배행검裵行儉을 사자로 임명하고 군대를 딸려 보내 서돌궐을 항복시킬 계획을 세웠다. 이윽고 서주西州에 도착한 배행검은 날씨가 너무 더우니 좀 서늘해진 다음에나 페르시아로 떠나야겠다며 공공연히 소문을 퍼뜨렸다. 그러고는 서주 사진四鎭(천산天山산맥과 알타이Altai산맥에 둘러싸인 타클라마칸Taklamakan사막의 오아시스 지대에 자리 잡은 요새. 쿠차龜玆·카라샤르焉耆·호탄于·카슈가르疏勒 등 네 도시에 배치된 군대들)의 추장들을 초청해 사냥을 나갔다. 추장의 자제들과 하인들은 들뜬 마음으로 동행했다. 배행검은 그중에 1만여 명을 가려 뽑아 대오를 만들고 정말 사냥을 가는 것처럼 꾸몄다. 그들을 이끌고 서쪽을 향해 밤낮을 가리지 않고 지름길로 질러가니 며칠 안 되어 아사나도지의 부락 근처에 도착했다.

아사나도지의 아장牙帳(군대의 원수가 머무르는 막사)에서 10여 리 정도 떨어진 곳에 다다른 배행검은 일단 말을 멈추고 사자를 보내 그에게 문안을 전했다. 아사나도지는 당나라 사자가 갑자기 나타난 것에 당황해 어쩔 줄을 몰라 했다. 그러나 사자의 태도가 온화하고 부드러운 것을 보고는 곧 마음을 놓고 측근과 자제 500여 명을 데리고 나가 배행검에게 예를 갖췄다.

배행검은 겉으로는 그런 그들을 환영했지만 사실은 이미 매복을 준비해 놓고 있었다. 아사나도지 일행이 막사에 들어섰을 때 배행검이 호령을 하자 사방에서 복병들이 튀어나왔다. 아나사도지가 끌고 온 500여 명의 무리는 창졸간에 하나도 남김없이 일망타진되었다. 임무를 완수한 배행검은 페르시아 왕자에게 스스로 귀국하라고 했다. 그리고 사람과 말은 남겨서 안서도호부安西都護部를 지키게 하는 한편으로 쇄엽성碎葉城을 건축하게 했다. 이렇게 모든 상황을 정리한 배행검은 포로를 압송하고 동쪽으로 진군해 개선장군으로 귀환했다.

언제라도 위험이 닥칠 수 있다

危在旦夕(위재단석)

태사자太史慈가 말했다. **"저 태사자는 그저 동해에 사는 촌사람일 뿐입니다. 저와 공융孔融은 친 골육도 아니고 동향도 아니지만, 특별히 의기가 투합해 어려움을 나누고 환난을 함께할 뜻을 품었습니다. 관해管亥가 폭도의 난을 일으켜서 지금 북해北海는 포위된 상태입니다. 외롭고 곤궁한 처지이나 사정을 고할 수 있는 곳이 없어 조석간 언제라도 위험이 닥칠 수 있습니다. 군께서 인의가 뛰어나고 위급한 사람을 구해주실 만한 분이라는 이야기를 들었기에 공융이 특별히 저에게 명해 포위를 뚫고 이곳까지 와 도움을 요청하도록 했습니다."**

태사자는 삼국 시대 동래東萊 황현黃縣 사람이다. 북해 태수 공융은 그의 인물됨이 훌륭한 것을 존경해 여러 번 그의 집에 사람을 보내

문안을 하기도 했다. 후에 황건군 장군 관해가 무리를 이끌고 북해를 포위하고 공격한 적이 있다. 그때 태사자는 외지에서 집으로 돌아오던 중이었는데 북해에 가서 공융을 도우라는 말을 어머니께 전해 들었다. 효심 깊은 태사자는 즉각 어머니의 말을 따르기로 하고 북해로 향했다.

그 다음날 단지 창 하나만 손에 든 태사자는 말에 올라 북해를 둘러싼 황건군 진영에 뛰어들었다. 차례차례 포위망을 뚫고 마침내 성 아래에 이르렀는데 황건군 역시 그를 쫓아 성의 해자에까지 이르렀다. 그러나 성루에 있던 공융은 그를 알아보지 못하고 문을 열어 주지 않았다. 그러자 태사자는 다시 말머리를 돌려 적병 수십 명을 베어 말 아래로 떨어뜨렸다. 그 기세에 적병들이 물러나자 공융은 그제야 부하에게 명해 성문을 열고 그를 성안으로 들였다. 공융은 태사자를 실제로 만나본 적은 없었지만 그가 영웅이라는 것만은 잘 알고 있었다.

태사자는 당장 성 밖으로 뛰쳐나가 적을 몰아내고 싶어 했다. 그러나 공융이 말리며 이렇게 말했다. "비록 공께서는 용감하시지만 적의 기세가 매우 흉흉하니 섣불리 나가지 않으시는 게 좋겠습니다. 저는 유비야말로 당세의 영웅이라는 이야기를 들은 적이 있습니다. 혹시 유비를 찾아가 도움을 청할 수 있다면 금방 적들을 몰아낼 수 있을 겁니다. 다만 지금 성 밖으로 나갈 만한 사람이 없다는 것이 문제입니다." 태사자는 그의 말을 듣자마자 호기롭게 대답했다. "현덕에게 편지를 써 주시면 제가 나가서 도움을 요청하도록 하겠습니다."

편지를 받아든 태사자는 바로 말에 훌쩍 올라타고 성 밖으로 쏜 살같이 달려 나갔다. 방금 전의 소동을 보고받은 관해는 기병 수백 기를 이끌고서 사방에서 그를 포위했다. 그러나 태사자가 활을 꺼내 들어 쏘아 대니 활을 맞고 나가떨어지지 않는 사람이 없었다. 겁을 먹은 적병들은 감히 태사자를 뒤쫓지 못했다. 태사자는 다만 창 하나를 들고 말을 달리며 겹겹이 둘러싸인 포위를 뚫어 결국은 평원에 있는 유비를 찾아갔다.

태사자는 유비에게 말했다. "저 태사자는 동해에 사는 촌사람일 뿐입니다. 저와 공융은 친 골육도 아니고 동향도 아닙니다. 그저 서로 명성과 기개를 존경해 환난을 함께할 뜻이 있는 사이일 뿐입니다. 지금 관해가 폭도의 난을 일으켜 북해가 포위되었습니다. 외롭고 곤궁한 처지여도 사정을 고할 수 있는 곳이 없어 조석간 언제라도 위험이 닥칠 수 있습니다. 공께서 어짊과 의로움으로 명성이 있으시고 위급한 사람을 구해 주실 만한 분이시기에 우리 북해의 상하 관민은 모두 공께서 와주시기만을 학수고대하고 있습니다. 그래서 제가 생명을 무릅쓰고 공을 뵈러 온 것입니다. 북해의 존망은 지금 이 순간 공의 선택에 달려 있습니다!"

유비는 즉각 정예 병사 3천여 명을 선발해 태사자와 함께 공융을 구하도록 했다. 황건군은 북해에 구원병이 오고 있다는 소식을 듣고는 바로 포위를 풀고 도망쳤다. 이렇게 해서 곤경을 벗어난 공융은 태사자의 인물됨을 더욱 높이 사며 말했다. "자네는 정말 내 망년지교

忘年之交(세대와 나이를 뛰어넘은 우정)일세!"

지혜가 꼬리를 무는 역사 이야기

618년 수나라 왕조가 멸망한 뒤 중국 대륙은 거대한 내전에 휩싸였다. 그러면서 각 파벌들이 동돌궐의 수장 힐리가한頡利可汗을 서로 자기편으로 끌어들이려고 동분서주하자 동돌궐의 세력은 이 틈을 타 급속도로 성장했다.

이세민의 재위 초기에 힐리가한은 당나라 내부의 모순이 완전히 해결되지 않은데다 나라가 아직 안정되지 않았다는 판단 하에 돌리가한突利可汗과 연합해 군사 20만을 이끌고 대대적으로 당의 변경 지역을 침공했다. 그들은 순식간에 경주涇州(지금의 간쑤甘肅성 징허涇河의 북쪽 강변)와 무공武功(지금의 산시陝西성 시엔양咸陽시 서편) 일대까지 돌격하며 전쟁에서 우위를 선점했다. 얼마 후 힐리가한은 돌궐의 정예 기마 부대를 직접 이끌고 위수 변교便橋의 북쪽까지 치고 들어왔다. 당시 장안의 병력은 돌궐에 비해 미미하기 짝이 없었고, 또 각지에 주둔해 있는 지원군이 달려오기에는 시간이 부족한 상황이었다. 수도 장안은 언제라도 위험이 닥칠 수 있었다. 그러나 당 태종 이세민은 뭇 신하들의 상소에도 불구하고 끝까지 돌궐의 대군과 대치했다. 이세민은 당나라군에게 신속히 전열을 가다듬게 하고서, 자신은 고사렴高士廉과 방현령房玄齡 등 기병 여섯 명만 이끌고 위수 강변을 질주하며 힐리가한이 맹약을 어긴 사실을 사납게 질타했다. 이세민의 맹렬한 기세에 눌린 힐리가한과 각 부의 수령들은 상의에 들어갔다. 그 결과 당나라군이 벌써 일찌감치 전투 준비를 해놨을 것이라 지레짐작한 그들은 이번 침략은 없던 일로 하기로 결정하고 철수했다. 힐리가한의 군대가 막 철수하고 있을 때 마치 하늘이 당나라군을 돕기라도 하듯 억수 같은 장대비가 주룩주룩 쏟아져 내렸다. 이세민은 때를 놓치지 않고 군사들의 선두에 나서서 선제공격을 감행했다. 상대방이 수전에 약하다는 약점을 이용한 기습이었다. 이세민의 기지와 용맹에 돌궐군은 결국 대패했고 힐리가한은 철수해 군대를 북쪽으로 옮겨야 했다.

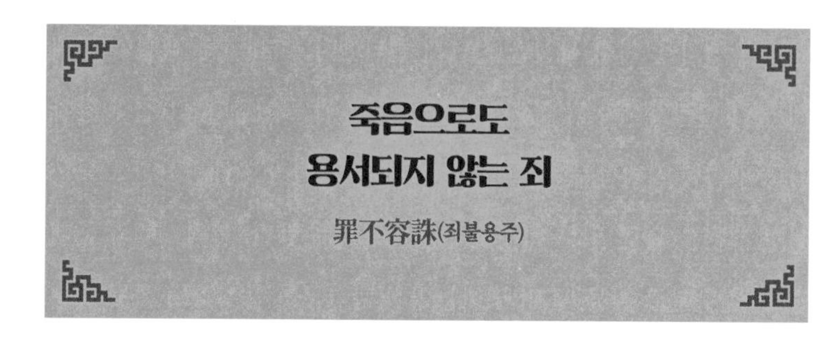

현덕이 말했다. “나는 천자의 조서를 받들어 천자께 복종하지 않는 신하를 토벌하고 있다. 그런데 지금 감히 내게 대항하려고 하다니 그 죄는 죽음으로도 용서되지 않는다.”

조조는 유비에게 밀서를 써서 여포를 살해하라고 권고했다. 하지만 유비는 조조의 속셈이 무엇인지 금방 알아차렸다. 그래서 유비는 조조의 권고대로 행하지 않고 오히려 여포와 더욱 돈독한 관계를 유지했다. 이에 사자가 허창許昌으로 돌아와 조조에게 유비의 반응을 보고했다. 조조는 순욱荀彧에게 좋은 꾀가 없는지 물었다.

순욱의 대답은 이러했다. “제게 꾀가 하나 있습니다. 이 꾀는 ‘호랑이를 몰아 늑대를 삼키는’ 계략이라고 하지요. 그러니까 원술에게 사람을 보내서 '유비가 비밀리에 조정에 상소를 올려 원술의 근거지를 요구했다'고 말하는 겁니다. 원술은 틀림없이 크게 노해서 유비를 공격할 것입니다. 그리고 승상께서는 동시에 천자의 조서를 내려 유비에게 원술을 정벌하게 하십시오. 두 사람이 서로 싸우면 그동안 여포도 필시 딴 마음을 먹고 서주徐州를 점령하려 들 겁니다."

조조는 크게 기뻐했다. 그는 먼저 원술에게 사자를 보낸 후 천자의 거짓 조서를 내려 유비에게 원술을 토벌하도록 명했다. 천자의 성지를 받은 유비는 장비에게 서주에 남아 성을 지키도록 하고 자신은 관우와 함께 보병 3만을 이끌고 원술이 점거하고 있는 남양南陽으로 향했다.

원술은 또 원술 나름대로 조조가 보낸 사자의 이간질에 넘어가 화가 머리끝까지 치솟아 있었다. "돗자리나 짜고 짚신이나 팔던 유비 놈이 서주를 점령하더니 이제는 제후들하고 어깨를 견주려 하는군. 내 그렇지 않아도 놈을 토벌하려던 참이었는데 오히려 제 놈이 먼저 내 근거지를 빼앗으려고 선수를 쳐?" 원술은 즉시 기령紀靈에게 군사 10만을 이끌고 서주로 출발하라고 명령을 내렸다. 양군은 우태盱眙에서 전투를 벌였다. 몸이 건장한 산동 출신 기령은 50근이나 되는 칼을 들고 진영 앞으로 나와서 유비가 원술의 지역을 침범했다며 심한 욕을 퍼부었다. 유비는 그에게 대꾸했다. "나는 천자의 조서를 받들어 너희같이 천자께 복종하지 않는 신하들을 토벌하러 왔다. 그런데 지금 감히 내게 대항하려고 하다니 죽음으로도 용납할 수 없는 죄로다!"

이 말을 들은 기령은 칼을 휘두르며 말에 채찍질을 해 쏜살같이 현덕에게 달려왔다. 그러나 마주 달려 나간 관우와 맞붙어 30합이나 싸웠는데도 승부가 나지 않았다. 이에 기령이 부장 순정荀正을 내보냈지만 그는 관우의 한 칼에 목이 베여 굴러 떨어졌다. 현덕은 이 틈을 놓치지 않고 병사들에게 공격을 명령했다. 이 전투에서 크게 패한 기령은 회음淮陰의 강가로 물러나 이후로는 함부로 공격에 나서지 못했다.

지혜가 꼬리를 무는 역사 이야기

준불의雋不疑는 한 소제昭帝 때 경조윤京兆尹(수도를 다스리던 최고의 벼슬)을 지냈다. 그가 각 현에서 죄수들의 조사 기록과 범죄 현황을 들고 돌아올 때면 그의 어머니는 항상 얼마나 많은 사람을 살릴 수 있느냐고 질문했다. 그래서 준불의가 개중에 억울한 누명을 벗고 형량을 감면받은 사람이 있다고 대답하면 어머니는 매우 기뻐했다. 하지만 석방할 만한 사람이 없다고 대답하면 화를 냈다. 그는 법 집행에 매우 엄격했지만 어머니가 늘 그러하신지라 죄수들을 잔인하게 다스릴 수 없었다. 그러나 그 후 경성의 관리들과 백성은 모두 그를 존경했다.

그 해에 한 남자가 누런 두루마기에 짧은 옷을 입고 머리에는 누런 모자를 쓰고 누런 소가 끄는 마차를 타고 장안의 북문에 나타나 자칭 위衛나라의 태자라 했다. 이 사실을 보고받은 소제는 공경대부와 장군 가운데 녹봉이 2천 석 이상인 사람들을 모두 현장에 보내 사실

여부를 확인해보라고 명했다. 그리고 그곳에는 몇만 명은 될 성싶은 장안의 관리와 백성도 그를 보기 위해 모여들었다.

현장에 도착한 승상과 어사들은 모두 감히 시비를 입 밖에 낼 수 없었다. 그러던 중에 곧이어 준불의가 도착했다. 그는 곧바로 자신의 수종에게 그자를 체포하라고 명했다. 이에 사람들이 나서서 만류하며 말했다. "아직 이 사람의 신분이 밝혀지지 않았으니 시일을 두고 조심스럽게 처리해야 하지 않겠습니까?" 그러자 준불의가 말했다. "여러분은 어찌 위 태자를 그토록 두려워하십니까? 이전에 괴외蒯聵가 자기 목숨을 건지려고 도망쳤을 때도 괴첩蒯輒은 괴외가 다시 조국으로 돌아온 것을 용납하지 않았습니다. 이것은 『춘추春秋』에 나오는 내용입니다. 위 태자는 선왕께 죄를 짓고 도망친 사람입니다. 형벌을 달게 받지 않고 자기 맘대로 죽겠다고 도주한 것은 죽음으로도 용납될 수 없는 죄입니다. 이제 자기 발로 이곳을 찾아왔으니 반드시 법도대로 죄를 물어야 합니다."

그의 말을 들은 한 소제와 대장군 곽광霍光은 그의 행동을 크게 칭찬했고 준불의는 조정에서 더욱 크게 존경받는 인물이 되었다.

형제는 손발과 같고 처자는 옷과 같다

兄弟如手足 妻子如衣服(형제여수족 처자여의복)

장비가 검을 뽑아 스스로 목을 베려 하자 현덕은 그의 앞으로 다가가 장비를 끌어안고 검을 빼앗아 땅에 던지며 말했다. **"옛 사람이 말하길 '형제는 손발과 같고 처자식은 의복과 같다. 의복은 헤지면 다시 꿰맬 수 있지만 손발은 잘리면 어찌 대신할 수 있는가?'라고 했네. 우리 세 사람은 도원에서 같은 날에 태어나기를 구하지 않고 오직 같은 날에 죽기만을 구하기로 결의한 사이일세. 비록 지금 성과 가족을 잃기는 했지만 내 어찌 형제가 중도에서 죽도록 놔둘 수 있겠는가?"**

유비는 군대를 이끌고 원술을 정벌하러 가면서 서주에 장비를 남겨 성을 지키게 했다. 장비는 처음 며칠 동안에는 아주 조심스럽게 맡은 바 책임을 다했다. 하지만 며칠이 지나자 역시나 술을 마시고 함

부로 성질을 부리는 버릇이 튀어나왔다. 함께 성을 지키던 조표曹豹를 붙잡아 곤장 50대를 때린 것이었다. 조표는 본디 여포의 장인으로 억울한 매를 맞고 나자 즉각 소패小沛에 있는 여포에게 사람을 보내 장비가 자신을 무례하게 대했다고 말하며 넌지시 장비가 만취한 기회를 이용해 서주를 습격하라고 조언했다. 여포는 즉시 기병 500명을 선봉대로 이끌고 서주를 향했고, 진궁과 고순高順이 대군을 이끌고 그 뒤를 좇았다. 그들이 서주성 앞에 도착하자 조표가 내응해 성문을 활짝 열어 주었다.

그렇게 서주를 잃은 장비는 황망한 가운데 기병 수십 기만 이끌고 우태로 달려왔다. 그는 유비를 만나 사건의 자초지종을 설명했다. 장비의 이야기를 다 들은 유비는 한참 동안 깊은 침묵에 빠졌다. 그는 입을 열더니 딱 한마디 말만 했다. "성을 얻는다고 해서 뭐가 그리 기쁘고 잃는다고 해서 뭐 그리 근심이 되겠나?" 하지만 관우는 달랐다. 그는 장비에게 "형수님은 어디 계신가?"라고 물었다. 장비는 "아직 성중에 계십니다."하고 대답했다. 이에 관우는 그를 원망하며 말했다. "아우님이 성을 지키겠다고 우길 때는 뭐라고 큰 소리 쳤던가? 또 형님은 아우님에게 무엇이라 분부하셨던가? 이제 서주를 잃고 형수님은 아직 성중에 계시니 이를 어찌하면 좋단 말인가?"

장비는 관우의 말을 듣고 쥐구멍에라도 숨고 싶은 심정이 되어 칼을 빼들고 자살하려고 했다. 그러자 유비가 얼른 앞으로 나서서 그를 꽉 끌어안고 장비의 손에서 칼을 빼앗아 던지며 말했다. "옛 사람이 말하길 '형제는 손발과 같고 처자식은 의복과 같다. 의복은 헤지면 다시 꿰맬 수 있지만 손발은 잘리면 어찌 대신할 수 있는가?'라고 했네. 우리 세 사람은 도원에서 같은 날에 태어나기를 구하지 않고 오직 같은 날에 죽기만을 구하기로 결의한 사이일세. 지금 성과 가족들을 잃기는 했지만 그렇다고 내 어찌 형제가 중간에 죽도록 놔두겠는가? 게다가 성은 본래 내 소유도 아니었네. 여포가 내 가족을 해치지는 않을 걸세. 어떻게든 방법을 강구하자면 구할 수 있을 게야. 아우님 한순간의 실수로 어찌 목숨까지 끊으려 하시는가?" 유비는 말을 마치자마자 목 놓아 울었고 관우와 장비도 모두 함께 울었다.

지혜가 꼬리를 무는 역사 이야기

왕망王莽이 신新(전한前漢을 멸망시킨 왕망이 세운 왕조. 8~23년) 왕조를 세운 후 서한西漢(후한後漢)의 대신 가운데 왕망에게 죽임을 당한 사람이 꽤 있었다. 오한吳漢의 부친도 그중의 한 명이었다. 왕망은 오한을 등용하려고 자신의 딸 벽운碧雲 공주 왕옥련王玉蓮을 그의 아내로 정혼시켰다. 그때 남양南陽에서 군사를 모집하고 말을 사들이며 한 왕조를 회복할 뜻을 새기던 유수劉秀(훗날 후한을 재건한 광무제)가 동관潼關에 잠입해 들어왔다. 이를 보고받은 왕망은 곧 한의 종실 자손인 유수를 체포하라고 명을 내렸다.

이때 동관을 지키던 오한이 유수를 붙잡았다. 그가 범인을 체포

한 공로를 막 조정에 보고하려는 찰나 그는 어머니에게서 출생의 비밀을 듣게 되었다. 바로 왕망이 그의 부친을 죽인 원수라는 것이었다. 그의 어머니는 부친이 해를 당할 당시 오한의 나이가 너무 어려 아무것도 알지 못했지만 이제는 성인이 되었으니 아버지의 원한을 갚아야 한다고 일렀다. 또한 오한에게 유수와 가깝게 지내라고 권하면서 그에게 용천보검을 주고 왕망의 딸을 죽여 한 왕실을 회복하려는 유수를 도우라 명했다.

그러나 오한은 "형제는 손발과 같고 처자식은 의복과 같다."라고 여기는 위인이 못 되었다. 게다가 차마 자신의 아내인 왕망의 딸을 죽일 정도로 마음이 모질지도 않았다. 어머니가 자결을 불사하며 위협하자 그제야 겨우 검을 뽑아들고 처를 죽이러 갈 만큼 마음이 약한 사나이였다. 오한이 아내를 찾았을 때 아내는 마침 불당에서 독경하고 있었다. 오한은 아내의 모습을 보자 다시 마음이 약해져 눈물을 흘리며 모든 것을 고백해 버렸다. 이야기를 다 들은 왕망의 딸은 결국 자결을 선택했다. 그리고 오한의 어머니 역시 자식이 확실하게 결심하도록 도우려는 마음에 목을 매달아 자진했다.

이렇게 되자 오한은 과연 온 몸과 마음을 다해 유수를 좇으며 한나라의 회복을 위해 전쟁에 참가했고 결국 한 왕조를 중흥시킨 명장이 되었다.

관계가 먼 사람은 관계가 가까운 사람 사이에 끼어들지 못한다

疏不間親(소불간친)

기령이 말했다. **"제가 듣자하니 여포의 처 엄씨 부인에게 딸이 하나 있는데 나이가 이미 15살이 되었다고 합니다. 마침 주공께도 아드님이 계시니 사람을 보내 여포에게 청혼하시는 것은 어떠신지요. 만일 여포가 주공께 딸을 시집보낸다면 그는 반드시 유비를 죽이게 될 것입니다. 이것이 바로 관계가 먼 사람은 관계가 가까운 사람 사이에 끼어들지 못한다는 계책입니다."**

여포가 군영의 문 앞에 화극을 꽂아두고 150보 떨어진 거리에서 화극의 구멍 사이로 화살을 쏘아 맞힌 일은 원술군의 대장 기령을 혼비백산하게 했고, 유비는 자칫 목숨을 잃을 뻔한 화를 모면하게 되었다.

기령이 회남으로 돌아가 이 사실을 보고하자 원술은 대노하여 유비와 여포를 동시에 토벌할 대군을 준비하라고 명을 내렸다. 그러자 기령이 말했다. "제가 듣자하니 여포의 처 엄씨 부인에게 딸이 하나 있는데 벌써 결혼할 나이가 되었다고 합니다. 마침 주공께도 아드님이 계시니 사람을 보내 여포에게 청혼을 하는 것이 어떠신지요. 만일 여포가 주공께 딸을 시집보낸다면 그는 반드시 주공의 청을 들어 유비를 죽이게 될 것입니다. 이것이 바로 관계가 먼 사람은 관계가 가까운 사람 사이에 끼어들지 못한다는 계책입니다."

원술은 이 계책을 받아들여 한윤韓胤을 중매자로 서주에 보냈다. 한윤은 여포를 만나 말했다. "저희 주공께서 장군을 존경하시기에 장군의 따님을 며느리로 얻고 장군과 주공 간에 영구적인 우호 관계를 맺기 바라십니다." 여포는 아내 둘과 첩을 하나 두었는데 엄씨 부인만 자녀가 있었고 후에 첩으로 들인 초선에게도 아이가 없었다. 그래서 여포는 엄씨 부인 소생인 이 딸을 매우 아꼈다.

여포는 엄씨와 이 혼담을 의논해 보았다. 엄씨가 볼 때 회남에 있는 원술은 병사도 많고 곡식도 풍부해 천자가 될 재목이었다. 게다가 원술에게는 외아들밖에 없는 터라 딸을 시집보내면 후에 왕비가 될 가능성도 있었다. 그래서 그들은 이 혼담을 승낙하기로 했다. 이에 한윤이 원술에게 돌아가 이 사실을 보고한 후 많은 예물을 가지고 다시 서주로 돌아왔다. 그리고 이 혼사는 우선 성사된 것으로 약조하기로 했다.

여포는 진궁의 조언을 듣고 밤새도록 혼수를 준비해 날이 밝자마자 딸을 성 밖으로 떠나보냈다. 그때 진등陳登의 부친 진규陳珪가 이 소식을 듣고는 한달음에 달려와 여포에게 원술의 꾀를 소상히 설명해 주었다. 이를 들은 여포는 곧바로 혼담을 철회하고 장료張遼에게 명해 병사를 이끌고 30리 길을 쫓아가 딸을 데려오도록 했다. 뿐만 아니라 함께 회남으로 가던 한윤까지 잡아들여 감옥에 가둬 버렸다.

지혜가 꼬리를 무는 역사 이야기

명나라 초기의 장군 남옥藍玉은 중산왕中山王 서달徐達, 개평왕開平王 상우춘常遇春의 계보를 잇는 중요한 장군이다. 그는 중산왕 서달을 따라 북원北元의 잔당을 토벌했으며 서평후西平侯 목영沐英을 따라 서번西番(티베트)을 정벌했고 영천후潁川侯 부우덕傅友德을 따라 운남雲南을 정복하는 등 수차례 전공을 세웠다. 후에 자신은 영창후永昌侯에 봉해졌고 그의 딸은 촉의 왕녀로 책봉되었다. 1388년 대장군에 오른 남옥은 북원의 계승자 탈고사첩목아脫古思帖木兒를 정벌한 여세를 몰아 국경으로 진군해 포어아해捕魚兒海(지금의 얼후尒湖)까지 공격했고 이번에도 큰 승리를 거두어 개선했다. 그는 이때의 군공으로 양국공凉國公에 봉해졌다.

남옥은 상우춘의 처남이었고 상우춘의 또 다른 딸은 주원장의 태자 주표朱標의 비였으므로 따지자면 남옥은 태자의 처숙이 되는 셈이었다. 그런 관계로 그는 태자와도 아주 친했다. 한번은 남옥이 태자에게 이런 말을 했다. "연왕燕王은 보통 사람이 아닙니다. 언젠가는 모반을 일으킬 사람입니다. 제가 사람을 시켜 연왕의 기를 한번 살피게 한 적이 있는데, 연왕은 천자가 될 기상을 가지고 있다고 합니다. 태자는 반드시 그를 조심하셔야 합니다."

주원장의 넷째 아들인 연왕 주태朱棣는 행동 방식과 사용하는 수단이 주원장과 매우 흡사해 많은 사람에게서 주원장과 가장 닮은 아들이라고 평가받았다. 남옥이 태자에게 이런 말을 한 것은 순전히 주태를 경계하라는 선한 의도였다. 하지만 남옥은 '관계가 먼 사람은 관계가 가까운 사람 사이에 끼어들지 못 한다'라는 이치를 망각했다. 태자의 편에서 보면 일개 외가 친척을 어떻게 친형제와 비교할 수 있겠는가?

태자는 후에 연왕 주태와 한담하다가 남옥의 말을 꺼내고 말았다. 이에 속으로 앙심을 품은 주태는 주원장에게 남옥의 일을 크게 고자질했다. 그리고 결국 예상했던 일이 일어나고 말았다. 그로부터 얼마 후 남옥이 모반을 꾀한다는 익명의 제보가 들어왔다. 주원장은 이를 핑계로 남옥의 일족을 주살하도록 명했다. 뿐만 아니라 그와 관계있는 공작·후작·백작 등 귀족부터 문무백관에 이르기까지 약 2만 명을 학살하는 참혹한 만행을 저질렀다.

늑대 새끼 같은 야심

狼子野心(랑자야심)

조조가 말했다. **"내 본래부터 여포는 늑대의 새끼같이 야심이 있는 자라 오랫동안 기를 수 없다는 걸 잘 알고 있었네. 공의 부자가 여포를 가장 잘 알고 있으니 공은 마땅히 나와 함께 여포를 없애는 일을 도모해야 할 것이네."**

여포는 천자의 조서를 받고 평동平東장군에 봉해진 후 너무나 기뻐서 원술과 관계를 끊고 진등을 허도許都에 보내는 등 적극적으로 감사를 표했다. 또한 조조에게 답신을 써서 자신에게 서주 목牧의 직위를 수여해 달라고 요구했다. 그 일로 진등을 만난 조조는 여포가 이미 원술의 혼담을 거절했다는 것을 알고 매우 기뻐했다. 진등은 조조에게 말했다. "여포는 늑대 같은 성격에 용감하기는 하지만 지모는 없

는 자이니 일찌감치 제거해 버리는 게 낫습니다." 그러자 조조가 말했다. "내 본래부터 여포는 늑대의 새끼같이 야심이 있는 자라 오랫동안 기를 수 없다는 걸 잘 알고 있었네. 공의 부자가 여포를 가장 잘 알고 있으니 공은 마땅히 나와 함께 여포를 없애는 일을 도모해야 할 것이네." 이에 진등이 대답했다. "승상께서 여포를 없애시겠다면 저도 꼭 내응하겠습니다."

그리하여 조조는 진등에게 광릉廣陵 태수 직을 주고 진등의 부친 진규에게는 봉록 2천 석을 하사했다. 진등은 서주로 돌아와 여포를 만난 뒤, 조조가 자신들 부자에게 관직과 봉록을 하사한 일을 이야기했다. 그러자 여포는 대노하며 말했다. "서주 목을 부탁하라고 내 대신 허도에 보냈더니 하라는 일은 안 하고 너희 둘의 관직과 봉록만 얻어 와? 너희 두 부자가 지금 날 배신했어?" 여포는 말을 마치자마자 검을 뽑아들고 진등의 목을 베려 했다. 하지만 진등은 조금도 두려워하지 않고 오히려 하늘이 떠나가라 웃었다. "장군께서는 어찌 이해하지 못하십니까? 저는 조조를 만나 이렇게 말했습니다. '여포 장군을 기르는 것은 호랑이를 기르는 것과 진배없으니 고기를 배불리 먹여야 합니다. 배가 부르지 않으면 사람을 해칠 수 있습니다'라고요. 그랬더니 조조가 웃으며 이렇게 말하는 겁니다. '여포를 기르는 것은 호랑이를 기르는 게 아니라 독수리를 기르는 일이라 할 수 있지. 여우와 토끼가 아직 죽지 않았는데 함부로 배불리 먹일 순 없는 일 아닌가? 배를 곯게 하면 쓸 데가 있지만 배가 부르면 날아가 버릴 테니 말이야.' 그래서 제가 조조에게 물었습니다. '그러면 누가 여우고 누가 토끼입니까?'라고요. 그랬더니 조조는 이렇게 대답했습니다. '회남의 원술·강동의 손책·기주의 원소·형주의 유표·익주의 유장·한중의 장로張魯 이들이 전부 여우고 토끼지'라고 말입니다." 여포는 그의 이야기를 듣더니 검을 땅에 던져 버리고 크게 웃으며 말했다. "역시 조공이 날 제대로 알아봤군!"

지혜가 꼬리를 무는 역사 이야기

당 고종高宗 이치李治가 재위하던 시절 남방에 야만스런 오랑캐들이 모여들어 노략질을 일삼았다. 관군이 오랑캐들을 토벌하려고 했으나 번번이 보기 좋게 참패를 당했다. 이에 조정은 서경업徐敬業을 자사로 임명해 오랑캐들을 내쫓으라고 명했다. 서경업이 부임한다는 소식이 전해지자 현지 관아에서는 군대를 보내 그를 맞이했다. 하지만 서경업은 환영 인파를 전부 성으로 돌려보낸 후 혼자서 말을 타고 관아로 향했다. 한편 오랑캐들은 새로운 자사가 부임했다는 이야기를 듣고 전부 경계를 강화하며 당나라군의 토벌에 대비했다. 서경업은 업무를 시작한 후 토벌에 관련된 일은 한 마디도 묻지 않고 다른 일을 전부 처리한 후에야 질문을 던졌다. "오랑캐는 전부 어디에 있나?" 관아의 관리가 대답했다. "모두 남쪽 강가에 모여 있습니다."

서경덕은 자신을 보필하는 관리 한두 명만 대동하고서 강을 건너 그들을 만나러 갔다. 그의 이런 행동에 사람들은 모두 크게 걱정하면서도 한편으론 그저 놀란 토끼 눈으로 그의 뒷모습을 바라만봤다. 오랑캐들은 처음에는 잔뜩 긴장한 채 무기를 들고 경계하는 눈빛으로 멀리서 다가오는 그를 주시했지만 서경업이 탄 배에 그와 수행원 말고는 아무도 없다는 것을 확인하자 발걸음을 돌려 진영의 문을 꼭 닫고 그 안에 꼭꼭 숨어 버렸다. 서경업은 맞은 편 강가에 도착하자 곧바로 오랑캐의 진영에 들어가 경고했다. “너희는 탐관오리에게 시달림을 당했기에 이런 행동을 할 뿐 다른 나쁜 마음은 없다는 것을 나라에서도 잘 알고 있다. 얼른 자기 고향으로 돌아가 농사나 열심히 짓도록 해라. 돌아가지 않고 남아 있는 사람은 진짜 도적으로 처리할 테다!”

그러고는 오랑캐들의 수령을 불러서 그동안 왜 일찌감치 관군에 투항하지 않았느냐며 엄히 책망하고 곤장 몇십 대를 때린 후 풀어주었다. 그 이후로 남쪽 변경 지역은 매우 질서정연하게 관리되었다. 서경업의 조부 영국공英國公 서세적徐世積은 이 이야기를 전해 듣고 서경업의 담이 아주 크다며 이렇게 덧붙였다. “내가 갔더라도 그렇게는 못 했을 텐데 말이야. 하지만 내가 보니 그 아이는 늑대 새끼 같은 야심이 있어. 앞으로 우리 집안을 말아먹을 사람은 분명히 경업이야!”

684년 서경업은 강도江都(지금의 장쑤성 양저우揚州시 동쪽)에서 군사를 일으켜 측천무후에게 반기를 들었다. 측천무후는 30만에 이르는 대군을 보내 그를 토벌케 했고 결국 서경업은 크게 패해 죽임을 당했다. 그리고 서경업의 죄가 대역죄인 반란죄였던 만큼 서씨 집안은 그

조상들까지도 줄줄이 죄를 덮어쓰게 되었다. 이미 세상을 떠난 그의 조부 서세적과 그의 부친 이운李雲 역시 모든 명예를 빼앗기고 무덤이 파헤쳐지는 가혹한 운명을 맞아야만 했다.

쥐 잡으려다 그릇 깬다

投鼠忌器(투서기기)

현덕이 말했다. **"쥐 잡으려다 그릇이 깨질까 걱정일세. 조조는 천자와 말머리 하나 차이 나는 거리에 있고 그의 심복들은 사방에서 조조를 둘러싸고 호위하고 있었네. 아우님께서 한때의 노기 때문에 경거망동했다가 혹시라도 일이 실패한다면 천자만 다치고 죄는 오히려 우리에게 떨어질 뿐일세."**

조조가 천자를 끼고 제후들을 호령하며 조야朝野의 권력을 장악하자 한의 헌제는 꼭두각시 황제가 되어버렸다. 조조는 조정 신하 가운데 자신에게 마음이 돌아선 자가 있는지 알아볼 겸 해서 헌제를 청해 사냥을 나가자고 했다. 헌제는 가고 싶은 마음이 없었지만 그렇다고 조조의 말을 듣지 않을 수도 없는 처지였다. 유비·관우·장비 세 사람 역시 황제를 따라 허창을 나섰다.

조조는 한의 헌제와 말머리를 나란히 하고 걸으며 사냥터에 도착했다. 사냥터에서 한 헌제가 유비에게 말을 건넸다. "짐은 황숙皇叔의 사냥 솜씨를 좀 보고 싶구려."

현덕은 황제의 명을 받들고 얼른 말에 올라 풀숲에 있던 토끼를 겨냥해서 활을 쏘았다. 그는 화살 한 발로 사냥감을 명중시켰다. 그런 후에 언덕을 하나 넘자 큰 사슴 한 마리가 보였다. 이에 헌제가 잇달아 세 발을 쏘았는데 모두 맞추지 못했다. 헌제는 조조를 둘러보며 말했다. "경이 한번 쏴 보시구려." 그러자 조조는 헌제에게서 보석으로 조각된 황제의 활과 기다란 금 화살을 빌려 한 발에 사슴의 등을 명중시켰다. 금 화살을 확인한 주위의 문무백관은 사슴을 명중시킨 사람이 헌제인 줄만 알고 모두 헌제 앞으로 달려와 큰 소리로 환호했다. "만세! 만세!" 이때 조조가 얼른 헌제 앞으로 말을 달려 나가서는 뭇 신하들의 환호성을 가로챘다. 그리고 황제의 활도 헌제에게 돌려주지 않고 슬그머니 자기 등 뒤에 꽂아버렸다. 이렇듯 황제를 함부로 농락하는 조조의 대담함에 신하들은 놀라움을 금치 못했다. 관우도 불끈 화가 치밀어 올라 단박에 조조에게 달려가 그를 한 칼에 베어버리려 했다. 그러나 유비가 얼른 그에게 눈짓을 하며 경거망동하지 말라는 뜻을 알렸다.

허창에 돌아온 후 관우가 유비에게 물었다. "조조는 감히 황제를 능욕했습니다. 그 놈을 죽여 나라의 해악을 없애버리려 했는데 큰 형님께서는 왜 저를 막으셨습니까?" 그러자 유비가 말했다. "조조는 천자와 겨우 말 머리 하나 차이 나는 거리에 있었네. 게다가 심복도 주위에 쫙 깔려 있었어. 만일 경거망동 했다가 일을 성공시키지 못하면 오히려 천자만 다치게 될 테니, 이게 바로 쥐를 잡으려 해도 그릇이 깨질까 걱정스럽다는 이야기겠지."

지혜가 꼬리를 무는 역사 이야기

춘추 시대에 노魯나라 사람 조말曹沫은 힘이 세고 용맹한 것으로 아주 유명했다. 노 장공莊公은 그런 점을 높이 사 조말을 장군으로 임명하고 군대를 이끌고 제齊나라를 치도록 했다. 그런데 기대와 달리 그가 삼전 전패하는 바람에 노나라는 제나라에 거대한 영토를 빼앗기게 되었다. 그러나 노 장공은 조말을 전혀 나무라지 않고 여전히 그를 장군 자리에 두었다. 그러고는 제나라에 수읍遂邑을 바치며 평화 조약을 맺자고 요청했다. 이에 제 환공桓公도 그 요청을 받아들이고 노 장공과 함께 가柯 땅에서 조약을 체결하기로 했다. 노 장공과 제 환공이 막 조약을 체결하려는 순간 갑자기 누군가가 단상 위로 뛰어올라 순식간에 제 환공에게 비수를 들이대고 위협했다. 바로 조말이었다. 제나라의 장군과 모사들은 모두 그를 막고 싶어도 쥐 잡으려다 그릇만 깨뜨릴까 두려운 마음에 감히 나서서 환공을 구하지 못했다. 조용한 가운데, 환공이 조말에게 물었다. "원하는 것이 무엇이냐?"

조말이 대답했다. "제나라는 강국이고 노나라는 약소국인데 제나라는 노나라의 성벽 아래까지 자기 나라 국경을 뻗쳤습니다. 하지만 노나라의 성벽이 무너지면 제나라 영토도 파묻히게 되는 것은 당연한 이치입니다. 힘이 있다고 약자를 너무 무시하는 처사가 아닙니까! 대왕께서 앞으로 어떻게 하셔야 되겠습니까?" 환공은 그 순간 자칫 말 한마디 잘못했다간 목숨이 위태롭겠다는 것을 깨닫고 얼른 그동안 침략해서 얻은 노나라 영토 전부를 돌려주겠노라고 대답했다. 이렇게 환공의 승낙을 얻어낸 조말은 비수를 내던지고 느긋한 발걸음으로 단 아래로 내려갔다. 노나라 신하들의 대열로 돌아간 그는 얼굴색 하나 변하지 않고 마치 아무 일도 없었다는 듯 태연자약했다.

제 환공은 비록 위험에서 벗어나기는 했지만 크나큰 모욕감에 화가 나 조말과 한 약속을 지키지 않으려고 생각하고 있었다. 그러나 관중이 환공에게 권고하며 말했다. "그렇게 하시면 안 됩니다. 작은 이익을 탐하고 감정 대로 일을 처리했다가는 제후들의 신뢰를 잃게 될 것입니다. 제후들의 신뢰를 잃으면 천하 사람의 지지도 잃게 됩니다." 환공은 그의 말이 맞다고 여겨져 약속대로 침략해서 얻은 땅을 전부 노나라에 돌려주었다. 후에 제 환공이 약속을 지켜 땅을 되돌려주었다는 소문을 들은 각 제후들은 모두 제나라가 신뢰할 만한 나라라고 생각하고 너도나도 제나라에 복속하려 했다. 그 이후로 제 환공은 제후들이 공인하는 패주가 되었고 천하를 호령하며 '아홉 제후를 합해 천하를 바로잡은' 빛나는 업적을 일궜다.

혼이 빠진 듯

魂不附體(혼불부체)

화들짝 놀라 잠에서 깬 동승董承은 조서가 보이지 않자 마치 혼이 빠진 듯하고 당황해 손발을 어찌 줄 몰랐다.

한나라의 헌제는 사냥을 하러 갔다가 조조에게 큰 모욕을 당했다. 그는 궁으로 돌아온 후 복伏 황후에게 이 사실을 울며 고했다. 복황후의 부친 복완伏完은 차기車騎장군이자 국구國舅(황후의 오라비, 천자의 외삼촌)인 동승董承이 나라의 악을 제거할 수 있을 것이라고 추천했다. 그리하여 헌제는 손가락을 깨물어 피로 쓴 밀서를 작성하고, 혹시나 도중에 조조에게 발각될 것이 두려워 옥대 속에 밀서를 봉해 넣고 은밀히 동승에게 옥대를 하사했다.

집에 돌아와 황제의 밀서를 읽은 동승은 눈물 콧물이 앞을 가리고 밤새 잠을 이룰 수 없었다. 그래서 책상에 얼굴을 묻고 엎드려 있던 그는 그만 깜빡 잠이 들고 말았다. 바로 그때 그의 친구 공부시랑工部侍郎 왕자복王子服이 찾아왔다. 왕자복은 방안에 들어왔다가 허리띠 속에 반쯤 감춰진 황제의 밀서를 봤다. 그는 그것을 집어 들어 살펴보다가 얼른 소매 속에 감추고 큰 소리로 동승을 깨웠다. "국구! 정말 맘도 편하십니다. 이런 때에 지금 잠이 오십니까?" 동승은 그의 목소리에 화들짝 놀라 선잠에서 깨어났다. 그런데 있어야 할 조서가 보이지 않자 동승은 혼이 빠진 듯 놀라고 당황해서 손발을 어찌 할 줄을 몰랐다. 왕자복은 그제야 조서를 꺼내 보이며 자신도 조조를 제거하는 일에 도움을 주고 싶다는 뜻을 전했다. 두 사람이 막 이야기를 나누고 있을 때 서량 태수 마등馬騰이 도착했다. 그 역시 조조의 전횡에 이를 갈고 있던 터라 동승에게 서량의 병마를 이끌고 외응하겠다는 뜻을 전했다.

그 다음날 동승은 깊은 밤에 유비가 머무는 곳을 찾아가 그에게 황제의 밀서를 꺼내 보여주었다. 혈서를 본 현덕은 비통함과 분함을 억누를 수 없었다. 그리고 동승은 동참하는 사람들이 작성한 결의서를 보여 주었다. 이름을 적은 사람은 벌써 여섯 명이나 되었다. 차기장군 동승·공부시랑 왕자복·장수교위長水校尉 종집種輯·의랑議郞 오석吳碩·소신昭信장군 오자란吳子蘭·서량 태수 마등이었다. 유비는 조금도 망설이지 않고 그 결의서에 '좌장군 유비'라고 엄숙하게 자신의 이름을 적어 넣었다. 또한 "이 일은 아주 중대한 일이니 반드시 신중하게 준비하시기 바랍니다. 비밀이 함부로 새어 나가서는 안 됩니다."라고 주의를 주었다.

얼마 후 유비는 계략을 써서 허도를 떠나 서주로 돌아왔다. 그리고 마등 역시 서량으로 돌아갔다. 허도에 남은 동승은 밤낮 조조를 처단할 계략을 짜 보았지만 딱히 적당한 묘수가 떠오르지 않았다. 마침내 명의名醫 길평吉平과 의논한 끝에야 조조를 독살할 계략을 짜냈다. 그러나 이 거사는 미처 실행에 옮기기도 전에 발각되어 길평만 참혹한 죽음을 당하고 말았다. 게다가 조조는 황제의 밀서가 내려졌다는 정보를 입수해 동승의 일가족을 몰살하고 그와 함께 결의한 왕자복, 오자란 등 다섯 명의 일가친척까지 700여 명에 달하는 사람들을 전부 참수형에 처했다.

지혜가 꼬리를 무는 역사 이야기

당 왕조 초기 서역의 고창국高昌國(후한 이후 번성했던 토번의 중심지) 국왕 곡문태曲文泰와 서돌궐은 서로 연합해서 당의 이주伊州(지금의 신장新疆성 허미哈密시)를 공격했다. 이에 629년, 이세민은 조서를 내려 병부상서 후군집侯君集을 교하도交河道 행군行軍 대총관으로 삼고, 군사를 거느리고 가서 고창국을 토벌하도록 명했다. 당나라군은 사막을 넘고 지리에 익숙한 현지 부락 족장의 인도를 받아가며 고창성 밖까지 신속하게 쳐들어갔다.

한편 곡문태는 당나라 군대가 이렇게까지 빨리 성 아래에 도착한 것을 보고는 두려움으로 죽어 버렸다. 그래서 그의 아들 곡지성曲智盛이 뒤를 이어 즉위했으나 역시 눈앞에 닥친 상황에는 속수무책이었다. 곡지성은 어쩔 수 없이 당나라 군영에 사자를 보내 강화를 요청했다. 하지만 그는 직접 당의 군영으로 찾아오라는 요구에는 응낙하지 않았다. 그러자 당나라군은 높이 5장丈(1장은 3.33미터)이나 되는 소차巢車(새집처럼 생겨서 망루 역할을 하는 차)를 투석차의 망루로 삼고 성안으로 비처럼 돌을 뿌려댔다. 고창국 사람들은 누구도 감히 집 밖으로 나와 다닐 수가 없었다. 대세가 기울자 곡지성은 결국 당나라 대군영으로 직접 찾아와 사죄했다. 하지만 그는 한편으로 성을 나서면서 부하들에게 성을 굳게 지키라고 엄하게 명령을 내렸다.

당나라 대군영에 도착한 곡지성은 이리 빼고 저리 빼며 계속 딴소리를 늘어놓았다. 이에 후군집 장막에 함께 있던 대장군 설만균薛萬均은 그의 모습에 버럭 화를 냈다. "자꾸 이렇게 굴면 당장 성을 공격해 버리겠소!" 서릿발 같은 호통이 떨어지자 곡지성은 혼이 빠진 듯 혼비백산해 얼른 무릎을 꿇고 말했다. "장군의 분부를 따르겠습니다." 곡지성은 성으로 돌아간 후 모든 관리와 백성을 이끌고 나와 투항했다. 이리하여 곡씨가 세운 고창국은 10대 139년에 걸쳐 이어지다가 마침내 멸망했다. 과거 하나의 나라로써 번성했던 고창국은 결국 고창 땅에 고성 하나만을 남기고 역사 속으로 사라졌다.

화살이 활에 놓였으니 쏘지 않을 수 없다

술을 데우며 영웅을 논하다

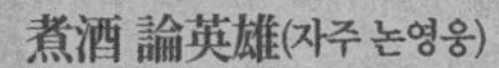
煮酒 論英雄(자주 논영웅)

조조가 말했다. **“무릇 영웅이라 함은 가슴에는 큰 뜻을 품어야 하고, 배에는 좋은 모략이 있어야 하며 우주의 진리를 감추고 있고 천지의 기운을 뱉어낼 수 있는 자를 말합니다.”** 현덕이 말했다. **“누가 그런 사람이라 할 만합니까?”** 조조는 손을 뻗어 현덕을 가리키고 또 자신을 가리키며 말했다. **“지금 천하의 영웅은 사군使君(한나라 말엽 주州의 자사나 목을 높여 부르던 호칭. 조조는 한때 유비를 예주豫州 목으로 천거한 적이 있어 그를 사군으로 존대해 부름)과 조조 밖에는 없소이다!”**

유비는 지원하는 세력도 없고 세력도 약해 한때 조조에게 몸을 의탁해야 했다. 그러나 조조가 계략을 써 자신을 해칠까 봐 유비는 큰 일에는 관심이 없는 척 자신의 거처 뒤뜰에 채소를 심고 직접 물을 주

며 재능을 감추고 때를 기다렸다. 그러나 관우와 장비는 대체 무슨 영문인지 몰라 유비가 천하 대사에는 관심을 버리고 그저 소인의 일만 배우고 있다며 불만이 이만저만이 아니었다.

하루는 유비가 정원에 물을 주다가 조조에게서 자신의 관저에 와 함께 술을 마시자는 전갈을 받았다. 유비가 조조를 따라 작은 정자에 들어서니 푸른 매실을 접시에 담은 술상이 차려져 있었다. 그들은 매실을 술 주전자에 넣고 술을 데웠다. 마주 앉아 마음을 열고 술을 마시기를 한참, 취기가 막 오를 무렵에 갑자기 검은 구름이 나타나 하늘을 가리더니 마치 당장이라도 큰 비를 내릴 기세였다. 조조는 이때를 놓치지 않고 용의 품행을 이야기하면서 용을 당세의 영웅에 비유해 유비에게 질문을 던졌다. "지금 영웅이라 할 수 있는 사람은 누군지 좀 말씀해 주시죠." 유비가 자신을 낮추며 몇 명의 이름을 거론했지만 조조는 모두 고개를 가로저었다. 조조는 바로 이 기회에 유비의 속마음을 간파하고 그가 정말 영웅이라 할 만한 그릇인지 시험해 보고 싶었던 것이다. 그는 스스로 입을 열었다. "무릇 영웅이라 함은 가슴에는 큰 뜻을 품고, 배에는 좋은 모략을 지녀야 하며 우주의 진리를 감추고 있고 천지의 기운을 뱉어낼 수 있는 자를 말합니다." 현덕이 말했다. "누가 그런 사람이라 할 만합니까?" 그러자 조조는 단도직입적으로 말했다. "지금 천하의 영웅은 사군과 조조 둘 밖에 없소이다!"

유비는 자신의 속마음이 조조에게 간파당한 것에 너무 놀라 자기도 모르게 들고 있던 젓가락을 떨어뜨렸다. 그런데 때마침 천지를 진동시키는 천둥소리가 들리자 유비는 얼른 엎드려 젓가락을 주웠다. 그러고는 천둥소리가 너무 무서워 젓가락을 떨어뜨렸다고 변명했다. 조조는 의아한 듯 물었다. "대장부께서 천둥도 무서워하십니까?" 이에 유비는 담담히 대답했다. "아무리 성인이라도 급한 천둥이나 사나운 바람 앞에는 혼비백산하게 마련입니다. 저라고 왜 무섭지 않겠습니까?"

이 사건 이후로 조조는 유비가 야심 있는 사람이라고 다시는 의심하지 않았다.

지혜가 꼬리를 무는 역사 이야기

남북조 시기 후조後趙의 창시자 석륵石勒은 미천한 출신 탓에 일찍이 많은 고생을 겪었다. 그는 사실 군사적인 분야뿐만 아니라 정치에도 재능이 뛰어난 인재였다.

그는 비록 글을 읽을 줄 몰랐지만 책 읽기를 아주 좋아해서 종종 선비들을 찾아가 자신에게 책을 읽어 주도록 했다. 그리고 책의 내용을 들으면서 자신의 의견을 발표하는 것을 좋아했다. 한 번은 『한서』를 읽도록 명했을 때였다. 어떤 사람이 한 고조에게 육국六國의 귀족 자손들에게 관직을 봉하도록 권고했다는 대목을 듣자 그는 한숨을 쉬며 말했다. "아! 정말 너무 멍청하군. 유방은 이런 잘못을 저지르고도 어떻게 천하를 얻은 거지?" 책을 읽던 선비는 그 말을 듣고 얼른 그에게 유방은 장량張良의 권고를 듣고 훗날 그렇게 하지 않았다는 해석을 들려 주었다. 그러자 석륵은 고개를 끄덕이며 말했다. "그래, 그렇게 해야 맞지."

또 한번은 석륵이 연회를 열어 대신들을 초대했다. 그는 연회에서도 대신들과 함께 술을 데우며 영웅에 대해 논했다. 그가 한 대신에게 물었다. "자네가 볼 때 나는 상고 시대의 어떤 제왕과 비교할 수 있겠나?" 그러자 한 대신이 아부하며 말했다. "폐하는 지혜로우시고 무공도 뛰어나시니 한 고조보다 더 훌륭하시며 다른 제왕과는 더 비할 수도 없이 뛰어나십니다." 하지만 석륵은 내심 자신이 한 고조 유방과 한 광무제 유수의 중간 정도라고 여기고 있었다. 또한 조조나 사마의司馬懿(삼국 시대 위나라의 정치가이자 전략가. 손자 사마염이 진晋나라를 세움)가 고아와 과부를 부당하게 대우해 천하를 얻은 것을 매우 경멸했다. 그는 웃으며 말했다. "자네, 나를 너무 높이 치켜세우는군. 내가 한 고조와 같은 시기를 살았더라면 나는 한 고조의 신하밖에 못 했을 걸세. 한신韓信이나 팽월彭越 정도와 비슷했겠지. 하지만 내가 광무제 때 살았더라면 광무제와 엇비슷한 정도는 되었을 거야."

겉으로는 강하지만 속은 약하다

色厲膽薄(색려담박)

조조가 웃으며 말했다. **"원소는 겉으로는 강해보이지만 속은 아주 약한 사람입니다. 계략을 꾸미는 건 좋아하지만 결단력이 없고 큰일을 해야 할 때는 몸을 도사리며 작은 이익에 눈이 어두워 목숨도 버릴 사람이지요. 그러니 영웅이라고 할 수 없습니다."**

위의 해석은 조조가 유비와 천하의 영웅을 논할 때 한 말로, 원소에 대한 한마디 평이다.

원소의 자는 본초本初이며 그의 선조는 4대 동안 삼공三公을 배출했기에 당시 제후 가운데 가장 크게 영향력을 행사하고 있었다. 그리하여 조조가 격문을 써서 동탁을 토벌할 사십 제후들을 초청했을 때 원소가 맹주로 추대되었다. 동탁은 제후들이 흩어진 후 여포와 왕윤에게 살해되었다. 그러자 원소의 모사는 계략을 일러주며 그 누구도 아닌 원소가 헌제를 업성鄴城으로 모시고 와야 한다고 했다. 그러나 원소는 앞으로 때마다 황제에게 상주문을 올려야 할 것이 너무 번거롭게 여겨져 그 계략을 채택하지 않았다. 그러고는 훗날에 조조가 헌제를 허창으로 모셔갔다는 이야기를 듣고 그제야 땅을 치며 후회했다.

198년, 조조가 서주의 여포를 공격할 때 원소의 모사 전풍田豊은 그에게 계략을 내, 주인 없이 비어 있는 허창을 공격하라고 간언했다. 그러나 원소는 작은 아들이 아프다는 이유로 출전을 거절해 절호의 기회를 놓쳤다. 원소는 후에 백마白馬에서 군사를 일으켜 조조를 토벌하려 했지만, 당시 선봉장 안량顔良이 잠시 조조 휘하에 머물렀던 관우에게 목이 베여 죽었다. 원소는 또 연진延津에서 군사를 일으켰지만 선봉장 문축文丑이 조조의 꾀에 넘어가 역시 죽임을 당했다. 그리하여 원소는 마침내 직접 대군을 이끌고 관도官渡 전투에 출전했다. 그러나 무려 군사 7만을 이끌고 가서 병력이 2만 명에 지나지 않는 조조를 공격했는데도 단번에 승리를 거두지 못했다. 한편 그 이듬해에 조조는 원소의 식량 창고 오소烏巢를 습격하는 데 성공하고 수장守將 순우경淳于瓊을 사로잡는 등 원소를 대패시켰다. 결국 원소는 기병 몇백 기만을 데리고 간신히 업성으로 도망쳐 왔지만 다시 조조에게 수차례 공격당한 후 피를 토하며 죽고 말았다.

원소의 일생을 종합해 보면 호랑이의 가죽을 뒤집어 쓴 양 같은 귀족이었다는 것을 알 수 있다. 그는 한때 제후 가운데 실력이 가장 세고 천하 통일을 이룰 가능성도 가장 컸던 사람이었다. 그러나 이렇게 겉으로 보기에는 강해 보여도 속은 겁 많고 유약해 매번 절호의 찬스를 놓쳤고 결국은 조조에게 패망하는 필연적인 결말을 맞게 되었다.

지혜가 꼬리를 무는 역사 이야기

당唐대에 안서절도사安西節度使를 지내던 가서한哥舒翰은 도병마사都兵馬使 장탁張擢을 수도 장안에 보내 상소를 올리게 한 일이 있었다. 그런데 장탁은 임무를 완수한 후에도 장안에 오랫동안 머물며 임지로 돌아가지 않았다. 게다가 당시 조정에서 권세를 휘두르던 재상 양국충楊國忠에게 많은 뇌물을 바쳐 그와 아주 끈끈한 관계를 맺어 놓았다.

그런데 얼마 후 가서한이 장안으로 올라와 천자를 뵐 일이 생겼다. 이에 장탁은 가서한이 자신에게 죄를 물을 것이 두려워 계략을 짜냈다. 장탁은 서둘러 양국충을 찾아가 자신을 어사대부御史大夫(부승상의 지위) 겸 검남서천劍南西川 절도사로 임명해달라고 부탁했다. 마침내 임명 조서가 내려지자 믿는 구석이 생긴 장탁은 전혀 두려울 게 없었다. 그는 당당하게 가서한이 묵고 있는 숙소를 찾아가 그를 만났다. 하지만 가서한은 그를 보자마자 부하에게 그를 당장 정원으로 끌어내라고 명하고 죄상을 조목조목 나열해가며 죄 값에 따라 몽둥이로 사정없이 때리기 시작했다. 장탁은 본래 겉으로 보기에는 무서워 보이는 사람이지만 속은 겁 많고 유약한 자였다. 가서한이 정말 화가 난 것을 보자 그는 두려움에 떨며 얼른 땅에 엎드려 손이 발이 되도록 싹싹 빌었다. 하지만 가서한은 그를 본 체도 하지 않고 부하들에게 계속 때리라고 명했다. 얼마쯤 지나자 장탁은 매를 너무 많이 맞아 곧 숨이 끊어질 듯했다. 부하가 이 사실을 고하자 가서한은 얼굴색 하나 변하지 않고 목숨이 끊어질 때까지 계속 때리라는 추상같은 명령을 내렸다. 결국 장탁이 죽자 가서한은 황제에게 이 사건을 상세히 설명한 보고서를 작성해 올렸다. 당 현종은 가서한의 세력이 두려운 데다 이미 죽은 장탁이 다시 살아나 자백할 수 있는 것도 아닌지라 원칙을 지킨 가서한에게 포상하라는 조서를 내렸다. 그리고 가서한을 두둔하는 김에 좀 더 확실하게 그의 환심을 사둬야겠다고 생각하고서 가서한에게 장탁의 시체를 100번 채찍질하게 하고 일벌백계로 삼도록 했다.

매실을 생각하며 갈증을 없앤다

望梅止渴(망매지갈)

조조가 말했다. "마침 나뭇가지에 매실이 파랗게 열린 것을 보니 작년에 장수張綉를 토벌하던 때가 생각나는군요. 도중에 물이 모자라 장수와 병사들이 모두 목 말라 했었습니다. 그때 제 마음속에 꾀가 한 가지 생각났지요. 그래서 저는 채찍을 들고 허공을 가리키며 말했습니다. '앞쪽에 매실나무 숲이 있다!'라고 말입니다. 군사들은 제 말을 듣고 모두 입에 침이 가득 고여서 그때부터는 목이 마르지 않게 되었습니다."

어느 해 여름, 조조는 부대를 이끌고 장수를 토벌하러 갔다. 날씨는 찌는 듯이 무덥고 태양은 불덩이 같은 데다 하늘에는 구름 한 점 없었다. 구불구불 이어지는 산길을 행군하고 있는데 정오가 되자 행군 속도는 눈에 띄게 느려졌다. 몸이 허약한 군사 몇 명은 졸도하기까

지 했다. 속도가 점점 느려지자 조조는 적을 공격할 기회를 놓칠까 봐 무척 초조해졌다. 그러나 눈앞에 몇 만이나 되는 군사와 말들이 모두 물 한 모금 먹지 못해 허덕이고 있는데 무슨 수로 행군 속도를 빠르게 할 수 있단 말인가? 그는 얼른 길 안내자를 불러서 부근에 물이 나는 곳이 있는지 은밀히 물었다. 그러나 길 안내자는 고개를 저으며 말했다. "샘물은 산골짜기 저편에 있어서 길을 돌아가야 하고 또 정말 가려고 해도 한참 걸어야 합니다."

조조는 잠시 생각에 잠겼다. 만일 길을 돌아간다면 분명히 제 시간에 목적지에 도착하지 못할 것이다. 하지만 그렇다고 군사들에게 무작정 빨리 행군하라고 명령하는 것은 전혀 소용없는 일일 터였다. 순간 그에게 묘안이 떠올랐다. 그는 말의 배를 세게 걷어차며 얼른 군사들 앞으로 나섰다. 그리고 말채찍을 높이 들어 전방을 가리키며 말했다. "병사들이여! 앞쪽에 아주 탐스럽고 맛 좋은 매실이 우릴 기다리고 있으니 어서 길을 재촉하자! 이 산골짜기만 넘어가면 바로 매실 숲이다!" 그 말을 들은 군사들은 마치 그 순간 달콤하고 새콤한 매실을 맛보기라도 한 듯 침이 고였고, 그것을 꿀꺽꿀꺽 삼키며 정신을 번쩍 차렸다. 그 후 군사들의 발걸음이 훨씬 빨라진 것은 두말할 나위가 없다.

남북조 시기, 남조 유송劉宋(420년~479년 남북조 시대에 강남에 건국된 남조의 첫 번째 왕조. 조광윤趙匡胤이 세운 송나라와 구별하기 위해 창시자의 성씨를 따라 유송劉宋이라 하기도 함) 시대에 살던 장융張融은 자는 사광思光이고 오군吳郡 사람이었다. 그의 조부 장위張褘는 진晉나라 시대 낭사琅邪 왕국의 낭중령郎中令이었고, 부친 장창張暢은 유송의 회계會稽 태수였다. 장융은 총명하고 외모가 출중한데다 순발력과 재치도 있어서 사람들이 어떤 질문을 해도 청산유수로 대답했다. 마침내 효무제孝武帝가 장융의 그러한 높은 명성을 듣고 그를 신안왕新安王 북중랑참군北中郎參軍으로 임명했다. 그리고 제齊의 태조 소도성蕭道成 역시 유송을 멸망시키고 제나라를 건립했을 때 장융을 매우 아꼈다. 자기가 입던 옷을 장융에게 하사하기까지 할 정도였다. 옛날에는 황제가 자신의 옷을 신하에게 하사하는 것이 아주 특별한 상으로 여겨졌으니, 당시 장융이 황제에게서 얼마나 큰 신임과 총애를 받았는지 짐작하고도 남는다.

한번은 소도성이 장융을 사도장사司徒長史로 임명하겠다며 즉석에서 관직을 허락한 적이 있다. 그런데 장융이 아무리 기다려도 조정의 임명장은 내려올 기미가 보이지 않았다. 그러자 장융은 꾀를 하나 냈다. 그는 조회를 마친 후 일부러 비쩍 말라서 금방이라도 쓰러질 듯한 말을 타고 집으로 돌아갔다. 그러자 소도성이 그의 모습을 보고 놀라 물었다. "말이 왜 이렇게 말랐느냐? 여물은 날마다 얼마나 주는

고?" 장융은 대답했다. "날마다 여물을 한 석씩 먹이고 있습니다." 태조 소도성이 다시 물었다. "날마다 여물을 한 석씩 먹는데 왜 이렇게 말랐느냐?" 장융이 대답했다. "저는 말로만 한 석씩 먹이고 실제로는 아무 것도 먹이지 않았습니다."

이를 통해 소도성은 장융이 관직을 내리겠다고 한 자신의 약속을 '매실을 생각하면서 갈증을 없애는 것' 같이 비현실적이라고 비꼰 것임을 깨닫고 크게 웃었다. 그리고 급히 명을 내려 장융을 사도장사에 임명했다.

호랑이를 풀어 산으로 돌려보내다

縱虎歸山(종호귀산)

정욱이 말했다. **"과거 승상께서 유비를 예주목에 천거하실 때 저희는 유비를 죽이자고 건의했지만 듣지 않으셨습니다. 그런데 지금 또 유비에게 병사를 주시겠다니 이는 용을 바다에 놓아주고 호랑이를 풀어 산으로 돌려보내는 것이나 마찬가지입니다. 나중에 다스리고 싶어도 그것이 어찌 가능하겠습니까?"**

허도에 있던 유비는 원소가 공손찬의 군대를 대패시켜 도망칠 곳이 없게 돼버린 공손찬이 자살했으며 전 가족이 남녀노소를 막론하고 모두 불에 타 죽었다는 이야기를 전해 들었다. 그리고 회남에서 위태로운 상황을 맞은 원소의 아우 원술은 옥새를 들고 원소를 찾아가 의탁하려고 준비하고 있었다. 유비는 이런 소식들을 듣고 공손찬이

과거 그를 추천해 주었던 은혜가 생각나 마음이 아파왔다. 그러나 동시에 또 다른 계획도 떠올랐다. '차라리 이 기회를 이용해 조조 곁을 떠나도록 하자. 앞으로 다시 오지 않을 기회이니 절대 놓칠 수 없어!' 유비는 곧 조조를 찾아가 말했다. "원술이 원소에게 투항하려면 분명히 서주를 거칠 겁니다. 승상께서 제게 군사들을 붙여 주시면 도망치는 원술 군을 막아 원술을 생포할 수 있습니다."

조조는 그 다음날로 헌제를 만나 상주문을 올리고 유비가 5만 군마를 이끌고 가도록 명을 내렸다. 또한 자신의 심복 주령朱靈과 노소路昭를 딸려 보내 유비와 동행하도록 했다. 유비는 명령을 받자마자 관우와 장비를 재촉해 속히 길에 올랐다. 관우와 장비가 물었다. "큰 형님, 이번 출정은 왜 이렇게 서두르십니까?" 유비가 말했다. "나는 그동안 새장 속의 새요, 그물 속의 물고기였다. 그리고 나는 이번 출정으로 대양으로 돌아간 물고기요, 창공을 나는 새가 될 것이다!"

한편 조조의 모사 곽가와 정욱은 조조가 유비에게 5만 병마를 허락해 서주로 가게 했다는 소식을 듣고 황급히 조조를 찾아와 말했다. "예전에 저희가 유비를 죽여야 한다고 말씀드렸을 때도 듣지 않으시더니, 이번에는 또 유비에게 그토록 많은 병마를 주어 서주로 가게 하셨다고 들었습니다. 이번 결정은 정말 용을 바다에 놓아주고 호랑이를 풀어 산으로 돌아가게 하는 것이나 마찬가지입니다. 승상께서는 속히 현명한 결정을 내려주시기 바랍니다." 그러자 조조는 그들의 말을 듣고 허저許褚에게 500 인마를 이끌고 유비를 쫓아가 그를 데려오도록 명했다. 마침내 유비를 따라잡은 허저는 자신이 온 뜻을 설명하며 그에게 허도로 돌아가서 다시 조조와 상의할 것을 권했다. 이에 유비가 말했다. "장군이 외지에서 싸울 때는 주군의 명령이 현지 상황에 맞지 않으면 듣지 않을 수도 있습니다. 나는 이미 천자를 뵈었고 승상께서 명까지 내려주셨으니 이제 와서 다른 논의를 하실 리가 만무합니다. 허 장군께서는 얼른 돌아가시어 제 대신 승상께 이 말씀을 전해주시기 바랍니다."

이리하여 허저는 허탕을 치고 돌아올 수밖에 없었다. 곽가와 정욱은 유비가 지금 돌아오지 않는 것은 분명 마음이 변했기 때문이라고 말했다. 하지만 조조는 말했다. "내 주령과 노소를 붙여 유비를 따라가게 했네. 나는 현덕이 꼭 변심한 건 아니라고 생각하네. 게다가 내 손으로 보낸 사람이니 내가 어찌 후회할 수 있겠나?"

조조는 현덕을 추격하지 않기로 결정했다. 훗날 사람들은 현덕이 사용한 이 계략을 두고 "강철 우리를 부수어 호랑이를 도망시키고 황금 자물쇠를 꺾어 교룡을 풀어주는 계략"이라 칭했다.

지혜가 꼬리를 무는 역사 이야기

진晋 양공襄公 원년(기원전 627년), 진秦나라는 맹명시孟明視·서걸술西乞術·백을병白乙丙 세 사람을 보내 군대를 이끌고 정鄭나라를 습격하도록 했다. 그러나 계획이 사전에 발각되어 그들은 하릴없이 가던 길을 돌이켜 되돌아와야 했다. 퇴각하던 진秦나라 군은 진晋의 영토를 지나치는데, 선진先軫이 이끄는 진晋나라 군이 진秦나라 군을 가로막고 퇴로를 끊어버렸다. 진晋군이 끝까지 쉬지 않고 진秦나라 군대를 공격하자 효산崤山에서 큰 전투가 벌어졌고 이때 선진은 진秦군을 일거에 전멸시켰다. 그런데 포로로 잡힌 진나라의 세 장수를 처리하는 문제를 놓고 선진과 진 양공 사이에 의견 충돌이 일어났다.

진晋 문공文公의 부인, 즉 양공의 어머니는 진秦 목공穆公의 딸이었다. 그녀가 양공에게 "진秦 목공은 전쟁에서 져서 매우 화가 나 있을 테니 분명히 그 세 장수를 직접 처단하고 싶어 할 것입니다. 그 장수들을 돌려보내 진 목공이 하고 싶은 대로 하도록 놔두면 양국 간의 관계에도 이로운 점이 있을 것입니다."라고 조언했던 것이다.

그녀의 말을 들은 진 양공은 즉각 명을 내려 맹명시 등 세 사람을 석방해 다시 진秦나라로 돌아가도록 했다. 선진이 이 소식을 듣고 어명을 막아보려 했지만 이미 한 발 늦은 때였다. 그는 진 양공에게 울분을 터뜨리며 말했다. "대왕께서는 여인의 말만 듣고서 수많은 병사가 피 흘려 붙잡아온 포로들을 이토록 쉽게 풀어주셨습니다. 정말 호랑이를 풀어 산으로 돌려보내는 격이 아닐 수 없습니다. 진晋이 이렇게나 많은 병력을 소비해 가면서 잡아온 적장들을 놓아주시는 것은 적을 도와주는 꼴 아닙니까? 이런 일이 계속되다가는 나라가 망할 날도 멀지 않습니다."

한편 진秦나라 조정 대신들은 모두 이 전쟁에서 패배한 데 분노를 금치 못했다. 주장主將으로 파견되었던 장수 세 명 역시 당장 죽음으로서 죄를 씻지 못한 것을 안타까워할 뿐이었다. 그러나 진秦 목공은 오히려 상복을 입고 친히 교외까지 나와 그들을 영접하며 그들을 대장군에 유임시켰다. 이에 맹명시 등 세 장군은 이후로 군사들을 맹훈련시키며 정예군을 조련하는 데 온 힘을 다 바쳤다. 그로부터 삼 년 후, 그들은 다시 군대를 이끌고 진晋을 공격했다. 파죽지세로 쳐들어오는 진秦나라 군의 공격 앞에 진晋군은 대패했고 결국 진秦나라에 강화를 요청하는 수밖에 없었다.

"이 사람은 언어가 불손한데, 왜 죽이지 않습니까?"

동한 말년, 청년 예형禰衡은 재능이 뛰어나고 북을 잘 쳐서 당대의 명사 공융에게 높은 평가를 받았다. 공융이 조조에게 여러 차례 그를 추천해 조조는 사람을 보내 예형을 불러오게 했다. 그런데 정작 예형과 대면한 조조는 그에게 앉을 자리 하나 권하지 않았다. 예형은 조조를 본 체도 하지 않고 하늘을 우러러보며 길게 탄식했다. "하늘과 땅 사이는 이렇게 크고도 광활한데 어찌 사람은 하나도 없는가!" 조조는 그 말을 듣고 기분이 나빠 예형에게 물었다. "내 수하에 문신과 무장들이 구름 같고 모두 당대의 영웅들인데 그대는 어째서 사람이 한 명도 없다고 하는가?" 그러고는 아주 자랑스럽게 자신 휘하의 순욱荀

彧·순유荀攸·곽가·정욱 등 모사를 소개하고 그들이 소하蕭何(중국 전한 시대의 정치가. 전한 건국의 일등 공신)나 진평陳平(유방을 보좌한 서한 왕조의 개국 공신)보다 고명한 모사라고 말했다. 또한 장료와 허저, 이전李典, 악진樂進 등 무장을 소개하며 이들은 잠팽岑彭이나 마무馬武같은 맹장보다 더욱 용맹하다고 칭찬했다. 그리고 여건呂虔, 만총滿寵은 종사從事(한나라 시대 자사의 보좌관을 일컬음)로, 우금于禁과 서황徐晃은 선봉으로, 하후돈夏侯惇은 천하의 기재로, 조자효曹子孝는 세간에 유명한 복 많은 장수로 소개했다. 이러한데 어찌 제대로 된 사람이 없다 하느냐는 투였다. 예형은 잠자코 조조의 이야기를 듣더니 말이 끝나자 바로 냉소를 지으며 말했다. "그 사람들이라면 저도 다 알고 있습니다. 그러나 당신 휘하에 있는 순욱·순유·곽가·정욱 같은 문관 모사들은 조문하고 무덤을 지킨다든지 문을 닫고 집을 지키는 잡기雜技를 좀 잘 할 뿐이고, 장료와 허저·악진·이전 같은 사람들은 말 타고 다니면서 편지나 배달하고 칼이나 갈고 대장장이 일을 하든지 벽돌 쌓고 개 잡는 일 정도를 하면 딱 맞을 사람들입니다. 다른 사람들은 더 말할 필요도 없지요. 다시 말해, 술이나 퍼마시고 밥만 축내는 술 부대, 밥통, 옷만 걸친 옷걸이일 뿐입니다! 제대로 된 사람은 하나도 없습니다!"

조조는 매우 화를 내며 예형에게 그러는 그는 무얼 잘 하느냐고 물었다. 예형이 대답했다. "저는 위로는 천문을 알고 아래로는 지리를 꿰뚫으며, 세 가지 가르침과 아홉 갈래(삼교구류三教九流를 이름. 삼교는 유교·불교·도교이고, 구류는 유가·도가·음양가·법가·명가·묵가·종횡가·잡가·농가임)

에 대해 모르는 것이 없고 고대의 경전과 사료에도 정통합니다. 또한 가슴속에는 큰 뜻을 품어 천하를 구할 수 있습니다. 어찌 당신같이 속된 사람들과 비교할 수 있겠습니까!"

당시에는 무장이었던 장료가 조조의 곁에 있다가 이 말을 듣고 검을 뽑아 예형을 죽이려고 했다. 그러나 조조는 장료를 제지하며 예형에게 거의 하인 수준의 지위인 북 치는 자리를 내렸다. 그러자 예형은 전혀 사양하지 않고 선뜻 그 자리에서 응낙했다. 예형이 자리를 뜨자 장료가 조조에게 물었다. "이 사람은 말이 무례하고 공손하지 못한데 왜 죽이지 않으십니까?" 이에 조조가 차분하게 대답했다. "예형은 비록 세상을 다스리고 나라를 구하는 능력은 없지만 허울 좋은 명성이 있네. 내가 오늘 그를 죽여 버리면 천하의 선비들이 전부 '조조는 사람을 쓸 줄 모르는 자'라고 비방할 게 틀림없어."

지혜가 꼬리를 무는 역사 이야기

초楚나라와 한漢나라가 서로 천하를 다투던 때, 유방劉邦은 형양滎陽에서 항우에게 포위당했다. 그는 역식기酈食其에게 어떻게 하면 항우의 세력을 약화시킬 수 있는지 방법을 물었다.

역식기가 그에게 대답했다. "과거 상商나라의 탕왕湯王이 하夏나라의 걸왕桀王을 뒤엎었을 때 그는 걸왕의 후손에게 기杞땅을 봉지로 주었습니다. 그리고 주周나라 무왕武王이 은殷나라의 주왕紂王을 토벌했을 때도 역시 주왕의 후손에게 송宋땅을 주었습니다. 지금 진秦왕은 폭정을 행하며 인의와 도덕을 전혀 중시하지 않고 함부로 육국을 합병하고 있을뿐더러, 그들의 후손에게 발 디딜 땅 한 뼘도 주지 않고 있습니다. 만일 주공께서 진정으로 육국의 후손들에게 봉지를 허락해 주신다면, 봉지를 하사받은 군신과 백성은 반드시 주공의 은혜에 감개무량해 할 것입니다. 그렇게 해서 주공의 덕행이 확실하게 세워지면 항우項羽도 반드시 스스로 찾아와 신하라 칭할 것입니다." 유방은 이야기를 듣고 고개를 끄덕이며 말했다. "그거 아주 좋은 방법이군. 속히 인장을 만들 테니 자네가 가서 그 뜻을 담은 글을 각 곳에 전달해주게."

마침 역식기가 아직 나가지 않고 있을 때 밖에서 장량張良이 들어와 유방을 찾았다. 막 식사를 하던 유방이 장량에게 말했다. "자방子房(장량의 자), 어서 오시게. 어떤 사람이 지금 나에게 항우를 이길 계책을 알려 주었네." 그러고는 역식기의 생각을 설명했다. "자네는 어떻게 생각하나?" 유방의 물음에 장량이 반문했다. "이것은 누구의 생각입니까? 주공의 대업을 그르칠 계책이옵니다!" 깜짝 놀란 유방이 물었다. "왜 그런가?" 장량은 유방이 밥을 먹던 젓가락을 자기가 들더니 육국의 후손들에게 봉지를 내릴 수 없는 이유 여덟 가지를 단숨에 말했다. 그리고 말미에 결론을 내리며 말했다. "만일 주공께서 정말 역식기의 계책을 받아들이신다면 대업은 분명히 실패할 겁니다!"

유방은 그의 말을 듣자 너무 화가 난 나머지 입에 물고 있던 밥을 전부 벨으며 역식기를 크게 꾸짖었다. "이런 쓸모라곤 하나도 없는 서생 같으니, 네 놈 때문에 이 몸의 대사를 그르칠 뻔했어!" 그리고 곧바로 인장을 만들라는 명령을 취소했다.

몸은 조조의 진영에 있지만 마음은 한나라에 있다

身在曹營 心在漢(신재조영 심재한)

관우가 말했다. **"첫째, 나는 황숙과 맹세하며 함께 한나라 왕실을 돕겠노라 했소. 나는 한나라 황제께만 항복할 뿐이지 조조에게 항복하는 것이 아니오. 둘째, 두 형수님께는 황숙의 봉록에 해당하는 돈을 내려 부양해 주시고 조조의 상하 어떤 부하라도 함부로 그 댁에 방문해서는 안 되오. 셋째, 유 황숙이 계신 곳을 알게 되면 천 리 길이건 만 리 길이건 간에 바로 이곳의 일을 사직하고 황숙께 가겠소. 이 세 가지 가운데 한 가지라도 보장되지 않으면 절대 항복할 수 없소. 문원文遠(조조의 대장 장료의 자)께서는 속히 돌아가 이 사실을 보고해 주시길 바라오."**

건안建安 5년(200년) 조조가 서주를 공격했고 패배한 유비는 원소에게 몸을 의탁한 상황에서 관우는 유비의 처와 자녀들을 보호하며

하비下邳를 사수하고 있었다. 조조는 예전부터 관우의 무공을 매우 아껴 그에게 투항을 권하려 했다. 그래서 조조군은 정욱의 계책에 따라 관우를 하비에서 유인해낸 뒤 한 언덕에서 그를 포위했다. 장료는 관우를 설득해 투항시키라는 임무를 띠고 있었다. 관우는 장료를 보자 말했다. “내가 비록 지금은 목숨이 위태한 상황이지만 나는 죽음을 귀향이나 마찬가지로 생각하는 사람이요. 그러니 장군은 얼른 군영으로 돌아가시오.” 장료는 호탕하게 웃으며 말했다. “형님께서 이렇게 말씀하시다니, 세상 사람들의 비웃음이 두렵지도 않으십니까?” 이에 관우가 말했다. “나는 충의를 위해서 죽는 것이니 천하 사람들이 어찌 나를 비웃겠소?”

장료가 말했다. “형님께서 지금 죽으시면 그 죄는 세 가지나 됩니다. 애당초 형님께서 유현덕 공과 도원결의를 맺으실 때 한 날 한 시에 함께 죽기로 맹세하지 않으셨습니까? 지금 현덕 공이 전쟁에 패했으니 형님께서 전사하겠다고 하시면 훗날 현덕 공이 다시 일어나 형님의 도움을 받고 싶을 때 형님을 찾을 수 없을 터이니 이것이 바로 옛 맹세를 저버린 일 아닙니까? 이것이 첫 번째 죄입니다. 그리고 유현덕 공께서는 형님께 가족들을 전부 맡기셨는데 형님께서 전사하고 나면 두 부인은 의지할 곳이 없어집니다. 그러면 현덕 공을 돕겠다고 했던 중책을 저버린 것 아닙니까? 이것이 두 번째 죄입니다. 또한 형님은 무공이 월등하시고 경전과 역사에도 정통하신 분이신데 현덕 공과 함께 한나라 왕실을 떠받칠 생각은 하지 않으시고 그저 물속으로 불속으로 뛰어들어 죽을 생각만 하고 계시니 이것은 자기만 과시하려는 필부의 용맹일 뿐입니다. 이것을 어찌 의라고 할 수 있겠습니까? 이것이 세 번째 죄입니다. 이 동생이 형님께 이러한 죄 세 가지를 알려드려야겠습니다."

장료의 말을 듣고 보니 일리가 있었다. 관우가 그에게 어떻게 해야 좋을지 방도를 묻자 장료는 이렇게 대답했다. "그러면 우선 조공께 투항하시고 후에 유현덕 공의 행방을 찾아보시는 것이 어떻습니까? 행방을 알게 되었을 때 현덕 공께 가는 것이 낫지 않겠습니까? 이렇게 하면 첫째, 두 부인의 생명을 보존할 수 있고 둘째로 도원결의도 저버리지 않을 것이며 셋째로 쓸모 있는 몸도 남겨 놓을 수 있습니다." 이에 관우는 장료에게 자신이 제시한 세 가지 조건을 조조에게 전달해 달라고 부탁한다.

한편 조조는 장료의 보고를 듣고 바로 그 자리에서 관우의 세 가지 조건을 전부 승낙했다. 이렇게 해서 관우가 조조에게 투항하게 되었다. 조조는 모든 예우를 갖춰 관우에게 아주 깍듯이 대우하고 그를 제후로 봉했으며 관직도 하사하고 봉록도 주었다. 그리고 자주 연회를 열어 관우에게 가까이 다가가려고 노력했다. 하지만 관우는 비록 몸은 조조의 휘하에 있어도 마음만은 여전히 한나라 왕실에 가 있었다. 마침내 유비의 행방을 찾아낸 관우는 그동안 한 푼도 쓰지 않은 봉록을 고스란히 봉투 속에 넣어 봉하고 관직의 직인에 해당하는 도장도 대청에 걸어둔 채 조조를 떠났다. 그리고 도중에 오 관을 지나면서 비록 뜻하진 않았지만 조조의 장수 여섯 명을 죽이고 유비에게로 돌아갔다.

지혜가 꼬리를 무는 역사 이야기

동진東晋 효무제 태원太元 8년(38년) 8월 전진前秦의 국왕 부견苻堅은 각 주의 군사와 말들을 모집하면서 100만 군대를 일으켜 일거에 동진을 멸망시키겠노라고 선포했다. 그는 비수淝水의 서쪽 강가에 있는 군사 요충지 수양壽陽에 군대를 주둔시키고 전진의 공격 한 번이면 동진군은 금세 무너질 것이라며 자신만만해 했다. 심지어 동진의 대군영에 사자를 보내 투항을 권유하기까지 했다. 그런데 부견이 보낸 사자는 다른 사람도 아닌 바로 몇 년 전 양양에서 전진의 군대를 결사적으로 막다가 포로로 붙잡힌 주서朱序였다. 당시 부견은 주서의 기개를 높이 사 그를 상서尙書에 봉했다. 그러나 주서는 몸은 조조의 군영에 있지만 마음은 한나라 왕실에 가 있던 관우처럼 속마음은 아직도 동진을 향하고 있었다. 주서는 진군의 주장 사석謝石과 사현謝玄을 만난 자리에서 부견의 분부대로 그들에게 투항을 권하지 않고, 오히려 전진 군에 관한 정보를 알려주며 속히 공격을 감행하라고 진나라 군을 격려했다.

한편 주서가 떠난 후 사석이 곰곰이 생각해보니 수양에 주둔한 전진 군은 병력이 어마어마해 도저히 싸워서 이길 자신이 없었고 차라리 굳게 지키는 작전을 펼치는 것이 더 나을 것 같아 보였다. 그러나 사안謝安의 아들 사염謝琰은 사석에게 주서의 말대로 얼른 출병하라고 권했다. 장고의 회의를 거친 끝에 동진의 장군들은 북부北府군의 명장 유뢰劉牢가 정병 5천 명을 이끌고 낙간洛澗에 있는 전진의 군대를 급습하기로 결정을 내렸다. 동진 군은 신속히 낙간을 지키고 있는 전진 군을 향해 기습했다. 전진 군은 갑작스럽게 세찬 공격을 퍼붓는 동진 군을 간신히 막아 내다가 결국에는 패하고 말았다.

전진 군은 비록 낙간에서 패하기는 했지만 여전히 동진 군보다 몇 곱절이나 많은 병력을 자랑했다. 그리하여 사현은 전진의 주장 부융苻融에게 사신을 보내 요청을 하나 했다. 전진의 진영을 비수 뒤쪽으로 조금만 옮겨서 동진 군이 옮겨갈 만한 땅을 만들어 주면 동진 군이 즉시 비수를 건너가 그곳에서 다시 결전을 벌이겠노라는 것이었다. 부견은 동진의 요청에 동의했다. 약속한 날짜가 되자 전진 군은 부견의 명령으로 전군이 나서서 군영을 뒤로 옮기기 시작했다. 그러자 사안 등은 이때를 놓치지 않고 기병 8천을 이끌고 비수를 건너왔다. 이를 군영 뒤쪽에서 본 주서는 전진 병사들에게 큰 소리로 외쳤다. "우리가 졌다! 우리가 졌다!"

전진 군의 후방 부대는 그의 외친 말이 참인지 거짓인지 진위를 가릴 수 없어 일순간 혼란에 빠졌고 서로 앞다투어 도망치느라 전장은 아수라장이 되었다. 부견 역시 혼비백산해서 혼란한 군인들 틈에 섞여 도망쳤다. 그가 낙양까지 패퇴했을 무렵 전진의 몇십만 대군은 겨우 10만여 명의 패잔병으로 줄어 있었다.

다섯 관문을 지나며 여섯 장수를 베다

過五關 斬六將(과오관 참육장)

미염공美髥公(관우는 수염이 멋있어서 '아름다운 수염을 가진 공'으로 불렸다)은 말 한 필을 타고 천리를 달렸으며 한수후漢壽侯(관우의 봉호)는 다섯 관문을 지나며 여섯 장수를 베었다.

관우는 조조에게 투항한 후 유비가 여남汝南에 있다는 소식을 듣고 유비의 부인들을 데리고 허도를 떠났다. 관우 일행이 동령관東嶺關에 도착했을 때, 그곳을 지키던 장수 공수孔秀는 군사 500여 명을 데리고 나와 관우의 앞길을 가로막았다. 관우가 수차례나 보내 달라고 부탁하는데도 공수는 "이 관문을 넘어가려면 늙은이와 아이들은 인질로 남겨 놓으시오."라며 끝까지 관우를 막아섰다. 이에 크게 노한 관우는 청룡언월도靑龍偃月刀를 휘둘러 공수를 죽여 버렸다. 이렇게 제

1관을 통과한 후 그들은 낙양에 도착했다.

한편 동령관의 소식을 들은 낙양 태수 한복韓福과 아장牙將(고대 군관의 지위 중 하나. 군사 5천 명을 거느린 장군) 맹탄孟坦은 계략을 써서 관우를 사로잡으려 했다. 맹탄은 관우 일행이 낙양에 도착하자마자 곧장 달려 나가 관우에게 도전했다. 그리고 3합도 채 싸우지 않고 말머리를 돌려 꽁무니를 뺐다. 본래 관우를 유인하려던 꾀였는데 예상 밖으로 관우의 말이 너무 빨라 맹탄은 금방 관우의 칼에 두 동강이 나고 말았다. 이때 한복이 몰래 관우에게 화살을 쏴서 관우의 왼팔에 명중시켰다. 그러나 관우는 아무렇지도 않다는 듯 입으로 화살을 뽑아내고는 곧장 한복에게 달려들어 그의 목을 베었다. 그런 후 옷자락 한 귀퉁이를 잘라 대강 상처를 싸매고 두 형수를 호위하며 밤새 말을 달려 사수관汜水關에 도착했다.

사수관을 지키던 장수 변희卞喜는 심지어 관 앞쪽의 진국사鎭國寺에 군사 이백여 명을 매복시켜놓고, 관우를 절 안으로 유인한 후 죽이려고 함정까지 준비해 놓았다. 그러나 관우와 동향인 진국사의 보정普淨 스님이 관우에게 몰래 변희의 음모를 알려주었고, 관우는 변희가 계략을 실행하기도 전에 그를 한 칼에 죽여 버렸다.

관우는 다시 영양을 향해 출발했다. 영양 태수 왕식王植은 관우를 아주 반갑게 맞이했다. 그러나 그의 친절함은 위장 전술이었을 뿐 사실은 관우 일행을 불태워 죽이려는 속셈이었다. 그런데 그의 부하 가운데 호반胡班이라는 자가 관우에게 이 사실을 밀고했다. 결국 왕식은 관우의 칼에 허리를 베여 몸이 두 동강나고 말았다. 이어서 관우는 두 형수를 모시고 황하黃河의 나루터에 도착했다. 그곳을 지키던 장수 진기秦琪 역시 관우에게 도전했다가 단 일 합 만에 목이 베어지고 말았다. 관우는 두 형수를 호위하고 유비에게 가는 길에 동령관·낙양·사수관·영양·화주를 거쳐 황하 나루터를 지나며 공수·한복·맹탄·변희·왕식·진기 등 위나라 장수를 모두 여섯 명 베었고, 수많은 난관을 뚫은 끝에 드디어 유비와 재회했다.

지혜가 꼬리를 무는 역사 이야기

중국 역사상 전형적인 대기만성형 인물을 꼽으라면 단연 양호梁顥를 꼽을 수 있다. 양호는 오대십국 시대에 태어난 사람으로 아주 어린 나이에 공부를 시작해 총 다섯 수레에 실을 만큼 책을 많이 읽은 군자라 칭할 만했다. 당시 선비들의 소망은 대개 과거에서 장원 급제하는 것이었기에 동시童試부터 시작해서 향시鄕試·회시會試·전시殿試에 이르기까지 각종 시험을 준비했다. 또 매번 과거에 응시하는 거인擧人(향시에 합격한 사람. 거인이 되어야 과거에 응시할 수 있음)의 수가 보통 천 명 이상이어서 시험에 합격하려면 다섯 관문을 지나며 여섯 장수를 베는 발군의 실력이 필요했다. 양호는 몇십 년 동안 계속해서 과거에 응시했지만 진사 자리 하나 얻지 못했다. 매번 과거 시험을 치른 후 방문을 살펴보면 그의 이름은 눈 씻고 찾아봐도 보이지 않았다. 그래서 남 말하기 좋아하는 사람들은 아예 노래까지 만들어 그를 놀렸다. "삼 년에 과거 두 번, 과거마다 양호가 있네. 양호가 없으면 과거 시험장에 잡초가 자랄걸." 하지만 양호는 전혀 기죽지 않았다. 낙방하면 다시 과거를 보고 또 낙방해도 또다시 과거를 보았다. 그렇게 해서 오대 후진後晋 천복天福 3년(938년)부터 나라가 단명한 후한과 후주를 거쳐 송나라 태종太宗 옹희雍熙 2년(985년)까지 수도에서 열리는 과거 시험에 끊임없이 참가했다. 그런 중에 마침내 그는 82세의 고령에 진사가 되었고 그에 더해 장원으로 급제하는 영광까지 누렸다.

양호는 47년간 40회나 과거 시험에 응시했다. 그리고 드디어 장원 급제했을 때는 이미 머리가 하얗게 세고 걸음걸이마저 휘청거리는 할아버지 수험생이었다. 송 태종은 그를 장원으로 호명한 후 나이가 어떻게 되는지 물었다. 이에 그는 「사은계謝恩啓」라는 시를 한 수 지어 태종에게 대답했다.

白首窮經(백수궁경) 백발이 되도록 온갖 일을 겪었으며

少伏生八歲(소복생팔세) 복생伏生보다 여덟 살이 적습니다.

(복생은 한나라 대 유학자로 90세의 나이에 조정의 부름을 받음)

靑雲得路(청운득로) 청운의 꿈은 길을 얻었으니,

多太公二年(다태공이년) 강태공姜太公보다 두 살이 많습니다.

(강태공은 상말商末 주초周初 사람으로, 80세에 주 문왕文王을 만나 재상에 오름)

비록 백발이 성성한 나이였지만 이 시는 그의 뛰어난 재능을 엿보기에 충분했다. 실로 천하제일의 이름이 부끄럽지 않은 시였다.

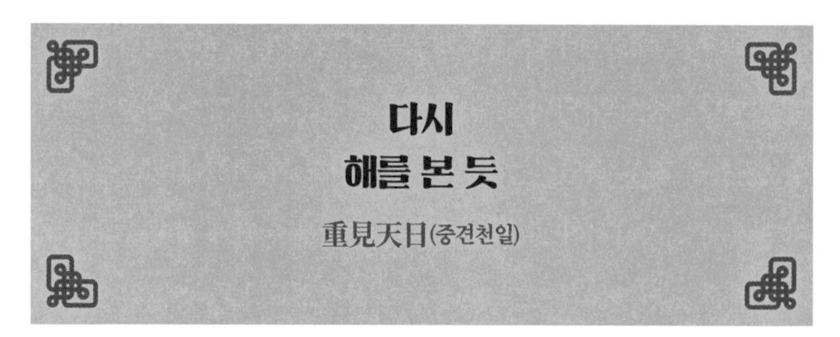

"주창周倉은 일개 무식한 자로, 자신의 본분을 저버리고 강도가 되었습니다. 오늘 장군을 만나니 다시금 하늘의 태양을 본 것 같습니다. 어찌 이 기회를 놓치겠습니까?"

관우는 형님 유비의 소식을 듣자마자 속히 짐과 마차를 준비해 떠날 채비를 했다. 천 리 길도 마다하지 않으며 두 형수를 모시고 말 한 필에 몸을 의지해 머나먼 길을 떠났다. 그 과정에서 여섯 명이나 되는 조조의 장수를 죽이며 성 다섯 곳의 수비를 뚫은 후에야 간신히 황하를 건널 수 있었다. 그곳에서 손건孫乾을 만난 관우는 그와 함께 형수들을 모시고 여남으로 향했다. 그런데 예상치 못한 일이 발생했다. 하후돈夏候惇이 기병 300여 기를 거느린 채 그를 쫓아온 것이다.

관우가 하후돈과 막 겨루고 있는데 장료가 급히 뒤따라 달려오며 말했다. "승상의 명이요! 승상께서는 관운장이 다섯 관을 넘으며 수문장들을 전부 죽였다는 소식을 들으시고 가는 길에 어려움을 겪지 않을까 걱정하시어 특별히 저를 보내 명을 전달케 하셨습니다. 각 곳의 관은 모두 관우를 그냥 보내 주라 하셨소이다." 하후돈은 조조의 명 앞에 조용히 물러설 수밖에 없었다. 관우는 장료와 헤어진 후 곧 두 형수님들을 태운 마차를 뒤쫓아 가 손건에게 조조가 그들을 놓아 주라고 명을 내렸다는 사실을 알렸다. 둘은 조조가 이렇게 대범한 태도를 보인 데 존경을 금치 못했다.

안심한 관우와 손건이 형수님들을 호위하며 길을 재촉할 때, 무척 험상궂게 생긴 한 무리가 그들을 향해 오는 것이 보였다. 구레나룻을 무성하게 기른 건장한 체격의 우두머리는 관우를 보자 깜짝 놀라며 말했다. "아니, 관 장군이 아니십니까?" 그 말과 함께 그는 창을 버리고 얼른 말에서 내려 땅에 엎드렸다. 그가 말했다. "저는 관서關西 사람 주창周倉입니다. 장군을 아주 오래전부터 흠모해 왔습니다." 관우가 물었다. "장사께서는 저 관 모를 아십니까?" 그러자 주창이 말했다. "제가 예전에 황건군에서 장보를 따를 때, 장군을 뵌 적이 있습니다." 그는 자신의 부하들을 해산시킨 후 관우를 따르고 싶다고 했다. "주창은 일개 무식한 자일뿐입니다. 본분을 저버리고 강도가 되었지만 오늘 장군을 만나 뵈니 다시금 하늘의 태양을 본 것만 같습니다. 어찌 이 기회를 놓치겠습니까?" 두 형수님과 상의한 관우는 주창의 부하들은 집으로 돌려보내고 주창만 받아들이기로 했다.

지혜가 꼬리를 무는 역사 이야기

서한 경제景帝 때 한안국韓安國이라는 사람이 있었다. 그는 어사대부를 지냈고 경제의 동생 양효왕梁孝王 수하에서 중대부中大夫로 있었다. 당시 한안국은 경제와 양효왕 간의 오해를 푸는 데 큰 공을 세운 일로 위에서 상을 받고 전국적으로 유명 인사가 되었다. 그런데 그 후에 한 가지 법을 어긴 죄로 몽현蒙縣으로 압송되어 감옥살이를 하게 되었다.

몽현의 옥리 가운데 전갑田甲이라는 자는 한안국이 이제 실세를 잃었다고 생각해 온갖 일에 트집을 잡으며 한안국을 모욕했다. 어느 날 화를 참지 못한 한안국이 전갑에게 말했다. "불씨가 사그라진 재라고 해서 다시 불붙지 않을 줄 아느냐!" 그러자 전갑은 말도 안 된다는 투로 대답했다. "그럼 네 생각에는 네가 다시 하늘의 태양을 볼 수 있을 것 같으냐? 만일 네 말대로 사그라졌던 재에 다시 불이 붙는다면 나는 오줌을 한 번 갈겨 그 불을 꺼버릴 테다."

얼마 후 양梁이라는 지역에 내사관內史官이 모자라자 경제는 한안국을 다시 불렀다. 그러자 전갑은 황급히 도망쳐 버렸다. 내사관으로 부임한 한안국은 사람들에게 드러내놓고 이야기했다. "전갑이 만일 자수하지 않으면 그의 일가를 몰살시킬 테다." 이 이야기를 전해들은 전갑은 한참을 고민한 끝에 하는 수 없이 한안국을 찾아와 사죄했다. 한안국은 그에게 농담조로 이야기했다. "네가 전에 사그라졌던 재가 다시 타오르면 오줌을 한번 갈겨 주겠다고 하지 않았느냐? 어디 지금 한번 갈겨 보아라!"

전갑은 극심한 두려움 속에 머리를 땅에 연신 쿵쿵 찧으며 백배 사죄했다. 곁에서 한안국의 부하들이 전갑의 죄를 다스려야 한다고 주장했지만 한안국은 그들을 제지하며 전갑에게 아주 온화하게 대해 주고 무죄 석방했다.

겉은 도량이 넓어 보이지만 속은 쌀쌀맞다

外寬而內忌(외관이내기)

전풍田豊이 말했다. "원소 장군은 겉으로 볼 때는 도량이 큰 것 같지만 속이 좁아서 샘을 잘 내고 인정이 없으며 쌀쌀맞고 과거에 충성한 것에 대해서는 기억하지 않습니다. 승리하면 기뻐하며 저를 사면하겠지만 지금은 전쟁에서 졌으니 크게 수치를 느낄 겁니다. 저는 이제 살기를 바랄 수 없게 되었습니다."

전풍은 기주冀州 거록 사람으로 박학다식하고 전술 전략을 아주 신출귀몰하게 구사했다. 과거 조정에서 시어사侍御使(어사대부 아래의 관직)를 지낸 적이 있지만 환관의 전횡이 못마땅해 스스로 관직을 버리고 고향으로 돌아온 인사였다. 원소는 의병을 일으켜 동탁을 토벌하려 할 때 전풍을 청해 별가別駕(자사의 보좌관)직을 맡겼다. 그 후 원소는

전풍의 계책을 얻어 공손찬을 제거하고 하북을 평정해 사주四州(기주·청주·병주幷州·유주)를 호령할 수 있게 되었다.

건안 4년(199년) 원소와 조조가 관도에서 대치했다. 전풍은 원소에게 이렇게 조언했다. "조조는 용병을 잘하고 임시변통에 통달한 자입니다. 조조의 군사가 비록 적기는 하지만 절대 무시해서는 안 됩니다. 차라리 지구전을 펼치는 것이 나을 듯합니다. 실제로 우리 군대가 주둔한 곳은 지형이 험준하고 병마도 많으니 외적으로는 다른 곳의 영웅들과 연합하기도 쉽고 내적으로는 농사를 지으며 내실을 다질 수 있습니다. 그러면서 정병들이 기습 공격하는 방법으로 조조를 계속 괴롭히는 겁니다. 조조가 우를 구하면 우리는 좌를 공격하고, 조조가 좌를 구하면 우리는 우를 공격하는 거죠. 그렇게 조조가 정신없이 우리 공격을 따라다니다 보면 조조의 백성은 안심하고 생업에 종사할 수 없겠지요. 그러면 이 년이 채 못 되어 우리가 조조를 이길 수 있습니다. 지금 장군께서 장기적으로 승리하는 방법을 택하지 않으시고 단 한 번의 결전으로 조조와 승부를 가리려 하시다가 만일 패하기라도 하는 날에는 후회가 막급일 겁니다." 그러나 원소는 그의 말을 듣지 않았을 뿐만 아니라 전풍이 군심을 어지럽힌다는 이유로 구금시켜 버렸다.

과연 전풍의 예측은 정확하게 맞아떨어졌다. 원소는 관도 전투에서 조조에게 대패하고 도망치는 신세가 되었다. 그러자 어떤 이가 전풍에게 축하의 말을 건넸다. "선생, 정말 대단한 탁견이십니다. 원소 장군께서는 분명 선생을 중용하실 겁니다."

그러나 전풍은 고개를 흔들며 말했다. "원소는 겉으로 볼 때는 도량이 큰 것 같지만 속이 좁아서 샘을 잘 내고 인정이 없는데다 쌀쌀맞습니다. 승리하면 살아날 가능성이 있겠지만 지금은 전쟁에서 졌으니 제가 한 말은 오히려 원소의 잘못을 확실하게 지적한 셈이 되었습니다. 저는 분명히 살아남기 어려울 겁니다."

과연 원소는 돌아오는 길에 좌우의 부하들에게 이렇게 말했다. "내가 전풍의 말을 듣지 않다가 졌으니 이제 돌아가면 그에게 비웃음만 당하겠군." 말을 마친 그는 자신이 도착하기도 전에 자신의 보검과 함께 부하를 보내 전풍에게 자결하도록 명했다.

지혜가 꼬리를 무는 역사 이야기

기원전 225년 진 시황秦始皇 영정嬴政(진시황의 이름)은 대장군 왕전王翦을 원수로 삼고 그에게 60만 대군을 주어 초나라를 토벌하도록 명했다. 그리고 친히 왕전을 파상灞上까지 배웅해주었다. 길을 떠나기 전에 황제가 베풀어준 술자리에서 왕전은 진 시황에게 많은 전답과 호화로운 집을 요청했다.

그러자 진 시황이 말했다. "장군, 걱정 마시게. 설마 장군을 가난하게 살도록 내버려둘까 봐 걱정인거요?" 이에 왕전이 말했다. "저는 대왕님의 장군으로서 전공을 세우기는 했으나 결국 귀족으로 봉해지지 않았습니다. 지금 대왕께서 저를 이렇게 중용해 주시니 이 기회를 이용해 전답을 하사해 주십사 하는 것입니다. 저도 제 자손에게 물려줄 유산은 있어야 하지 않겠습니까?" 진 시황은 그의 말을 듣더니 너털웃음을 그치지 못했다.

왕전은 군대를 이끌고 무관武關에 도착했다. 그런데 그는 그곳에서도 다섯 번이나 자녀들을 장안으로 보내 진 시황에게 전지田地를 구했다. 그의 부장 몽무蒙武는 그런 왕전의 모습이 이해되지 않아 그 이유를 물었다. "왕 장군, 전답과 집을 구하는 데 너무 집착하시는 것 아닙니까?" 그러자 왕전이 대답했다. "사실은 그런 것이 아닐세. 대왕은 겉으로 볼 때는 도량이 큰 것 같지만 속으로는 샘을 잘 내고 인정이 없고 쌀쌀맞으신 분일세. 대왕께서는 지금 전군을 나 한 사람에게 위임해 지휘하게 명령하셨네. 그러니 내가 자손에게 물려줄 유산을 꼬투리로 잡아 전답과 집을 내려주십사 간청하면서 대왕을 위해 힘껏 노력하고 있다는 걸 보여 줘야만 대왕께서는 아무 이유 없이 나를 의심하지 않으실 것이네." 몽무는 그제야 이해했다는 듯 대답했다. "노장군의 고견은 정말 저로서는 생각해낼 수 없는 생각입니다."

『천자문千字文』에 "기전파목起翦頗牧 용군최정用軍最精"이라는 말이 있다. 다시 말해 전국 시대에 전략과 군사를 가장 잘 사용한 장군 네 명은 백기白起·왕전王翦·염파廉頗·이목李牧이라는 뜻이다. 하지만 그들의 최후를 보면 이목과 백기는 공이 큰 것으로 말미암아 오히려 군주의 시샘과 질투를 받아 결국 자기 군주의 손에 죽었고 염파는 뜻을 이해받지 못해 타향에서 객사했다. 이 네 명 가운데 오직 왕전만이 결말이 좋아 자신의 고향집에서 노년을 편안히 보냈을 뿐이다. 이는 전부 그가 자기 보호 전략을 적절히 구사한 덕분이라고 할 수 있겠다.

화살이 활에 놓였으니 쏘지 않을 수 없다

箭在弦上 不得不發(전재현상 부득불발)

진림이 대답했다. **"화살이 활에 놓였으니 쏘지 않을 수 없습니다."**

원소가 30만 정예부대를 이끌고 조조를 치러 나서자, 곽도郭圖는 그에게 조조의 죄상을 격문으로 써서 천하에 알리면 정당한 명분도 생기고 사람들에게 말하기도 좋을 것이라 권했다. 이에 그의 말이 옳다고 여긴 원소는 서기書記 진림陳琳에게 초안을 만들게 했다.

진림은 예전부터 뛰어난 글재주로 명성이 자자한 인재라 단숨에 격문을 써내려 가는 기세가 매우 대단했다. 그는 격문 속에서 조조를 '내시가 남긴 골칫덩어리'라고 폄하했다. 격문은 천하를 돌고 돌면서 허도에도 전해졌다. 마침 조조는 두통을 앓아 침대에 누워 있었다. 격문을 읽은 조조는 노기가 심장에까지 이르렀고 온몸에 식은땀이 났다. 그런데 신기하게도 조조의 두통은 그 후로 씻은 듯 사라져 버렸다. 조조는 침대에서 일어서며 조홍曹洪에게 물었다. "이 격문은 누가 쓴 게냐?" 조홍이 말했다. "듣자하니 진림이란 사람이 썼다고 합니다." 조조는 웃으며 말했다. "글을 잘 쓰는 인재는 무예가 훌륭하고 모략을 잘 아는 인재와 함께 있어야 큰일을 이룰 수 있지. 진림은 재주가 무척 뛰어나지만 원소는 무예도 모략도 부족하니 참으로 아깝군 그래!"

그 후 조조는 허저의 꾀를 이용해 장하漳河의 물길을 열고 기주를 점령했다. 조조가 기주성으로 막 들어가려는데 누군가가 망나니와 함께 걸어 나왔다. 바로 진림이었다. 조조가 그에게 물었다. "자네가 원소를 위해 격문을 쓰고 나를 욕한 것은 그리 큰 허물이 아니네. 그런데 어찌 그토록 자네 조부와 부친까지 수치스럽게 하려 하는가?" 그러자 진림이 대답했다. "화살이 활에 놓였으니 쏘지 않을 수 있습니까." 그러자 좌우의 신하들이 입을 모아 진림을 죽여야 한다고 간했다. 하지만 조조는 그의 재능을 아껴 그를 사면해주고 종사從事로 임명했다.

지혜가 꼬리를 무는 역사 이야기

양광楊廣은 모친인 독고 왕후와 대신 양소楊素의 도움으로 큰형 양용楊勇의 태자 자리를 빼앗았다. 이 소식은 진양晋陽에 전해져 양광의 동생인 한왕漢王 양량楊諒은 그의 처사를 아주 불만스럽게 여겼다.

양량은 병주幷州 총독을 맡아 서로는 태행산太行山, 동으로는 발해渤海, 북으로는 연문관燕門關, 남으로는 황하까지 모두 52개 주를 통치하며 당시 천하의 정병들이 많이 나기로 유명한 땅을 오랫동안 차지하고 있었다. 그는 돌궐을 막아야 한다는 핑계를 대고 진양에서 대규모 징집을 해 병력 수만을 모았다. 604년 수 문제文帝 양견楊堅이 죽고 드디어 양광이 즉위했다. 그러고는 곧이어 문제의 이름으로 내려진 소집령이 진양에 전달되었다. 그러나 소집서에 문제와 약속했던 기호가 보이지 않자 양량은 수도에 변고가 일어났다는 것을 알아차리고 소집령에 응하지 않았다.

수 문제는 살아생전에 양량에게 이렇게 말한 적이 있었다. "내가 죽으면 함부로 움직이지 말거라. 사람들이 너를 새장 속의 새처럼 잡아가두는 것은 식은 죽 먹기일 테니." 양량도 실은 자신이 지금 군사를 일으키는 것은 유리한 점보다 불리한 점이 더 많다는 것을 알고 있었다. 하지만 이미 활에 놓인 화살은 쏘아질 수밖에 없는 것처럼 그 역시 이러한 상황에서는 군사를 일으킬 수밖에 없었다. 지금 모반하지 않는다 해도 앞으로 다른 형제들처럼 양광에게 제거당하지 않으리란 보장이 없었기 때문이다.

그러나 양량은 그렇게 고집스럽게 군사를 일으켜놓고도 군사적으로 우유부단하게 처신하며 주전파의 의견을 적극적으로 받아들이지 않았다. 양량 군은 결국 싸움에서 연패해 진양에서 양소의 대군에게 포위되었고 양량은 성문을 열고 나와 투항했다. 이번 일로 양량 자신은 죽음을 면했지만 그의 수하 장수들은 자결한 후에도 효수를 당했다. 또한 병주 전체 20여 만 호의 관리와 신하, 백성들까지 모두 이 반란에 연루되어 죽거나 귀양살이를 해야 했다.

인생의
무기가
되는
삼국지

하늘을 다스리고 땅을 다스리다

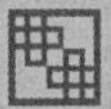
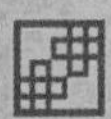

병법은 신속함이 가장 중요하다

兵貴神速(병귀신속)

곽가가 말했다. **"병법은 신속함이 가장 중요합니다. 지금 천 리나 떨어진 곳에서 공격을 하는 바람에 군용 물품이 많아 행군 속도가 더딥니다. 차라리 병사들의 무장을 가볍게 하고 빠른 속도로 진격해 상대가 미처 대응할 준비를 하지 못했을 때 공격하는 편이 낫습니다. 하지만 이 방법을 쓸 때는 반드시 지름길을 아는 사람이 길을 인도해야 합니다."**

곽가의 자는 봉효奉孝이며 영천穎川 양적陽翟(지금의 허난성 위禹현) 사람이다. 그는 지혜롭고 계략이 많아 조조에게 크나큰 신임과 중용을 받았다. 언젠가 조조가 당시 기주·청주青州·유주幽州·병주 등 네 개 주를 차지하고 있던 원소를 무찌르고 그의 큰 아들 원담袁譚을 죽인 일이 있다. 이때 원소의 다른 두 아들 원상袁尚과 원희袁熙는 도망쳐

서 요하遼河 유역의 오환족烏丸族 우두머리 답돈선우蹋頓單于에게 투항했다. 그러자 답돈선우는 이 기회를 틈타 한나라 변경 지역을 침범하며 노략질을 일삼았다. 이에 조조는 원상과 답돈선우를 정벌하러 가고 싶은 마음이 굴뚝같았지만, 부하들 가운데는 조조가 멀리까지 원정가면 형주의 유표劉表가 그 기회를 틈타 유비를 보내서 조조의 후방을 습격할까 봐 걱정하는 사람이 있었다.

이때 곽가가 조조에게 계책을 내며 말했다. "공께서는 지금 천하에 명성을 떨치고 계시지만, 오환족은 변경 지역에 멀찌감치 떨어져 있다는 이 점만 믿고 전투 준비를 전혀 하지 않았을 것이 분명합니다. 지금 기습 작전을 펼치신다면 반드시 놈들을 격퇴할 수 있으실 겁니다. 그렇지만 만일 이 기회를 놓치면 급한 숨을 돌린 원상·원희가 남아 있는 병사들을 다시 모아 공격을 시도할 것입니다. 또한 오환의 각 부족들도 그들에게 협조하고 답돈선우가 야심을 품고 달려들면 기주와 청주를 다시 빼앗길 수도 있습니다. 한편 유표는 자기 재능이 유비보다 못하다는 걸 잘 알고 있으므로 유비를 중용하지 않을 겁니다. 그러면 자연히 유비도 유표를 위해 큰 힘을 쓰지 않겠지요. 유표에 대해서는 걱정할 필요가 없으니 공께서는 오환 정벌에만 전념하시면 됩니다."

그리하여 조조는 군대를 이끌고 출정했다. 군대가 역현易縣(지금의 허베이성)에 이르자 곽가는 다시 조조에게 한 가지 계략을 내놓았다. "병법은 신속함이 가장 중요합니다. 지금은 천 리나 떨어진 곳에서 작전을 하는 것이므로 군용 물품이 많아 행군 속도가 더딥니다. 만일 오환 군이 우리 상황을 알아차리면 대비를 단단히 할 것입니다. 차라리 무거운 군장과 물자들은 여기에 남겨두고 무장을 가볍게 해서 빠른 속도로 진격하면 상대가 미처 준비하지 못했을 때 공격해서 큰 승리를 거둘 수 있을 것입니다."

조조는 곽가의 계책대로 무기와 물자들은 남겨놓고 빠른 속도로 행군해 단숨에 답돈선우의 주둔지까지 달려갔다. 매우 당황한 오환족들은 어쩔 줄 몰라 하며 전쟁에 임했고, 결과는 역시나 오환족의 참패였다. 답돈선우는 이 전투에서 전사했고 원상과 원희는 요동遼東으로 도망쳤다가 요동 태수 손강孫康에게 죽임을 당하고 말았다.

지혜가 꼬리를 무는 역사 이야기

409년 동진의 대장 유유劉裕는 건강을 출발해 남연南燕의 수도 광고廣固(지금의 산둥성 이뚜益都 서북쪽)를 포위하고 선제공격했다. 이에 남연의 국왕 모용초慕容超는 다급히 후진後秦에 구원병을 요청했다. 당시 후진은 북방 국가 가운데 비교적 강대했다. 후진의 국왕 요흥姚興은 동진의 대군영에 있는 유유에게 사자를 보내 말했다. "연나라와 우리 진나라는 우호 관계인 이웃 국가요. 우리는 이미 10만 대군을 파견해 낙양에 주둔시켰소. 동진에서 반드시 연나라를 멸망시키겠다면 우리도 가만히 앉아서 보고 있지만은 않을 겁니다." 유유는 사자가 전달한 위협조의 말을 듣고 냉소를 지으며 말했다. "너는 어서 돌아가 요흥에게 일러라. 내 본래는 연나라를 멸망시키고 삼 년을 푹 쉰 후에 다시 와서 너희 나라를 멸망시키려 했으나 지금 너희가 죽고 싶어 제 발로 찾아왔으니 너희가 바라는 대로 해주마!" 사자가 돌아간 후 어떤 이가 유유에게 말했다. "괜히 그렇게 도발했다가 요흥이 더 화를 내면 어찌합니까! 진나라 병사들이 정말 우리를 공격해오면 대응할 준비는 되어 있으십니까?"

그러나 유유는 태연자약하게 대답했다. "자네는 이런 도리를 모르는구려. 옛말에 병법은 신속함이 가장 중요하다고 했네. 진나라가 정말 출병하려고 했으면 우리 몰래 출병했겠지, 무엇하러 사람까지 보내가며 출병하겠다고 통지를 하겠는가! 이것은 분명히 괜히 세력을 과시해서 우리를 겁주려는 계략일세. 그리고 내가 보기에 진나라는 자기 나라도 제대로 건사하기 힘든 것 같은데, 무슨 힘이 남아돌아서 남의 나라까지 구한단 말인가?"

유유의 추측대로 당시 후진은 하夏나라라는 소국과 전쟁을 하고 있었다. 게다가 연전연패를 당하고 있는 터라 남연을 구하기 위해 출병한다는 것은 생각도 할 수 없는 일이었다. 얼마 지나지 않아 유유는 아주 여유롭게 남연을 멸망시켰다.

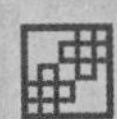

쌍방의 세력이 비슷하여 싸움이 매우 치열하다

龍爭虎鬪(용쟁호투)

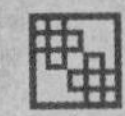

"함양咸陽에 난 불은 한나라의 덕을 쇠하게 하였고 군웅들은 용과 호랑이가 싸우듯 서로 대치하게 되었네. 양양襄陽의 연회에서 왕손이 술을 마셔야 하니 좌중에 있던 현덕은 생명이 위험하겠네."

유비가 형주의 유표를 찾아가 몸을 의탁하니 유표는 집까지 하사하며 정착하길 권하고 아주 융숭하게 대접했다. 이리하여 유비는 한동안 형주에 발이 묶이게 되었다. 유비에게는 '적로的盧'라는 이름의 천리마가 있었다. 어느 날 적로를 본 유표가 감탄을 금치 못하기에 유비는 그에게 적로를 선물로 주었다. 그런데, 유표의 부하 중에 말의 관상을 아주 잘 보는 이가 적로를 보고, "이 말은 주인을 훼방할 상입니다. 언젠가는 반드시 그 주인을 해할 것이옵니다."라고 말하는 것이

아닌가! 그 말에 기분이 찜찜해진 유표는 그 말을 다시 유비에게 돌려주었다.

한편 유표의 부인 채씨와 그 오라비 채모蔡瑁는 진작부터 유비를 죽이려고 생각하고 있었다. 한번은 유표가 유비에게 자기 대신 양양에 가 백관들을 회견하도록 부탁하자 그들은 이 기회를 이용해 유비를 죽일 음모를 꾸몄다. 마침 양양성 서문 밖에는 단계하檀溪河라는 강이 있었는데 강폭이 넓고 수심이 깊어 건너기가 여간 어렵지 않았다. 채씨 오누이는 이 강을 이용하기로 하고 양양성의 서문은 놔둔 채 동문과 남문, 북문에 병력을 대거 배치해 삼엄하게 지키며 유비를 죽일 기회만을 노렸다. 이를 알 리 없는 유비가 회견에 참석하자 그 자리에 있던 이적伊籍이라는 사람이 다가와 속삭였다. "몰래 화원으로 나오십시오. 드릴 말씀이 있습니다." 유비는 무슨 일인가 싶어 몰래 회견장을 나왔다. 그가 유비에게 말했다. "채모가 공을 죽이려 합니다. 성의 동·남·북문은 모두 군사들이 지키고 있습니다. 그러니 공은 서문으로 나가셔야 합니다. 어서 도망치십시오!" 유비는 그의 말을 듣자마자 곧바로 말에 올라타 채찍질을 하며 서문으로 도망쳤다. 다급히 몇 리를 도망치는데 도도히 흐르는 단계하가 그의 앞을 가로막았다. 추격하는 군사들은 점점 가까워져 왔다. 더 생각할 겨를이 없는 유비는 급히 채찍을 휘둘러 말을 달리게 하고 강을 건너기 시작했다. 그런데 몇 걸음도 가지 못해 그만 말이 앞발을 헛디디고 말았다. 유비는 크게 부르짖었다. "적로야, 적로야. 네가 오늘 정말 나를 죽게 하는구나!" 그런데 유비의 말이 채 끝나기도 전에 놀라운 일이 벌어졌다. 적로가 물속에서 몇 장丈이나 뛰어올라 날듯이 강 언덕에 올라서더니 쏜살같이 내달려 추격병을 따돌린 것이 아닌가!

지혜가 꼬리를 무는 역사 이야기

원나라 말년 주원장이 남쪽으로 세력을 확장해가던 시기에 제일 먼저 맞닥뜨린 강적은 진우량陳友諒이었다. 진우량은 본래 서수휘徐壽輝가 일으킨 반란군의 부장이었으나 후에 서수휘를 죽이고 스스로 왕이 된 인물이다. 그는 강서와 호남, 호북 일대를 점령하고 광활한 지역과 많은 병력을 자랑했다. 1360년, 그는 강력한 수군을 거느리고 채석采石에서 강을 따라 동으로 내려와 주원장이 점령한 응천부應天府(지금의 난징)를 공격했다. 한편 주원장은 진우량의 군대에서 도망쳐 온 군사를 통해 그들의 진로를 알아내고는 군대를 몇 갈래로 나누어 강을 따라 위치한 중요 지점에 매복시켰다. 그리고 자신은 직접 대군을 거느리고 노룡산盧龍山(지금의 난징에 있는 스즈산獅子山)을 지켰다. 이를 까맣게 모르는 진우량은 수군 전체를 이끌고 강동교江東橋까지 전함을 몰고 왔다. 그때 주원장이 명령을 내리자 강둑에 매복해 있던 군사들이 일제히 모습을 드러내고 진우량의 수군을 공격했다.

돌연 습격을 당한 진우량 군은 전부 함정에 걸려들고 말았다. 병사 가운데 싸우다 죽은 사람과 물에 빠져 죽은 사람은 셀 수 없이 많았고 2만이나 되는 군사가 포로로 잡혔으며 100여 척에 달하는 전함을 전리품으로 빼앗겼다. 그런 와중에 진우량은 겨우 작은 배를 빼앗아 도망쳤다. 몇 년 후 파양호鄱陽湖에서 다시 격돌한 쌍방은 그야말로 '용쟁호투龍爭虎鬪'를 벌였다. 그 결과 진우량은 다시금 대패했고 포위를 뚫고 달아나다가 빗발치는 화살에 맞아 죽고 말았다. 이렇게 해서 남방에서 할거한 세력 중에 가장 우세했던 진우량을 제거한 주원장은 스스로 오吳 왕王이라 칭했다.

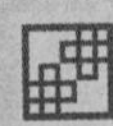

마음이 어지러워지다

方寸已亂(방촌이란)

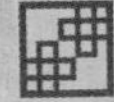
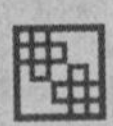

서서徐庶(자는 원직元直)가 말했다. **"제가 사군使君과 함께 천하 쟁패를 도모했던 것은 저의 이 마음을 믿었기 때문이었습니다. 그러나 지금은 노모의 일로 제 마음이 이미 어지러워졌습니다. 비록 이곳에 남아 있다 할지라도 사군께 도움이 되지 않을 것입니다. 그러하니 사군께서는 다른 고명한 인재를 구하셔서 공을 보좌케 하시고 대업을 이루어 나가시는 것이 좋겠습니다. 어찌 이리 속상해 하십니까?"**

영천 사람 서서는 유비의 군사가 된 후 모략이 많고 상황 판단이 빠르며 일 처리가 귀신같아 유비에게 크게 신임을 받았다. 그는 한번은 팔문금쇄진八門金鎖陣을 깨뜨리고 조조의 관병을 대파하기도 했다. 이 승부에 굴복할 수 없던 조조의 장수 조인曹仁은 한밤중에 몰래 군

사를 일으켜 신야新野의 군영을 기습했다. 그러나 서서는 이 계략마저도 예상하고 조인이 번성樊城을 떠나길 기다렸다가 곧장 주인 없는 성으로 쳐들어갔다. 그 결과 조인은 다시 승부를 내기는커녕 번성마저 잃어버리고 허창으로 퇴각해야만 했다.

조조는 필시 유능한 인재가 유비를 돕고 있는 것이라 추측하고 정탐꾼을 보냈다. 그랬더니 역시나 서서란 사람이 유비 곁에서 돕고 있었다. 유비에게서 서서를 떼어내고 자신에게 오게 하려는 조조에게 모사 정욱이 계략을 하나 냈다. 바로 그날 밤 조조의 부하 한 명이 밤새 말을 달려 영천에 있는 서서의 모친을 허창으로 모셔왔다. 그리고 정욱의 꾀로 모친의 필적을 얻어내 그 글씨체를 감쪽같이 모방해서는 서서 모친의 명의로 된 편지 한 통을 위조해 냈다. 그 후 그는 심복 한 명을 신야에 보내 서서에게 그 편지를 전하도록 했다. 과연 어머니에 대한 효심이 아주 지극했던 서서는 편지를 보자 폭포수 같은 눈물을 흘렸다. 그는 바로 유비를 찾아가 간청했다. "제가 본래 장군과 함께 천하 쟁패를 도모했던 것은 저의 이 마음을 믿었기 때문이었습니다. 그런데 지금 노모가 조조의 군영에서 위험에 처해 계시다 하니 제 마음이 이미 어지러워졌습니다. 비록 이곳에 남아 있다 할지라도 장군께 도움이 되지 못할 것입니다. 제가 떠나도록 허락해 주십시오."

유비는 물론 그를 잃고 싶은 생각은 추호도 없었지만 그렇다고 그를 억지로 남아 있게 할 수도 없었다. 며칠 후 두 사람은 서로 눈물을 흘리며 이별했다. 그러나 서서가 조조의 군영에 도착하자 음모의 진상은 백일하에 드러났다. 서서의 노모는 자신이 발단이 되어 아들의 앞길을 그르쳤다는 것이 너무 분해 목을 매어 죽었고 서서는 자신이 속았다는 것을 알고 조조를 증오하게 되었다. 그러나 다시 유비에게 돌아갈 수가 없었기에 앞으로 조조를 위해서라면 어떤 계책도 내지 않겠다고 스스로 맹세했다. 조조는 비록 계책을 써서 서서를 얻을 수 있었지만 서서는 그를 위해 아무런 힘도 써주지 않았다.

지혜가 꼬리를 무는 역사 이야기

조착晁錯은 서한 문경 시대文景時代(문제文帝와 경제景帝가 다스리던 중국 3대 태평성세의 하나)의 저명한 정치가로 어린 시절에는 법가 학설을 배웠고 후에는 금문金文(은·주·진·한 대에 동으로 그릇을 주조해 새겨 넣은 문)으로 된 『상서尙書』를 배웠으며, 태자사인太子舍人(태자가 머무는 동궁의 시위 겸 비서)과 문대부門大夫(동궁의 궁문 관리직)를 지냈다. 하지만 나중에는 관직이 박사博士에까지 올라 당시 태자였던 유계劉啓, 즉 경제의 신임과 사랑을 한 몸에 받았다. 유계는 그를 '지혜 주머니'라고 불렀다.

경제가 즉위한 후 내사內史로 지위가 오른 조착은 얼마 후 곧 어사대부를 맡으며 나라에 꼭 필요한 중신으로 자리매김했다. 그는 중앙집권제를 공고히 하려면 같은 성씨의 제후가 소유하고 있는 봉지를 몰수해야 한다고 주장했다. 결국 그의 건의를 받아들인 경제는 오왕吳王 비濞의 봉지를 몰수하려고 했다. 그러자 경제 3년(기원전 154년)에 오·초 등 일곱 나라가 "조착을 죽이고 임금의 측근을 깨끗이 하겠다."라는 명분을 내세워 한꺼번에 대규모 반란을 일으켰다. 이렇게 칠국의 난이 발생하자 조정과 민간은 크게 놀랐고 여론은 떠들썩했다. 경제와 신하들은 군대를 곳곳으로 이동시키는 한편 대책을 상의했다.

이때 원앙袁盎이라는 사람이 나서서 경제에게 건의했다. "오·초 두 나라는 사실 모반할 만한 능력이 없습니다. 그들은 재력이 넉넉한 것도 아니고 세력이 강한 것도 아니며, 게다가 사람도 많지 않습니다. 그들은 이번 일을 위해 큰돈을 주고 군사를 사들였습니다. 사실 도의라고는 눈곱만큼도 생각지 않고 오로지 돈만 바라는 이런 무뢰배들이 모여서 무슨 성공을 할 수 있겠습니까? 그들이 모반을 일으킨 진짜 이유는 조착이 폐하를 부추겨 봉지를 몰수하게 했기 때문입니다. 그러니 조착을 죽이고 몰수했던 봉지를 돌려주기만 하면 칼에 피 한 방울 묻히지 않고 반란군을 평정할 수 있습니다."

이때는 아마도 경제의 마음이 많이 어지러웠던 때인 듯하다. 그는 원앙의 건의를 듣자마자 바로 조착을 끌어다가 장안 동쪽 시장에서 공개적으로 요참腰斬에 처했다. 그리고 조착의 부모·처·친척까지 남녀노소를 불문하고 모두 사형에 처했다. 그러나 조착이 희생된 후에도 칠국의 난은 전혀 가라앉지 않았다. 결국 명장 주아부周亞夫를 파견한 후에야 겨우 반란군을 평정할 수 있었다.

하늘을 다스리고 땅을 다스리다

經天緯地(경천위지)

서서가 말했다. **"저와 그 사람을 비교하는 것은 둔한 말과 기린을 비교하는 것 혹은 갈까마귀와 봉황을 비교하는 것이나 마찬가지입니다. 그 사람은 항상 자신을 관중이나 악의에 비교하지만 제가 볼 때는 오히려 관중, 악의가 이 사람에게 못 미쳐도 한참 못 미칩니다. 이 사람은 하늘과 땅을 다스릴 수 있는 재능을 갖추고 있습니다. 이런 사람은 천하에 그 사람 하나뿐일 겁니다!"**

서서가 작별을 고하자 유비가 서서의 손을 붙잡고 말했다. "선생께서 이렇게 가시면 선생과 저는 하늘의 이쪽과 저쪽에 떨어져 언제 다시 만날지 모르겠군요." 말을 끝맺자마자 유비는 또 한바탕 통곡을 하며 눈물을 흘렸다. 무거운 마음으로 그와 헤어진 서서는 몇 리쯤

갔다가 다시 돌아와 유비에게 말했다. "제가 한 가지 아주 중요한 일을 잊었습니다. 장군, 양양성에서 20리 떨어진 융중隆中에 제갈량諸葛亮이라고 하는 천하의 기재奇才가 살고 있습니다. 장군께서 그 분을 한 번 만나보십시오." 그러자 유비가 말했다. "당연히 만나 뵙고 싶지만 그 분께서 선생보다 나은 분인지 모르겠군요." 이에 서서가 말했다. "그 분은 고개를 들면 하늘의 천문을 알고 고개를 숙이면 땅의 지리를 관찰할 수 있으며 사람의 얼굴을 보면 마음을 알 수 있는 천하에 제일 가는 인재입니다. 만일 그 분께서 융중을 나와 장군을 도와주신다면 장군이 천하를 얻는 것은 따 놓은 당상입니다."

서서가 이렇게 제갈량을 잘 알고 있는 것을 보자 유비는 수고스럽겠지만 서서가 자신대신 제갈량에게 가서 말을 전해주었으면 했다. 그러나 서서는 고개를 흔들며 말했다. "이런 인재는 장군께서 직접 가셔서 청해 오는 수밖에 없습니다. 그 분이 융중을 나설지 아닐지는 오직 장군의 성의에 달려 있습니다." 서서는 여기까지 말을 마치자 바로 말을 달려 자기 길을 떠났다. 이 대화는 유비의 삼고초려 고사를 탄생케 한 삼국지 속 유명한 대화이다.

지혜가 꼬리를 무는 역사 이야기

범려范蠡는 춘추전국 시대 말기 사람이다. 그는 비록 비천한 가문 출신이었지만 젊은 시절에 다섯 수레나 되는 책을 읽어 머릿속이 경전과 이론들로 가득했다. 494년 월 왕 구천句踐은 오 왕 부차夫差와 벌인 전쟁에서 크게 패해 겨우 병사 5천 명만을 이끌고 근처 회계산會稽山으로 도망쳤다. 그때 월나라에 몸을 의탁해 구천의 신하로 있던 범려는 비참한 말로를 맞은 구천에게 잠시의 수치를 참고 자신의 책임을 감당하며 재기의 그 날을 만들어가라고 충고했다. 그리고 이때에 자신의 신분을 낮추고 자발적으로 오 왕을 섬기며 복수할 수 있는 좋은 기회를 잡으라고 간언했다. 구천은 그의 건의를 받아들여 신분을 낮추고 오나라에서 삼 년간 노비 생활을 했다. 심지어 오 왕의 경계심을 풀고 신임을 얻기 위해 그의 분뇨를 맛보는 것도 주저하지 않았다. 범려 역시 그동안 구천 옆에서 함께 생활하며 여러 방법으로 오 왕의 환심을 사두었다. 마침내 오왕은 마침내 구천에게 의심의 눈길을 거두고 그를 월나라로 돌려보냈다.

귀국한 구천은 곧바로 범려와 대부 문종文種과 함께 월을 중흥시키고 오를 멸망시킬 계책을 세웠다. 다시 말해서 전란으로 파괴된 월나라의 경제를 회복시키고 출산을 장려하며 군사력을 기르는 한편으로, 월나라의 아름다운 미녀 서시西施를 오 왕에게 바쳐 오 왕을 미혹시킨다는 계책이었다. 그리하여 차근차근 복수의 준비를 해오던 월왕은 마침내 오나라를 단번에 멸망시키고 그동안의 모든 치욕을 씻을 수 있었다. 이때 범려가 월나라에 세운 공헌은 제갈량이 촉한을 위해 세운 공헌에 결코 뒤지지 않는다고 할 수 있겠다.

한편 범려는 구천과 오랫동안 함께하며 그가 '어려움은 함께 할 수 있지만 부귀는 함께 할 수 없는' 사람이라는 것을 알게 되었다. 그래서 그는 월나라가 거국적인 축하 잔치를 벌일 때 몰래 문종을 불러 말했다. "문종 어르신, 옛말에 자고로 나는 새가 사라지면 좋은 활이 창고에 버려지고 교활한 토끼를 죽인 후에는 사냥개를 삶아 먹는다라고 했습니다. 이제 오나라를 물리친 지금 우리는 구천한테 좋은 활과 사냥개와 같으니 이제 관직을 용퇴하고 강호로 물러나 함께 은거하십시다." 그러나 곧 다가올 부귀영화에 눈이 먼 문종은 그의 제안을 달가워하지 않았다. 결국 범려는 혼자 일엽편주를 타고 바람처럼 그곳을 떠나 오호五湖를 유람했다. 훗날 문종은 과연 범려의 예상대로 월왕에게 죽임을 당하고 말았다.

제나라로 간 범려는 이름과 성을 바꾸고 장사를 시작했다. 수완이 뛰어난 그는 얼마 지나지 않아 1천만에 이르는 가산을 모았다. 이 이야기를 들은 제 왕이 그를 상국으로 임명해 범려는 삼 년을 제나라에서 일했다. 그러나 다시 관직을 버리고 떠나 정도定陶에 이르렀다. 그곳에서 다시 장사를 시작한 그는 이번에도 몇 년이 채 안 되어 거부가 되었다. 그러자 세상 사람들은 그를 '도주공陶朱公'이라 부르며 재물신으로 모셨다.

범려의 일생을 볼 때 그는 모사로서 몰락한 한 나라를 부흥시키는 신출귀몰한 지략을 갖추고 있었다. 또한 신하로서 군주의 탐욕스럽고 사나운 본성을 일치감치 꿰뚫어보는 혜안이 있었다. 그는 관직으로는 재상에 이르렀으며 뛰어난 사업 수완으로는 천금을 얻는 거부가 되었다. 만일 범려에게 하늘과 땅을 다스릴 만한 재주가 없었다면 전국 시대라는 혼란기에 이처럼 자유자재한 삶을 산다는 것은 불가능했을 것이다.

초가집을 세 번 방문한다

三顧草廬(삼고초려)

사마휘는司馬徽 명사를 재차 추천했고 유현덕은 초가집을 세 번 방문했다.

제갈량은 젊은 시절 부친을 여의고 숙부 제갈현諸葛玄에게 의지해 자랐다. 그러나 16세가 되던 해에 숙부마저도 세상을 떠나자 양양성 서쪽의 융중에 전답을 마련하고 그곳에 몇 칸짜리 집을 지어 손수 농사짓고 책을 읽으며 살고 있었다. 융중에서 10년을 사는 동안 방대한 양의 경서와 역사 서적, 제자백가의 저작을 읽은 제갈량은 어느덧 정치·군사·역사 방면에 있어 풍부한 지식을 갖추게 되었다. 특히 그는 당시의 정치 형세를 매우 주의 깊게 관찰하고 연구하며 점점 자신만의 독특한 정치적 견해를 형성했다.

관도 대전에서 원소를 물리친 조조는 그 후 유비도 크게 물리쳤다. 유비는 친척인 유표에게 몸을 의탁하며 관우·장비와 같이 신야新野라는 작은 현에 주둔할 수밖에 없었다. 한편 유비는 서서를 떠나보낼 때 그에게서 남양南陽에 은거하는 제갈량이 뛰어난 인재라는 이야기를 들었다. 그는 곧 선물을 들고 관우 형제들과 융중에 있는 제갈량을 찾았다. 그런데 가는 날이 장날이라더니 하필이면 유비 일행이 제갈량의 집에 도착하기 바로 전에 제갈량이 여행을 떠날 줄 누가 알았으랴? 유비를 맞은 서동은 제갈량이 언제 돌아올지 정확히 알 수 없다고 말했다. 유비는 아쉬운 발걸음을 돌려야 했다.

유비와 관우, 장비는 며칠 후 함박눈을 맞으며 다시 제갈량의 집을 찾았다. 마침 한 청년이 책을 읽는 모습을 보고 그가 바로 제갈량이라 생각한 유비는 얼른 달려가 인사를 올렸다. 그러나 그 청년은 제갈량이 아니라 그의 동생이었다. 유비는 이번에도 제갈량이 친구의 초청으로 외출했다는 말을 들었다. 그는 매우 실망했지만 제갈량의 보좌를 받기를 간절히 바란다는 편지 한 통만 남겨둔 채 돌아올 수밖에 없었다.

시간은 쏜살같이 지나가 어느덧 새해가 되었다. 유비는 좋은 날을 골라 다시 융중을 찾았다. 이번에는 마침 다행히도 제갈량이 집에서 잠을 자고 있었다. 유비는 관우와 장비를 문 밖에서 기다리게 하고 자신은 돌계단 아래에 조용히 서서 제갈량이 깨어나기만을 기다렸다. 한참이 지나 드디어 제갈량이 잠에서 깨어났다. 유비의 정성을 본 제갈량은 마침내 유비에게 천하의 형세를 분석해 주었다. 유비는 그의 견해에 매우 탄복하며 융중을 나와 자신을 도와줄 것을 부탁했다. 제갈량은 삼고초려 만에 드디어 유비의 요청을 응낙했다.

지혜가 꼬리를 무는 역사 이야기

서한을 건립한 유방劉邦은 태자 유영劉盈이 늘 불만스러웠다. 이 문제를 놓고 고민하던 차에 유방이 한번은 궁 안에서 연회를 열어 유영도 술자리에 참석하게 했다. 이때 유영은 상산사호商山四皓를 손님으로 초청해 함께 입궁했다. 유방은 연회장에서 나이 지긋한 선비 네 명이 태자 곁에서 수중을 드는 것을 보았다. 그들은 모두 눈썹과 수염, 머리가 하얗고 옷차림도 속되지 않으며 아주 기품 있는 모습이었다. 유방은 유영에게 그들이 누구인지 물었다.

알고 보니 그 네 사람은 당시 유명하던 은사隱士 상산사호 동원공東園公·기리계綺里季·하황공夏黃公·록리甪里 선생이었다. 그들은 그동안 속된 세상을 등지고 난을 피해 오래도록 산중에 기거하고 있었다. 유방도 오래 전부터 그들을 존경해 왔던 터라 산속을 나와 관직을 맡아 달라고 여러 차례 그들을 초청했지만 매번 거절만 당했었다. 그런데 그러했던 상산사호 네 명이 전부 궁중까지 와서 예를 행하며 자기 이름을 고하는 것이 아닌가! 그들의 소개를 듣던 유방은 매우 놀랍기도 하고 또 이해가 잘 되지 않기도 해 물었다. “그동안 여러분을 수차례 초청했으나 나를 피하시더니 오늘은 어찌 손님으로 오셨소?" 상산 사호가 대답했다. "폐하께서는 선비를 무시하시기에 소신들은 수치를 당하지 말자고 약조했습니다. 그래서 부름을 받으면 두려워 숨기에 바빴습니다. 하지만 태자는 인자하고 선비들을 사랑하고 공경하는 분입니다. 저희에게도 여러 차례 사람을 보내 산을 나와 달라고 삼고초려 하시기에 이번에 태자를 따라나섰습니다."

유방은 그들이 산을 나선 이유를 듣고 깜짝 놀랐다. 그리고 태자가 훌륭한 인품의 선비들에게서 가르침을 받을 수 있는 인물임을 깨닫고 더는 태자를 바꾸려 하지 않았다.

물고기가
물을 만난 듯

如魚得水(여어득수)

현덕이 말했다. **"내가 공명을 얻은 것은 마치 물고기가 물을 만난 것과도 같은 일이요. 두 아우님께서는 더 많은 말을 하지 마십시오."**

유비는 비록 유표에게 몸을 의탁하고 있는 신세였지만 앞으로도 계속 다른 사람의 그늘 아래에서 군사軍師 노릇만 하며 살고 싶은 생각은 추호도 없었다. 바로 그때 서서가 유비에게 세상에서 얻기 어려운 좋은 인재, 제갈량을 추천해 주었다. 그러면서 '반드시' 제갈량을 얻어야만 한다고 충고했다.

그리하여 유비는 제갈량의 보좌를 받으며 천하를 쟁패하고자 그가 사는 초가집을 세 번이나 찾았다. 유비가 이렇게 자신에게 성의를 보이자 감동한 제갈량은 마침내 유비와 만나보기로 했다. 유비는 이때 그에게 치국의 도리를 물었다. 그러자 제갈량은 유비에게 당시의 형세를 자세히 분석하며 천하를 얻을 수 있는 전략과 통치 방침에 관해 자신의 의견을 피력했다. 결론적으로 제갈량은 유비에게 이렇게 건의했다. "장군은 황실의 후손인데다 명망도 있어 천하에 이름이 드높으실 뿐 아니라 널리 영웅을 품으시고 현명한 인재들을 사모하는 마음이 마치 목마른 자가 물을 찾는 듯하십니다. 앞으로 장군께서는 형주와 익주를 얻어 서쪽의 소수 민족들과 좋은 관계를 맺으시고 남쪽 소수 민족의 마음을 쓰다듬으시며 대외적으로는 손권과 연합하시고 내적으로는 정치를 개혁하십시오. 그리고 일단 변화가 발생하면 훌륭한 장수에게 형주의 군대를 인솔해서 중원으로 진군케 하고 장군께서는 직접 익주의 대군을 통솔하여 진주秦州를 공략하십시오. 그리하시면 천하 쟁패에 성공할 수 있고 한나라의 천하도 다시 부흥시킬 수 있습니다."

유비는 제갈량의 의견을 매우 높이 평가하고 그를 군사로 모셨다. 둘의 사이는 날이 갈수록 친밀해져서 심지어 식사도 같은 상에서 하고 잠도 같은 자리에서 잘 정도가 되었다. 한편 관우와 장비는 이에 대해 점점 불만이 쌓여갔다. 마침내 그들은 유비에게 불평을 터뜨렸다. "제갈량은 나이도 어린데 무슨 재주나 학문이 있겠습니까? 큰 형님께서는 제갈량을 너무 과분하게 대하고 계십니다. 게다가 제갈량에게 정말 쓸 만한 구석이 있는지 아직 입증도 되지 않았습니다!" 잠자코 두 아우의 말을 들은 유비는 형제들에게 설명했다. "내가 공명을 얻은 것은 마치 물고기가 물을 만난 것 같이 기쁘기 그지없는 일이요. 그러니 두 아우님께서는 다른 말을 하지 말아 주시기 바랍니다."

지혜가 꼬리를 무는 역사 이야기

송 휘종徽宗 때 재상에 버금가는 권력을 휘두르던 환관이 있었다. 그는 바로 '온상媪相'이라 불리던 동관童貫이었다.

동관은 어린 시절 거세를 하고 입궁해 환관이 된 후 대태감 이헌李憲의 수하에 들어갔다. 그는 사람들에게 호감을 주는 말투와 행동이 무엇인지 잘 알았고 특히 사람의 속마음을 알아내는 능력이 탁월했다. 풍류가로 유명한 황제였던 송 휘종이 즉위하자 동관은 마치 물 만난 고기 같았다. 동관의 부친은 서화를 수집하는 데 일가견이 있어서 그의 집에는 오래된 글씨와 그림이 아주 많았는데, 휘종 역시 서화를 아주 좋아해 소장품을 보물처럼 아꼈던 것이다. 동관은 이를 이용해 황제에게 여러 차례 고서화를 바치며 휘종의 사랑을 얻었고 덕분에 손쉽게 권력에 가까이 다가설 수 있었다. 후에 휘종은 항주에 민간의 고서화를 사들이는 명금국明金局을 설치하고 골동품과 고서화를 공출해 바치는 관리 자리에 동관을 앉혔다. 동관은 훗날 항주에서 권력을 장악하게 될 채경蔡京과 관계를 맺었다. 채경은 서예와 그림 솜씨가 아주 뛰어나 천하제일의 서예 고수라 불리던 사람이었다. 그도 서화를 직접 그리거나 혹은 구입해서 황제에게 바치고 휘종의 사랑을 받았다. 거기에다 동관의 추천을 받아 그는 식은 죽 먹기로 재상에 임명되었다.

그때부터 동관과 채경 두 사람은 왼손과 오른손이 되어 천하를 해치는 온갖 악한 일을 일삼았다. 특히 동관은 20년이나 병권을 독점하여 툭하면 전쟁을 일으켰다. 하지만 그가 일으킨 전쟁에서 송은 요遼와 금金에 연전연패해 국력이 나날이 쇠약해졌다. 그러나 동관은 그 직접적인 원인 제공자였음에도 평생 군사권을 독점했다. 이것만 보더라도 그가 권력을 장악하는 데 얼마나 수단이 뛰어났는지 잘 알 수 있다.

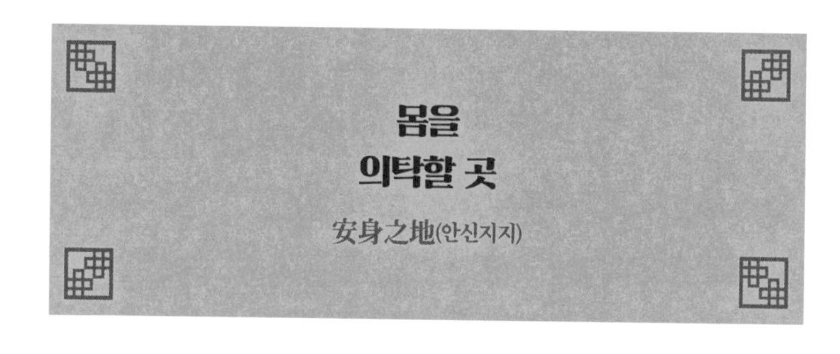

제갈공명이 말했다. **"신야는 작은 현이라 오래 머무를 수 없습니다. 최근에 듣자하니 유경승景昇(유표의 자)이 병으로 위독하다고 합니다. 이 기회를 이용해 형주 땅을 취하고 몸을 의탁할 땅으로 삼으면 조조에 대항할 수 있을 것입니다."**

신야성에 있던 유비와 제갈량은 교묘히 화공을 이용해 천하에 내로라하는 조조의 장수 하후돈을 물리쳤다. 한편 유비는 조조가 분명히 대군을 직접 이끌고 곧 다시 쳐들어올 것이라 생각되어 걱정이 태산 같았다. 그때 제갈량이 유비에게 말했다. "제게 조조를 막을 계책이 하나 있습니다. 하지만 신야는 작은 현이라 오래 머무를 수 없습니다. 최근에 듣자하니 유경승이 병으로 위독하다고 합니다. 이 기회

를 이용해 형주 땅을 취하고 몸을 의탁할 땅으로 삼으면 조조를 대항할 수 있을 겁니다." 그러자 유비가 말했다. "군사의 말이 맞소. 하지만 나는 유표에게 큰 은혜를 입었는데 어찌 그의 근거지를 빼앗는단 말이요?" 이에 제갈량이 말했다. "지금 형주를 취하지 않으면 나중에 반드시 후회하실 것입니다!" 그러나 유비는 말했다. "내가 죽는 한이 있더라도 은혜를 잊고 도리를 저버리는 일은 차마 할 수 없소."

후에 유표는 병이 점점 심해지자 유비에게 자신의 자식을 부탁했다. 유표가 유비에게 말했다. "내 병은 이미 돌이킬 수 없는 지경에 이르렀소. 내 자식을 아우님께 특별히 부탁하오. 그러나 내 아들은 재주가 없어 부업을 잇기가 어려울 것 같소. 내가 죽은 후에 아우님께서 형주를 맡아주시오."

유비는 눈물을 흘리며 전심전력을 다해 그의 아들을 돕겠다고 했다. 하지만 스스로 형주를 취할 마음은 감히 품을 수 없었다. 두 사람이 이런 대화를 나누고 있는데 전령이 들어와 보고했다. "조조가 친히 15만 대군을 이끌고 형주에 도착했습니다." 유표는 그 소식을 듣고 병세가 도져 얼마 후 바로 세상을 뜨고 말았다.

유표가 죽자 그의 부인과 채모 등은 둘째 아들인 14살짜리 유종劉琮을 형주의 주인으로 세웠다. 그러나 유종은 다른 사람의 감언이설에 넘어가 금세 조조에게 투항해 버리고 말았다. 유비와 제갈공명은 조조군의 위협 속에 신야를 떠나 배를 타고 번성으로 돌아갈 수밖에 없었다.

춘추 시대, 서북에 살던 적인狄人(중국 고대 북방 유목 민족을 가리키던 말)이 세력을 키워 기원전 661년에 난을 일으키고 형邢나라를 공격했다. 이때 제나라는 막 '존왕양이尊王攘夷(왕은 높이고 오랑캐는 배척한다)'라는 대의명분을 내세운 시기였기에 그 상황에 대해 당연히 모른 척 할 리가 없었다. 관중이 제 환공에게 말했다. "오랑캐들은 성격이 매우 사납고 탐욕스럽기 그지없습니다. 화하華夏(중국의 다른 명칭) 각 나라는 모두 친척이니 한 나라에서 전쟁이 일어나면 수수방관하지 말고 서로 관심을 기울이며 다 같이 돕는 것이 마땅합니다. 어서 출병해 형나라를 도와주는 것이 가장 좋은 방법입니다."

제 환공은 관중의 건의에 매우 기뻐하며 곧 군사를 보내 형나라를 구하고 적인을 물리쳤다. 그러나 형나라는 평화를 되찾은 지 이태도 안 되어 또다시 적인의 공격을 받았고, 이번에는 적인의 노략질로 나라 안에 아무 것도 남지 않게 되었다. 제 환공과 관중은 곧바로 송·조나라와 연합해 형나라를 구하기로 했다. 제나라·송나라·조나라 군대가 도착하자 형나라 백성들은 마치 자기 가족이라도 만난 듯 반가워하며 너나 할 것 없이 군대에 입대해 싸웠다. 결국 적인은 다시금 패주하게 되었다. 하지만 형나라의 수도는 이미 불에 타 잿더미로 변한 상태였다. 제 환공과 관중은 형나라가 수도를 이의夷儀(지금의 랴오청聊城 서남쪽)로 천도하고 새 도읍지를 건설하는 일을 도와주기로 결정했다.

이의는 제나라와 가까워 비교적 안전했기 때문이었다. 두 차례에 걸친 전쟁으로 피폐해진 형나라는 덕분에 새로 의탁할 땅을 찾고 나라를 안전하게 보전할 수 있었다. 또한 제 환공 주도하에 적인에게 노략질 당한 나라를 회복시켰다. 당시 사람들은 모두 이를 칭찬하며 말했다. "형나라 사람들이 새 도읍지로 옮겨간 것이 마치 고향집으로 돌아간 것 같구나."

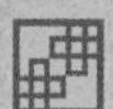

신발을 거꾸로 신고 나가 맞이하다

倒履相迎(도리상영)

왕찬王粲은 마르고 약골처럼 생겼으며 키는 작고 몸집도 작았다. 어린 시절에 그가 중랑中郎 채옹을 만나러 간 적이 있었는데, 그때 채옹의 집에는 높은 신분의 친구들이 많이 와 있었다. 그러나 채옹은 문찬이 왔다는 이야기를 듣고 무척 기뻐하며 신발을 거꾸로 신은 채 그를 맞았다.

동한 시대의 왕찬은 머리가 아주 비상했다. 한번은 친구와 함께 길을 가다가 길 곁에 세워진 돌 비석을 보았다. 나란히 서서 비석에 쓰인 비문을 쭉 훑어보다가 왕찬의 친구가 농담 삼아 그에게 물었다. "이 비문을 다 외울 수 있겠니?" 그러자 왕찬은 바로 뒤돌아서서 한 글자도 빠짐없이 비문을 줄줄 외웠다.

13살 되던 무렵에 장안으로 이사 간 왕찬은 중랑장 채옹을 방문할 기회가 한 번 있었다. 채옹은 그 시대에 손꼽히는 저명한 학자였고 학문이 깊고 아는 것이 많아 모든 이의 존경을 받는 인물이었다. 그래서 그의 집에는 항상 높은 신분의 친구들이 많이 찾아왔다.

왕찬이 채씨 가문의 집 앞에 도착하자 집안 사람들이 채옹에게 이 사실을 알렸다. 채옹은 왕찬의 이름을 듣자마자 얼른 문밖으로 달려 나가 그를 맞았다. 그런데 너무 바삐 나오느라 그만 신발까지 거꾸로 신고 나왔다. 채옹은 곧 많은 손님이 기다리고 있는 거실로 왕찬을 데려왔다. 왕찬이 누구인지 자기 눈으로 직접 확인을 한 손님들은 놀라움을 금치 못했다. 소문으로만 듣던 왕찬이라는 사람은 겨우 어린 소년이 아닌가? 게다가 몸은 마르고 몸집도 작았다. 모두 기이하게 여기지 않을 수가 없었다. '채옹은 조정의 중신이고 명성과 덕망도 크고 높은데 어째서 이런 외모의 아이를 이토록 깍듯이 대우하는 걸까? 체통을 잃어버릴 거란 생각은 하지 않나 보지?'

채옹은 의아해하는 사람들의 눈초리를 의식하고는 그들에게 왕찬의 재능을 설명하고자 자신이 새로 지은 『송행부送行府』를 가지고 나와 왕찬에게 보여 주었다. 왕찬은 단 두 번을 읽더니 한 글자도 빼놓지 않고 글을 외워 내려갔다. 채옹은 손님들에게 그를 칭찬하며 말했다. "왕찬의 기억력이 이렇게 출중하니 정말 어린 사람이 무섭구려! 나 채옹은 왕찬만 못하오! 우리 집에 있는 책이며 글들은 전부 왕찬에게 주어야 마땅합니다."

그 후 왕찬은 후세에까지 길이 알려진 시를 수없이 창작해 냈다. 그 시들은 하나같이 채옹처럼 유명한 학자까지도 존경했던 그의 뛰어난 재능들을 잘 나타내고 있다.

지혜가 꼬리를 무는 역사 이야기

한 무제 말년, 발해군에서 도적들이 벌떼처럼 일어났다. 그때 직지사자直指使者로 임명된 폭승지는 부월斧鉞과 임명장을 내세워 사람들을 이끌고 가 도적들을 소탕하고 발해 군민에게 밀린 세금을 납부하라고 독촉했다. 그러면서 발해의 동쪽 끝 해변까지 영향력을 휘두르며 명령을 듣지 않는 사람은 누구든지 군법 위반으로 처리하는 등 발해군 내에서 맹위를 떨쳤다. 발해군에 도착한 폭승지는 『춘추』를 공부했다는 문관 준불의가 그곳에서 명성이 자자한 것을 알고 관리를 보내 그를 초청했다. 이에 준불의는 현자의 모자를 쓰고 검과 패옥을 차고 화려한 옷을 갖춰 입고 폭승지의 관저에 와 배알했다. 관저의 문지기들이 그에게 검을 풀어 놓고 가라고 했으나 준불의는 이렇게 말했다. "검은 군자의 비상용 무기요, 자기 방어를 위해 사용하는 것입니다. 풀어 놓을 수 없소. 미안하지만 물러가주시오."

대문 경비를 맡은 관리가 이 사실을 알리자 폭승지는 안채의 문을 열고 그를 청해 들였다. 준불의가 들어서는 모습을 보니 용모에서 위엄과 대범함이 느껴졌고 의관은 화려하면서도 가지런했다. 그는 급한 마음에 신발마저 거꾸로 신고 얼른 일어나 준불의를 맞이했다. 자리에 앉은 후 준불의가 말했다. "폭 공자의 명성은 오래 전부터 들어왔으나 비천한 제가 외딴 해변에 살아 오늘에야 이렇게 만나 뵙고 이야기를 나눌 기회가 생기는군요. 무릇 관원이란 너무 강하면 쉽게 부러지고 너무 부드러우면 쉬 못쓰게 되는 법이지요. 많은 사람 앞에 위엄을 보이고 싶다면 그들에게 은혜를 베풀며 위엄을 갖춰야 합니다. 그리하면 나이가 든 뒤에도 명성이 높게 쌓이고 이름을 드날릴 수 있습니다."

준불의가 비범한 사람이라는 것을 깨달은 폭승지는 그의 의견을 공손히 받아들이고 깍듯하게 예를 갖춰 그를 접대했다. 폭승지는 특히 준불의에게 당시 천하를 다스리는 방법을 물었다. 각기 주와 군에서 선발되어 온 인재들인 폭승지 수하의 관리들은 모두 준불의가 하는 말을 귀 기울여 들었고 그의 한마디 한마디에 놀라움과 두려움을 금치 못했다. 그렇게 준불의는 날이 저문 후에야 그곳을 떠났다.

폭승지는 곧 황제에게 글을 올려 준불의를 추천했다. 얼마 후 준불의는 조정에서 공차령公車令의 관직을 받았고 나중에는 청주자사가 되었다.

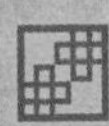

엎어진 둥지 아래 성한 알이 있겠는가

覆巢之下 安有完卵(복소지하 안유완란)

좌우의 수종들이 급히 소식을 알렸다. **"존군尊君(자신이나 상대의 부모를 지칭하는 말)께서 조정의 군사들에게 잡혀가셨으니 곧 참수당해 돌아가실 겁니다! 두 공자께서는 어찌하여 빨리 피하지 않으십니까?"** 두 아들이 말했다. **"엎어진 둥지 아래 성한 알이 남아 있겠습니까?"**

동한 말년, 북해 태수 공융은 훗날 조조를 도와 태중대부太中大夫 직을 맡았다. 건안 13년(208년) 조조가 대군을 이끌고 남쪽의 유표와 손권을 정벌하려 하자 공융은 출병하지 말라고 간언했다. 그는 조조에게 이렇게 말했다. "유비와 유표는 한나라 황실의 자손이니 함부로 토벌해서는 안 됩니다. 또, 손권은 강남의 6군에 호랑이 같은 기세로 자리 잡고 있고, 장강을 건너려면 많은 위험 요소가 도사리고 있어

공격하기가 쉽지 않습니다. 게다가 승상께서 불의한 명분으로 군사를 일으키신다면 세상 사람들이 실망할까 두렵습니다." 그 말에 크게 노한 조조가 대답했다. "유비·유표·손권은 모두 조정의 역적이요! 어찌 토벌하지 않겠소!" 승상 관저를 나온 공융은 하늘을 우러러 장탄식했다. "인의와 도의가 전혀 없는 자가 인의와 도의로 충만한 자를 토벌하겠다니 어찌 그 싸움에서 패하지 않을까!"

그런데 생각지도 못하게 하필이면 평소 그와 사이가 좋지 않은 어사대부 극려郄慮의 귀에 이 말이 들어갔다. 그는 곧장 조조에게 달려가 공융의 말을 한껏 부풀려 보고했다. 이에 대노한 조조는 공융의 전 가족을 잡아 몰살시키라고 명을 내렸다. 조조의 군사들이 몰려와 공융을 잡아가자 집 안팎에 있던 사람들은 전부 공포에 떨었다. 하지만 겨우 여덟아홉 살 먹은 그의 두 아들만은 자기 놀던 곳에서 천진난만하게 바둑을 두었다.

그 모습을 본 한 사람이 아이들이 아직 철이 없어 큰 재난이 닥쳤는데 아무 것도 모르고 있다 여기고 그들에게 얼른 도망치라고 몰래 일러 주었다. 그런데 이게 웬일인가? 아이들은 전혀 놀라지도 또 두려워하지도 않아 하면서 말했다. "조조의 군사가 우리라고 봐주진 않을 겁니다. 엎어진 둥지 아래 깨지지 않은 알이 있겠습니까?" 결국 두 아들을 포함한 공융의 전 가족은 모두 처참한 죽음을 당했다.

남북조 말기에 중국의 북쪽을 통일한 수 문제 양견은 강남의 진晋을 무너뜨리려 다시 군대를 이끌고 남으로 내려갔다. 그런데 진의 후주後主 진숙보陳叔寶는 험준한 장강의 천연적 이점만 믿고 양견이 공격해 온다는 소식에도 코웃음을 치며 연일 연회를 열어 비빈들과 향락을 즐겼다. 한편 진 후주의 여동생 악창樂昌 공주를 아내로 둔 태자사인太子舍人 서덕언徐德言은 나라가 망하고 백성이 죽임을 당할 위기가 눈앞에 닥친 것을 알고 아내에게 말했다. "수나라 군대는 분명히 우리 도성을 깨뜨릴 거요. 옛말에 '엎어진 둥지 아래 성한 알이 없다'고 했으니 당신이나 나나 자기 몸 하나 간수하기 힘들 것이오. 어쩌면 우리는 영원히 만나지 못할 지도 모르오. 만일 우리 인연이 다하지 않는다면 편지라도 나눌 수 있었으면 좋겠소. 서로 정표를 나눠 가지고 증거를 삼는 것이 좋겠소." 말을 마친 서덕언은 청동 거울을 하나 꺼내 반으로 깨뜨리고 아내와 하나씩 나눠 가졌다. 그러고서 서덕언은 악창 공주에게 해마다 정월 보름이 되면 낙양에 서는 시장에 나와서 그 반쪽짜리 거울을 팔라고 했다.

그로부터 얼마 지나지 않아 양견이 군대를 이끌고 도착해 진나라 도성 건강을 공격했다. 서덕언은 홀로 건강을 빠져나와 도망쳤고 악창 공주는 수나라 군대에 잡혀 수나라의 도성 낙양으로 보내졌다. 그 후 악창 공주는 수나라 대신 양소楊素의 첩이 되었다. 악창 공주와 헤어진 서덕언은 그 후 천신만고 끝에 낙양에 도착했다. 새해 정월 보름 그날 서덕언이 낙양의 시장에 가 보니, 과연 반쪽짜리 청동 거울을 들고 손님을 부르는 사람이 있었다. 하지만 그 사람은 악창 공주가 아닌 어느 대갓집 하인인 듯한 사람이었다. 크게 실망한 서덕언은 그에게 다가가 그 거울 뒷면에 시 한 수를 적었다.

鏡與人俱去(경여인구거) 거울하고 사람은 같이 떠났는데
鏡歸人不歸(경귀이불귀) 거울만 돌아오고 사람은 돌아오지 않았구나.
無復嫦娥影(무복상아영) 달에 산다는 상아의 모습은 다시 보이지 않고
空留明月輝(공류명월휘) 허황한 달빛만이 비치네!

한편 거울 뒷면에 적힌 시를 보고 깜짝 놀란 악창 공주는 양소에게 자신과 남편이 헤어지기 전에 거울을 깨뜨려 정표를 삼은 이야기를 털어놓았다. 이에 크게 감동한 양소는 사람을 풀어 서덕언을 찾아 데려왔고 많은 예물을 주어 그들 부부를 정중히 돌려보냈다. 이렇게 강남으로 돌아온 두 사람은 서로 사랑하며 백년해로했다.

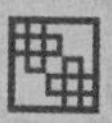

간과 뇌를 땅에 쏟다

肝腦塗地(간뇌도지)

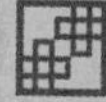
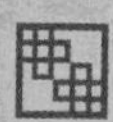

조운은 얼른 땅에 엎드려 아두阿斗를 안아 들었다. 그는 흐느끼며 말했다. **"조운은 비록 간과 뇌를 땅에 쏟아 생명을 버린다 할지라도 주공의 은혜를 갚을 수 없습니다!"**

신야의 일전에서 유비는 적은 군사를 이끌고 조조의 대군을 물리쳤다. 그러자 조조는 패배를 설욕하려고 다시 50만 대군을 이끌고 유비를 공격해 왔다. 유비는 힘겨운 공방전을 벌인 끝에야 간신히 조나라 군사를 피해 도망칠 수 있었다. 한편 유비의 집안 식구들을 호위하던 조운은 그 다음날 새벽, 날이 밝을 때까지 조나라 군과 사투를 벌이느라 감甘씨·미糜씨 부인과 아두와 떨어지게 되었다. 게다가 유비의 행방마저 묘연했다. 조운은 속으로 생각했다. '주군께서 감 부인과 미

부인, 작은 주인님을 내게 맡기시면서 가족들을 잘 보호하라고 하셨지. 그런데 오늘 전쟁 통에 주군의 가족을 지키지 못하고 잃어버렸으니 무슨 면목으로 주군을 뵌단 말인가? 지금부터 죽기 살기로 찾아보자. 무슨 일이 있더라도 두 부인과 아두가 어떻게 되었는지 알아내야 해!'

그리하여 조운은 기병 3, 40여 명을 데리고 어지러운 전쟁터의 사방을 헤매며 유비의 가족들을 찾았다. 그러던 중에 마침내 무너진 벽 뒤편의 한 말라붙은 우물가에서 미부인 모자를 찾을 수 있었다. 미부인은 조운을 만나자 아두를 맡기고는 순식간에 우물에 몸을 던져 스스로 목숨을 끊었다. 조운은 눈물을 머금고 담을 무너뜨려 부인을 묻고 아두를 품에 안아 들었다. 바로 그때 조조군 장수 하나가 조운에게 달려들었다. 그러나 그는 단 삼 합을 겨루고는 조운의 손에 죽었다. 조운은 얼마 가지 못해서 또 다시 조조군 장수 장합張郃과 맞닥뜨렸다. 장합과 어울려 10여 합을 싸우던 조운은 얼른 다른 길을 찾아 도망쳤다. 그런데 예상치 못하게도 말과 함께 함정에 빠지고 말았다. 번쩍 치켜든 장합의 창은 당장이라도 조운을 향해 내리꽂힐 기세였다. 그 찰나 조운의 말이 갑자기 허공을 디디며 함정을 훌쩍 뛰어넘었다. 장합은 깜짝 놀라 뒤로 물러설 수밖에 없었다.

조운은 유비의 다른 장수들과 힘을 합해 조조군에 대항하며 용맹스러운 기세를 한껏 떨쳤다. 산 위에서 전쟁 상황을 지켜보던 조조는 이러한 조운의 모습에 주목했다. 그의 무공에 감탄한 조조는 모든 장수에게 반드시 조운을 생포하라는 명령을 내렸다. 조운은 다행히 이 기회를 이용해 포위망을 뚫고 도망쳐 마침내 유비를 찾아냈다. 조운은 말에서 내리자마자 얼른 갑옷을 풀었다. 그의 품속에서는 아두가 세상모르고 곤히 자고 있었다. 조운은 그 모습을 보더니 "공자께서 무사하시니 다행입니다."라고 말하며 기뻐했다.

조운은 아두를 두 손으로 조심스레 안아 유비에게 바쳤다. 그런데 유비는 받아든 아두를 땅에 내동댕이치는 것이 아닌가! "이 아이 하나 때문에 내 귀중한 장수를 잃을 뻔했다니!" 조운은 얼른 땅에 엎드려 아두를 안아들었다. 그는 크게 감동해 흐느끼며 말했다. "조운은 비록 간과 뇌를 땅에 쏟아 생명을 버린다 할지라도 주공께서 저를 알아주신 그 은혜를 갚을 수 없습니다!"

이후로 조운은 더욱 충성스럽게 유비를 섬겼다.

지혜가 꼬리를 무는 역사 이야기

남송 말년, 원나라가 대군을 이끌고 송을 공격해 왔다. 항원抗元 대장 문천상은 군사를 거느리고 해풍海豊으로 퇴각하다가 원나라 장수 장홍범張弘范에게 공격을 받아 패해 포로로 잡혀 애산崖山으로 압송되었다. 축하연을 준비한 장홍범은 휘하의 장수들을 불러 모으고 그 자리에 문천상을 손님으로 청했다. 연회 자리에서 장홍범이 문천상에게 말했다. "지금 송나라 왕조는 멸망하고 있으니 승상께서도 마지막 충성을 다 한 셈이십니다. 승상께서 마음을 돌리고 우리 대 원제국의 황제께 투항만 하신다면 우리 황제께서도 승상의 자리는 계속 보존해 주실 것입니다." 그러자 문천상은 눈물을 흘리며 대답했다. "나라가 망하고 백성들이 죽게 되었으니 송나라의 대신인 저는 간과 뇌를 땅에 쏟으며 조정에 보답해야 하는 것이 마땅합니다. 어찌 자기 목숨 하나만 살 길을 찾겠습니까?" 그러나 장홍범은 그의 말을 들은 체도 하지 않고 오히려 바다에서 계속 원나라에 항전하고 있는 장세걸張世傑 장군에게 원에 투항하라고 권고하는 편지를 쓰도록 강요했다. 그러자 문천상은 과거에 자신이 썼던 〈과령정양過零丁洋〉이라는 시를 적어 장홍범에게 주었다. 장홍범은 그의 글을 읽다가 "인생이라면 예부터 누군들 죽지 않았겠는가? 오직 일편단심만을 남겨 역사를 빛내리人生自古誰無死 留取丹心照汗靑."라는 두 구절에 감동해 더는 문천상에게 투항을 강요하지 않았다. 남송이 멸망한 후 장홍범은 원나라 세조世祖에게 문천상을 어떻게 처리할 것인지 물었다. 원 세조는 "어느 집안엔들 충신이 없겠나?"라고 말하며 문천상에게 예의를 갖춰 대하고 대도大都, 지금의 베이징北京로 보내 회동관會同館에 연금한 뒤 계속 투항을 권유하도록 했다.

사실 처음에 원 세조는 원에 이미 투항한 과거 남송의 좌승상左丞相 유몽염留夢炎을 보내어 문천상에게 투항을 권유할 생각이었다. 그러나 문천상이 자기를 보자마자 불같이 화를 내는 바람에 유몽염은 화가 머리끝까지 나서 씩씩거리며 돌아왔다. 원 세조는 이번에는 원에 투항한 송의 공제恭帝 조현趙顯을 보내 투항을 권유하려 했다. 그러자 문천상은 북쪽을 향해 무릎을 꿇고 통곡하며 조현에게 말했다. "대왕께서는 제발 돌아가 주십시오!" 이에 조현도 더는 할 말이 없어 불쾌한 마음을 안고 발걸음을 돌렸다.

1282년, 원 세조는 결국 문천상을 처형하라고 명령했다. 문천상은 아주 담담한 모습으로 순국했으며 당시 그의 나이는 겨우 47세였다.

인생의
무기가
되는
삼국지

모든 것이 다 준비되었는데 동풍이 없다

까마귀가 모인 듯 질서 없이 모인 병졸

烏合之衆(오합지졸)

제갈공명이 말했다. **"조조는 원소의 개미떼 같이 혼란한 군사를 거두었고 유표의 까마귀 떼 같이 무질서한 병사를 빼앗았습니다. 그들이 비록 수백 만이긴 하나 전혀 두려워할 필요가 없습니다."**

208년 조조가 남하해 적벽赤壁(지금 후베이湖北성 자위嘉魚 부근, 장강의 북쪽)에 병사를 주둔시키고, 동오東吳를 공격했다. 그러자 유비의 군사 제갈량은 유비에게 동오와 연합해 조조에 대항하자고 주장했다. 또한 자신은 직접 동오를 방문해서 함께 군사를 움직여 조조를 몰아내자고 설득하기로 했다. 한편 동오의 문관과 무장 가운데는 친조파도 있고 친유파도 있었으며 또 중립을 표방하는 중도파도 있어서 의견은 중구난방이었다.

제갈량은 먼저 현재의 형세로 분석해 볼 때 조조의 군대는 두려워할 만한 것이 못 된다고 말했다. 그러자 동오의 주화파主和派 문신인 우번虞翻이 큰 소리로 물었다. "지금 조조의 군대는 '1백만이나 되고 장수만 해도 1천 명이나 되오. 그들이 몰려와 막 강하江夏를 삼키려고 하는데 선생께서는 이를 어떻게 생각하시는지요?" 제갈공명이 대답했다. "조조는 원소의 개미떼 같이 혼란한 군사를 거두었고 유표의 까마귀 떼 같이 무질서한 병사를 빼앗았습니다. 그들이 비록 수백만이긴 하나 전혀 두려워할 필요가 없습니다." 그러자 우번이 냉소를 지으며 말했다. "당신과 유비는 당양當陽에서 패하고 하구夏口에서 계책이 다해 지금 우리에게 도와 달라고 애걸하는 주제에 전혀 두려워할 필요가 없다니! 자기기만도 유분수로군." 그러자 공명이 말했다. "유 황숙께서는 병사 수천 명만으로 그 수가 백만을 헤아리는 폭도들에 대항해 싸우셨습니다. 하구로 물러난 것은 기회를 기다리는 것일 뿐입니다. 지금, 강동은 군사들이 모두 날쌔고 양식이 풍족하며 장강이라는 천혜의 요새까지 갖추고 있습니다. 그러한데 그 군주는 오히려 조조에게 무릎 꿇고 투항할 생각만 하고 있으니 이것은 천하의 비웃음을 생각지 않은 처사라 할 수 있습니다. 그런 점에서 본다면 유 황숙이야말로 진정 역적 조조를 두려워하지 않는 유일한 분이심을 알 수 있습니다!"

우번은 꿀 먹은 벙어리가 되었다. 쇠뿔도 단 김에 빼다고 제갈량은 손권마저 설복해 조조에 대항할 결심을 더욱 확실히 다지게 했다. 그 후로 제갈량은 동오에 남아 주유周瑜를 도우며 작전 준비를 진행했다.

지혜가 꼬리를 무는 역사 이야기

남북조 시기, 강羌족의 수령 요장姚萇은 전진의 뒷마당이나 마찬가지인 농서隴西를 점령했다. 이어서 전진의 군주 부견을 사로잡아 죽이고 부견의 아들 부등苻登과 관중에서 오랫동안 밀고 당기는 지구전을 펼쳤다. 바로 이때 요장의 근거지인 농서에서 반란이 발생했다. 그러자 한 장수가 이런 건의를 했다. "부등의 실력은 강하고 거리도 우리와 60리 밖에 차이가 나지 않아 언제든 우리를 공격해 올 수 있습니다. 하지만 반군은 실력이 약하고 우리와 600리나 떨어진 곳에 있으니 단시간 내에 우리에게 위협을 줄 순 없을 것입니다. 그러니 이 반란은 평정하지 않는 것이 나을 듯합니다."

그러나 그와 생각이 달랐던 요장은 우선 돌아가 반란군을 평정하기로 결정했다. "부등은 판단이 느리네. 내가 반란군을 평정하러 갔다는 소식을 들으면 우리와 싸울 작전 전략을 새로 짜느라 시간을 허송하겠지. 허나 그 시간이면 나는 벌써 반란군을 평정하고 돌아와 있을 것이네." 그리하여 요장은 정병 1천6백 명을 이끌고 농서로 향했다. 농서에 도착한 요장은 반란군과 조급하게 전쟁을 벌이는 않고 먼저 깊은 도랑을 파고 높은 언덕을 쌓았다. 요장이 왔다는 이야기를 들은 반란군도 어느덧 하나둘씩 주둔지로 집결했다.

점점 많아지는 반란군 무리를 보며 요장의 장수들과 병사들은 긴장하는 기색이 역력했다. 그러나 요장만은 날마다 적군의 수가 늘어난다는 보고에 오히려 매우 기뻐했다. 마침내 반란군 세력이 전부 집결하자 쌍방은 전투를 시작했다. 요장은 단번에 반란군의 수장 개게비蓋揭飛를 죽이고 또 다른 수장인 뢰악지雷惡地도 항복시켰다. 그는 축하연에서 득의양양하게 이야기했다. "1천 명으로 3만 명을 이기다니 내 인생에서 정말 통쾌한 순간일세." 장군들이 그에게 물었다. "왜 적군들이 전부 집결한 다음에 전쟁을 시작하셨습니까?" 요장이 대답했다. "농서는 지세가 험악하고 각각의 거리도 먼 곳이네. 게다가 반란군 부대는 계파가 많아서 하나하나 정벌하려면 일 년이 걸려도 전부 정벌하기가 어렵지. 그래서 적군을 전부 이곳으로 모아들인 거야. 적군은 비록 수는 많지만 통일된 지휘관이 없어 오합지졸이 되어 버렸어. 그래서 우리가 싸움 한 번만으로도 완벽한 승리를 거둘 수 있었던 것일세."

붓만 들면 명문이 된다

下筆成文(하필성문)

공명이 말했다. **"조조의 어린 아들 조식은 자가 자건子建인데, 붓만 잡았다 하면 훌륭한 글을 써낸다고 합니다. 한번은 조조가 조식에게 부賦를 한 편 지어보라고 했는데 그 이름이 『동작대부銅雀台賦』였습니다."**

강동으로 유세를 온 제갈량은 주유의 자존심을 자극하는 방법을 택했다. 그는 전혀 모르는 일인 양 시침을 뚝 떼며 말했다. "저한테 계책이 하나 있습니다. 강동에서 딱 두 사람만 조조에게 보내면 조조는 백만 대군이라도 두말하지 않고 퇴각시킬 겁니다." 그 계책이 무엇인지 궁금해진 주유가 얼른 물었다. "도대체 어떤 사람이기에 단 두 사람만으로 조조를 퇴각시킬 수 있습니까?" 공명이 말했다. "조조는 미색을 좋아하는 무리입니다. 강동 교공喬公의 두 따님 소문은 오래 전

부터 들어왔습니다. 듣자 하니 큰 딸은 대교大喬라 하고 작은 딸은 소교小喬라 하여 그 미모가 물고기를 숨게 하고 날아가는 기러기도 떨어뜨리며 달도 자기 얼굴을 가리고 꽃도 부끄러워할 정도라는군요. 조조는 과거에 두 가지 맹세를 한 적이 있습니다. 하나는 사해를 평정해 황제의 패업을 이루겠다는 것이고 또 하나는 강동의 이교二喬를 얻겠다는 것이었습니다. 조조의 백만 병사가 호시탐탐 강남을 노리는 것도 사실은 다 이교를 얻으려는 것입니다." 이미 얼굴이 붉으락푸르락해진 주유가 물었다. "조조가 이교를 얻고 싶어 한다는 증거라도 있소?" 공명이 대답했다. "조조의 어린 아들 조식은 글 솜씨가 뛰어나 붓만 잡았다 하면 훌륭한 글을 써낸다고 합니다. 한번은 조조가 조식에게 부賦를 한 편 지어보라고 했는데, 이름이 〈동작대부銅雀台賦〉였습니다. 그 부 중에 그가 천자가 되면 이교를 얻겠노라고 맹세하는 부분이 나옵니다." 그리고 그는 곧이어 주유에게 〈동작대부〉를 읽어 주었다. 그러면서 내용 중의 '동남에서 이교를 붙들고 아침저녁으로 함께 즐거움을 누리겠다攬二喬于東南兮 樂朝夕與共.'라는 글귀에 나오는 '이교'를 '대교'와 '소교'로 교묘하게 해석했다.

주유는 제갈량의 말을 듣자마자 발끈 화를 내며 자리를 박차고 일어났다. 그러고는 북쪽을 향해 고래고래 소리 질러대며 욕을 해댔다. "이 늙은 도적놈아! 나를 무시해도 너무 무시하는구나!" 강동의 '이교' 중에 대교는 손책의 부인이고 소교는 바로 주유의 부인이었던 것이다. 주유는 이 일을 계기로 유비와 연합해 조조를 무너뜨릴 것을 굳게 결심했다.

지혜가 꼬리를 무는 역사 이야기

북송의 명신名臣 구준寇準은 송 진종眞宗 때 관직이 재상에 이르렀고 인품은 정직하며 공적 또한 뛰어났다. 뿐만 아니라 어린 시절부터 입을 열면 명언이 되고 붓을 잡으면 명문이 나오는 등 문文에 천재적인 재능을 보였다. 그는 일곱 살 때부터 시를 지을 줄 알았고 절구絶句(중국 한시의 한 갈래)를 잘 짓기로도 유명했다. 그는 당시의 꼬마 명사였던 셈이다.

어느 날 그의 아버지가 연회를 열었다. 그 자리에 참석한 손님들은 모두 이 기회에 구준의 문학적 재능을 한 번 보고 싶어 〈영화산詠華山〉이란 제목을 주고 그더러 즉석에서 시를 지어 보라고 했다. 그러자 소년 구준은 생각도 한 번 해 보지 않고 바로 오언절구를 한 수 읊었다.

只有天在上(지유천재상)	오직 하늘만이 위에 있을 뿐
更無山與齊(갱무산여제)	어떤 산도 함께 겨룰 수 없네.
擧頭紅日近(거두홍일근)	고개를 들어보니 붉은 해가 가깝고
回首白雲低(회수백운저)	고개를 내려다보니 흰 구름이 이렇게 낮았던가?

세 걸음을 걷는 동안 시 한 수를 완성했다는 어린 조식과 비교해

볼 때, 구준은 그 재능이 전자를 뛰어넘으면 뛰어넘었지 결코 모자람이 없었다. 구준이 시를 다 읊자 사람들은 모두 '기재奇才'라며 탄성을 연발했다. 당시 그의 스승은 구준의 아버지에게 이렇게 말했다. "공자께서 이렇게 총명하시니 커서 재상은 따 놓은 당상입니다!" 그의 말은 조금도 틀림이 없었다. 구준은 1004년에 정말로 재상 직에 임명되었다.

그러나 너무 총명한 사람은 자기 재능만 믿고 학문 연마는 게을리 하는 경향이 있다. 구준은 재상이 된 후 장영張詠과 친구가 되었다. 하루는 장영을 청해 자신에게 조언을 좀 해 달라는 부탁을 했다. 그러자 장영은 단 한 마디만 했다. "「곽광전霍光傳」을 꼭 읽어보게." 그는 장영과 헤어진 뒤 집으로 돌아가 얼른 『한서漢書』의 「곽광전」을 펼쳐 보았다. 글이 거의 끝날 무렵 '곽광은 어떤 학문도 배우지 않았다光不學無術'라는 대목이 그의 눈에 확 들어왔다. 구준은 그제야 장영이 무슨 말을 하려 한 것인지 퍼뜩 깨달았다. "장영은 내 단점을 말하고 싶었던 거로군!"

썩지 않은 세 치 혀

三寸不爛之舌(삼촌불란지설)

갑자기 군영에서 한 사람이 나서며 말했다. **"저는 어릴 적부터 주유와 같이 공부해 우정이 아주 돈독합니다. 지금 동오로 가서 아직 썩지 않은 저의 세 치 혀로써 주유를 설득하고 투항하도록 만들겠습니다."**

조조와 동오가 적벽에서 대치할 때, 주유와 함께 공부하던 옛 친구 장간蔣干은 조조의 수하에서 모사로 일하고 있었다. 그는 자신이 동오로 가서 주유를 설득해 조조에게 투항시키겠노라고 용감하게 자원했다. "저는 어릴 적부터 주유와 같이 공부해 우정이 아주 돈독합니다. 지금 동오로 가서 아직 썩지 않은 저의 세 치 혀로써 주유를 설득해 그가 투항하도록 만들겠습니다."

한편 부하들과 조조를 깰 계책을 논의하던 주유는 갑자기 장간이 자신을 찾아왔다는 전갈을 받았다. 주유는 그 이야기를 듣자마자 그가 자신을 설득하러 온 세객이라는 것을 알아차렸다. 주유는 이마를 한 번 찡긋거리더니, 부하에게 자신이 막 생각해낸 계책을 일러주었다. 그러고는 웃는 얼굴로 장막을 나서서 손님을 맞았다. 주유는 장간의 팔짱을 끼고 그를 장막으로 데리고 들어와 내내 친근하게 대했다. 그리고 연회를 열고 휘하의 장군들을 다 불러서는 공개적으로 선언했다. "이 분은 내 오랜 친구시오. 비록 조조 측에서 왔지만 세객이 아니니 모두 의심하지는 마십시오."

연회가 끝나자 주유는 취한 척하며 장간의 손을 잡아끌고 한 침대에서 잠을 청했다. 그는 세상모르고 자는 시늉을 했다. 그러자 장간은 몰래 일어나 주유의 책상을 뒤적였다. 그러다가 책상 위에서 조조 군영의 채모·장윤張允 두 장군이 주유에게 투항하겠다고 보낸 밀서를 발견했다. 그는 너무 놀라 급히 투항서를 품에 숨기고 침대로 돌아와 잠이 든 척 했다. 한밤중이 되자 병사 한 명이 막사 안으로 불쑥 들어와 주유를 깨우면서 말했다. "지금 조조 군영에서 사람이 왔습니다. 채모와 장윤이 말하길 지금은 손을 쓸 수가 없다고 합니다……." 주유는 겨우 눈을 떠서 비몽사몽간에 이 말을 듣고는 다시 드러누워 깊은 잠에 빠졌다.

그렇게 시간이 어느 정도 흐르자 장간은 조심스레 침대에서 일어나 곧바로 오나라 군영을 떠났다. 강을 건너 조조의 군영에 도착한 그는 조조에게 그 밀서를 건넸다. 이를 받아 본 조조는 크게 노해 이유를 따질 새도 없이 채모와 장윤 두 장군을 당장 죽여 버렸다.

그 소식이 동오에 전해지자 주유는 박장대소하며 말했다. "내가 제일 걱정했던 사람이 바로 그 두 사람인데 이제는 아무 것도 두려울 게 없구나!" 사실 채모와 장윤 두 사람은 조조 군을 위해 수군을 훈련시킨 수전에 능한 장수들이었다. 이 두 사람을 처치할 방법이 없어 고심하고 있던 차에 조조가 그 문제를 간단히 해결해 준 것이다! 조조는 두 장군을 죽인 뒤에야 자신이 주유의 이중 간첩 작전에 놀아났다는 사실을 깨달았다.

지혜가 꼬리를 무는 역사 이야기

청淸나라 옹정擁正 시기에 호남의 학자 증정曾靜과 그의 제자 장희張熙 등은 청나라 왕조를 전복시키려는 모의를 꾸몄다. 증정은 섬감陝甘 총독을 맡고 있는 한족 대신 악종기岳鐘琪에게 몰래 밀사를 보냈다. 그는 변경의 반란을 토벌하고 전공을 세워 옹정 황제에게 큰 신임을 얻고 병권을 장악한 인물이었다.

악종기는 장희를 만났다. 장희는 썩지 않은 세 치 혀를 놀려 옹정의 죄상 열 가지를 열거하며 악종기가 청나라를 반대하도록 책동했다. "장군은 청나라 사람과 세세대대로 원수인데 어찌 원수를 갚으려 하지 않으십니까?" 악종기가 말했다. "그 말은 무슨 뜻이오?" 장희가 말했다. "장군의 성은 악씨입니다. 남송 충무왕忠武王 악비의 후예시지요. 현재 청나라 황제의 조상은 금나라 사람입니다. 악비는 당시 금나라 사람과 결탁한 진회秦檜에게 모함을 받아 죽었고 천 년이 지나도록 억울함을 풀지 못하고 있습니다. 지금 장군의 손에 군사와 군마가 있으니 지금이야말로 악비를 대신해 복수할 수 있는 좋은 기회가 아니겠습니까?"

악종기는 그의 이야기를 듣자 자신도 반청복명 운동을 벌이겠다고 정중히 맹세했다. 그리고 장희가 자발적으로 알려준 정보를 얻은 악종기는 한편으로는 호남에 사람을 보내 증정을 잡아들이도록 명하고 한편으로는 증정과 장희 등이 어떻게 모반을 했는지 사건의 전말을 상세하게 기록하여 곧바로 옹정 황제에게 보고했다.

옹정 황제는 보고를 받자 곧바로 증정과 장희를 북경으로 압송해와 고문하며 심문 조사를 벌였다. 옹정 황제는 그들의 반청 운동 사상이 이미 작고한 이학자理學者 여유량呂劉良의 저서에서 근거했다는 것을 알아내고, 전국적으로 문자옥文字獄(황제가 금지한 문자. 일종의 언론·사상 탄압임)을 단행했다. 옹정 황제는 여유량의 무덤을 파서 그의 관을 열고 백골의 머리를 베었으며 그의 제자들과 문하생들도 모두 엄중하게 처벌하고 단 한 명도 사면하지 않았다. 그러나 의아하게도 증정과 장희만은 무죄로 판결하고 석방시켰다. 심지어 옹정의 후대에 즉위한 황제들도 '황제를 비방했다는 이유'로 그들에게 주살을 명하지는 않았다.

짚을 실은 배로 화살을 빌다

草船借箭(초선차전)

공명은 기이한 계략으로 화살을 빌렸으며 황개는 비밀스런 계책을 올려 형을 받았다.

손권과 유비는 서로 연합해서 조조에게 대항하기로 하고, 제갈량이 강동에 남아 전쟁 준비를 도왔다. 하지만 강동의 주장主將인 주유는 제갈량을 몹시도 질투하고 미워했다. 그리고 항상 기회만 있으면 제갈량을 없애려고 했다.

한번은 주유가 제갈량에게 열흘 안에 화살 10만 개를 만들도록 명했다. 그런데 제갈량은 그의 무리한 요구에 선뜻 응했을 뿐만 아니라 기한도 열흘이 아닌 사흘로 앞당겼다. 제갈량은 이를 위해 노숙에게서 빠른 배 20여 척과 군사 600명을 빌렸다. 그리고 배를 천으로 두른 채 배의 양편에 볏짚 묶음을 가득 쌓아 놓도록 했다.

드디어 기한으로 정한 사흘째 되는 날 아침, 아직 날이 밝지 않았는데 제갈량은 사람을 보내 노숙을 불러서는 함께 배에 올랐다. 그리고 병사들에게 배 20척을 긴 밧줄로 묶어 연결하고 조조의 군영이 있는 강북까지 계속 배를 저어 가도록 명했다. 그때 장강은 안개가 자욱하게 끼어 강 건너편에 있는 사람도 보이지 않는 지경이었다. 조조 군영 가까이에 다가간 제갈량은 병사들에게 선수船首는 동쪽, 선미船尾는 서쪽을 향하도록 일자로 늘어서게 한 후 북을 치며 함성을 지르라고 명했다. 자욱한 안개로 무슨 일이 일어났는지 짐작조차 할 수 없었던 조조는 감히 병사를 내지도 못하고 그저 궁수 6천 명을 불러 강 중앙을 향해 쉬지 말고 화살을 쏘라고 명했다. 한 시간 내내 화살이 빗발치듯 제갈량의 배 20척 위로 쏟아졌고 각 짚단에는 화살이 빽빽이 꽂혔다. 얼마 후 제갈량은 뱃머리를 반대로 돌리라고 명령했다. 그러자 배의 또 다른 면에 놓아둔 짚단이 또 화살로 가득 채워졌다.

태양이 막 떠오르려고 하자 안개도 사라질 기미를 보였다. 그때서야 제갈량은 군사들에게 배를 저어 동오의 군영으로 향하라는 명령을 내리고, 모두 한 목소리로 조조를 향해 외치게 했다. "조 승상, 화살 감사합니다!" 배는 곧 남쪽 강변에 닿았다. 그곳에는 이미 주유가 보낸 군사 500명이 화살을 실어 나르려고 기다리고 있었다. 화살을 다 뽑아보니 전부 12만 개가 넘었다. 주유는 이 보고를 듣고 탄식하며 말했다. "제갈량은 정말 신묘한 수를 가지고 있구나. 나는 제갈량보다 훨씬 못한 사람이다!"

지혜가 꼬리를 무는 역사 이야기

항주의 한 고적지에 한 부자父子의 묘와 악비 묘가 서로 어울려 빛을 발하고 있다. 아버지는 악비 군영의 용맹스런 장수였고 그 아들은 아버지의 뜻을 이어 그 이름만 들어도 금나라 군이 벌벌 떠는 유명한 장군이 되었다. 그들은 바로 필진畢進과 필재우畢再遇이다. 이 부자 두 사람 가운데 필재우의 지략과 대범함은 세상 사람들에게 더욱 많은 찬사를 들었다.

1206년 겨울 금나라 군대의 철기는 회하를 건너 장강에서 말에게 물을 먹이고 있었다. 당시 58세의 노장이었던 필재우는 육합六合 성을 지키며 군대를 이끌고 여러 번 금나라 군대를 격파해 적군의 공격력을 약화시켰다. 이 때문에 금나라 군의 대장인 완안포자完顏蒲剌는 화가 머리끝까지 난 상태였다. 그는 곧 10만 대군을 이동시켜 육합성을 겹겹이 에워쌌다. 이에 필재우는 견고한 성벽의 방호물에 의지해 성내 군사와 백성과 함께 용감하게 저항했다. 특히 금나라 군사들이 성을 기어오르려고 하면 궁수들이 그들을 쏘아 죽여 금군에 막대한 피해를 끼쳤다. 결국 금나라 군대는 모든 것을 걸고 최후의 일전을 벌여야만 했다. 비록 그 전투에서 엄청난 손실을 입기는 했지만 여전히 병력상으로는 우세했기에 완안포자는 계속해서 맹공을 퍼부었다.

며칠이 지나도록 전투가 계속되자 성내에는 이제 물자가 절반 밖에 남지 않게 되었다. 특히 적을 끈질기게 괴롭힌 화살은 몇 개밖에 남지 않은 지경이었다. 이리하여 육합성은 금나라 군대에 함락당할 중대 위기에 봉착했다. 그날 필재우는 부하들에게 호화로운 해 가리개를 만들게 하고 밤에 이 가리개를 들고서 성벽 안쪽을 한 바퀴 돌라고 명을 내렸다.

한편 성 아래의 완안포자도 그때 마침 '어떻게 하면 성을 함락시킬 수 있을까?'를 놓고 한참동안 고민을 하고 있었다. 그때 갑자기 정탐꾼이 들어와 필재우가 성벽을 따라 돌면서 순시하고 있다고 보고했다. 완안포자는 이 기쁜 소식에 바로 최정예 궁사 부대를 파견해 그 가리개에 집중적으로 화살을 쏘라고 명을 내렸다. 날이 밝을 무렵 가리개가 자취를 감추자 금나라 군대도 그제야 활쏘기를 그쳤다. 완안포자는 밤새도록 집중 공격했으니 틀림없이 필재우가 죽었거나 적어도 부상 정도는 입었을 것이라 생각했다. 그는 이제 육합성 함락은 시간문제라며 느긋하게 앉아 결과를 기다리기로 했다. 그러나 이런 완안포자의 바람과 달리 육합성 병사들과 백성들은 그때 성 안에 떨어진 화살을 줍고 있었다. 화살을 다 줍고 나서 세어보니 총 20만 개에 달했다. 송나라 군대는 이렇게 생긴 화살로 금나라 군대와 더 치열하게 싸움을 벌일 수 있었고 완안포자도 마침내는 어쩔 수 없이 물러가야 했다.

자기 몸을 상해 가면서까지 꾸며 내는 계책

苦肉計(고육계)

주유는 그에게 절을 하며 감사를 표했다. **"장군께서 만일 이 고육계를 행하려 하신다면 이는 강동에 천만다행한 일입니다."**

적벽대전이 벌어지기 전, 주유는 조조를 깨뜨릴 방법을 고민했다. 어느 깊은 밤, 노장 황개黃蓋가 그의 장막을 찾아와 화공으로 조조를 깨뜨릴 방법을 의논했다. 그러자 주유가 대답했다. "저도 그 방법이 좋다고 생각합니다. 그래서 우리 군에 거짓으로 투항한 채씨 형제를 군말 없이 남겨둔 것이지요. 하지만 우리 편에서 거짓으로 조조 군영에 투항할 사람이 없다는 게 문제입니다." 그러자 황개가 자원해서 그 중책을 맡겠다고 했다. 그날 밤 두 사람이 정한 계책은 바로 '고육계'였다. 다음날 주유는 회의를 소집하고 각 장군들을 자신의 막사로

불렀다. 그는 장군들에게 삼 개월 치 군량을 나누어 주며 전쟁을 준비하도록 했다. 그러자 황개가 이에 반대하며 말했다. "삼 개월까지 끌 필요도 없습니다. 이달이면 바로 조조를 깨뜨릴 수 있습니다. 그렇게 조조를 깨뜨릴 자신이 없을 바에야 차라리 일찌감치 적군에 투항해 버리는 것이 낫겠습니다!" 주유는 그의 말을 듣고 크게 노해 말했다. "주군의 명을 받들어 전군을 감독하며 적을 깨뜨리려 하는데 감히 군심을 어지럽혀? 어서 황개를 끌어내 목을 쳐라!" 그러나 황개는 두려워하기는커녕 오히려 더욱 반발하며 말했다. "나는 동오에서 삼 대 째 중신을 맡은 가문 출신이다. 오나라가 남정 북벌할 때 네놈은 어디서 젖을 먹고 있었느냐?" 상황이 여기까지 치닫자 심각성을 깨달은 장수들은 얼른 무릎을 꿇으며 황개 대신 용서를 구했다. 하지만 주유는 표독스럽게 대답했다. "장군들의 얼굴을 봐서 내 황개 장군의 목숨만은 살려드리지요. 여봐라 황개에게 군장 100대를 때리도록 해라!" 무사들이 곧 황개를 끌어다가 땅에 엎드리게 하고 사정없이 때렸다. 하지만 채 50대도 맞지 않아 황개의 피부는 벌써 찢어지고 살이 터져 선혈이 줄줄 흘러내렸다. 형이 집행되는 동안 황개는 수차례나 기절했다.

그런 후 황개의 오랜 친구 궐택闞澤은 미리 짜 놓은 계책대로 황개가 사전에 작성해 놓은 투항서를 들고 조조에게 찾아가 거짓으로 투항을 약속했다. 그로부터 얼마 지나지 않아 조조는 파란 기를 꽂은 배가 바로 황개가 투항하는 배라고 적힌 채씨 형제의 밀서를 받았다. 그러나 황개는 약속 당일 파란 기를 꽂은 배가 아니라 불이 활활 타오르는 배를 끌고 가 조조의 군영에 정면충돌시켰다. 장강은 온통 붉은 불바다로 변했고 쇠사슬로 서로 연결해 놓은 조조의 배 수천 척은 순식간에 잿더미로 변해 버렸다.

지혜가 꼬리를 무는 역사 이야기

송나라 말엽 철기를 대거 이끌고 송나라를 침략해 온 금나라의 제4태자 올술兀術은 주선진朱仙鎭에서 악비와 전쟁을 벌였다. 올술의 양아들 육문용陸文龍은 뛰어난 무공을 자랑하는 자로 스스로 자원해 출전했다. 말에 올라타 창 두 개를 꼬나 잡은 그는 송나라 군에서 쌍추雙錘(두 개의 추가 쇠사슬로 연결된 무기)를 사용하는 대장 네 명을 전부 물리쳤다. 그리고 악비의 군대를 막아 적군이 곧바로 진격해 오는 것을 막았다. 바로 그때 악비 군중에서 참군參軍을 맡은 왕좌王佐는 육문용이 바로 과거 노안주潞安州 절도사 육등陸登의 아들이라는 것을 알아차렸다.

10여 년 전에 노안주성이 수개월간 금나라 군에 포위되어 있던 동안 육등은 계속해서 완강히 저항했다. 그러나 지원군도 오지 않고 병력도 다해 결국 성은 함락당하고 말았다. 당시 육등 부부는 목숨을 끊어 순국했고, 강보에 싸여 성에 남아 있던 아기가 바로 육문용이었다. 육문용은 유모에게 안겨 도망치다가 불행히도 금나라 군 올술에게 붙들려 양자로 길러진 것이다.

왕좌는 악비에게 자신이 생각해낸 고육계를 알리고 즉각 실행에 옮겼다. 그는 스스로 왼팔을 자른 후 밤새도록 걸어 금나라 군영에 도착했다. 붙들려서 올술 앞에 간 그는 이렇게 말했다. "소신 왕좌는 본래 양요楊幺의 부하로서 관직은 차승후車勝侯까지 봉해졌습니다. 그러나 양요가 패했기에 저는 악비에게 귀순할 수밖에 없었습니다. 그런데 어젯밤에 막사에서 회의가 열렸을 때 소신이 악비에게 '금나라 군대를 막아내기가 어렵다'라고 간언을 올렸다가 그만 악비의 불같은 노여움을 사 왼팔이 잘리고 말았습니다. 악비는 제게 당장 금나라 군영을 찾아가 악비의 군대가 오늘 금군을 쑥대밭으로 만들어 놓겠다고 전하라 했습니다." 올술은 그를 매우 동정했다. 그리고 그를 '불쌍한 아들'이라 부르며 자신의 군영에 머무르도록 했다. 왕좌는 이렇게 금나라 군영에서 자유로이 행동할 수 있게 된 기회를 이용해서 육문용의 유모에게 접근했다. 마침내 유모를 만난 그는 자신과 함께 육문용에게 가서 출생의 비밀을 알려 주자고 설득했다. 그리하여 육문용은 출생의 비밀을 알게 되었고 반드시 부모의 원한을 갚겠노라고 결심했다.

그때 금나라 병사들은 커다란 대포들을 운반해 와서 한밤중에 악비의 군영을 공격하려 했다. 그러나 육문용이 이 소식을 종이에 적어 화살에 묶어서 악비 군에 날려 보낸 덕분에 악비 군대는 큰 손실을 면할 수 있었다. 그날 밤 육문용과 왕좌, 유모는 몰래 송나라 군영으로 투항했다. 왕좌의 골육계로 맹장 육문용이 마침내 송나라로 돌아온 것이다. 그 후 육문용은 송나라를 위해 적지 않은 전공을 세웠다.

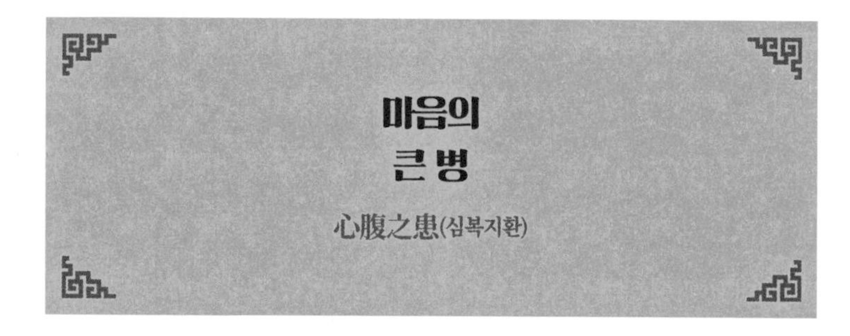

마음의 큰 병

心腹之患(심복지환)

한밤까지 술을 마시며 한껏 주흥이 오른 조조는 멀리 장강 이남을 가리키며 말했다. **"주유·노숙은 하늘의 때를 모르는구나! 다행히 우리 군에 투항해온 사람들이 있어서 주유·노숙 같은 사람에게 마음속 큰 병이 되었어. 이것은 하늘이 나를 돕는 징조로다."**

조조는 북방에서 할거한 세력을 평정하고 조정을 장악했다. 또 친히 13만 대군을 이끌고 장강 북쪽까지 가서 손권과 유비를 무너뜨리고 전국을 통일할 꿈에 가슴이 부풀어 있었다. 건안 13년(208년) 겨울 11월 15일, 날씨가 화창하고 바람과 파도가 가라앉자 조조는 명을 내렸다. "오늘 저녁에 큰 배에서 술자리를 열고 장군들을 대접하겠소."

저녁이 되자 하늘의 달이 매우 밝게 빛나고 장강은 바람에 휘날리는 하얀 허리띠처럼 아름다웠다. 그러나 배에 함께한 장수들은 하나같이 목면에 누빈 솜옷 차림이어서 위풍당당한 장수의 모습과는 전혀 걸맞지 않았다. 이에 조조는 장군들에게 이렇게 말했다. "내 군사를 일으킨 이래로 나라를 위해 해악을 제거하고 사해를 평정하여 천하를 태평케 했는데 남방만은 아직 얻지 못했소. 장군들께서 모두 나를 도와 천하통일을 이룰 수 있도록 노력해 주시면 천하가 태평케 되는 그날 여러분과 함께 부귀영화를 누리고 싶어 이렇게 자리를 마련했소." 이에 문무백관들이 모두 일어나 조조에게 감사를 표했고 조조도 매우 기뻐했다.

술을 마시며 한껏 흥이 오르자 그는 멀리 장강 이남을 가리키며 말했다. "주유·노숙은 하늘의 때를 모르는구나. 다행히 우리 군에 투항해온 사람들이 있어서 주유·노숙 같은 이에게 마음속 큰 병이 되었어. 이것은 하늘이 나를 돕는 징조로다." 그러고 나서 장강의 물로 제사 지낸 후 다시 커다란 잔에 술을 따라 석 잔을 내리 마셨다. 그러더니 큰 창을 가로들고 뭇 장군들에게 말했다. "나는 이 창을 들고 황건군을 깨뜨리고, 여포를 사로잡았으며 원술을 멸하고 원소를 받아들이고 변경의 북방으로 들어갔다가 요동으로 내달렸소. 내 이렇듯 천하를 종횡하며 대장부의 큰 뜻을 저버리지 않았소이다. 이 좋은 때를 만나 아름다운 경치를 보니 시를 한 수 지어 보고 싶소이다. 여러분도 내 시에 화답해 주시오."

이어서 조조가 시를 읊었다. "술을 앞에 두고 노래를 하니 인생은 얼마나…….”

지혜가 꼬리를 무는 역사 이야기

춘추 시대, 오 왕은 제나라를 정벌할 준비를 했다. 그러자 오자서가 간언을 올렸다. “폐하, 아니 되옵니다. 제가 듣자하니 구천은 밥을 먹을 때도 좋은 요리를 먹지 않고 백성들과 같이 동고동락한다고 합니다. 그 자가 아직 죽지 않았으니 분명히 오나라의 우환이 될 것입니다. 월나라는 오나라에게 마음속의 큰 병이나 마찬가지이며 그에 비하면 제나라는 그저 옴 한 조각에 지나지 않습니다. 왕께서는 제나라 정벌을 멈추시고 먼저 월나라를 정벌하소서.”

그러나 오 왕은 그의 말을 듣지 않았다. 출병을 고집하고 제나라 정벌 길에 나선 오 왕은 애릉艾陵에서 제나라 군대를 대패시켰다. 기쁨에 들떠 개선한 오 왕은 오자서를 크게 꾸짖었다. 그러나 오자서는 차갑게 웃으며 대답했다. “너무 그렇게 기뻐하지 마십시오!”

이때 월나라 대부 문종은 이미 오나라 왕의 오만방자함을 눈치채고 오 왕에게 식량을 빌려 달라고 부탁했다. 오 왕이 어떤 태도로 월나라를 대할지 시험해 보고 싶었던 것이다. 오 왕은 쉽게 식량을 빌려주겠다고 약속했다. 이번에도 오자서는 월나라의 제안을 받아들이지 말아야 한다고 건의했으나, 오 왕은 결국 자신의 뜻을 견지해 월에 식량을 빌려주었다. 월 왕 구천은 무척 기뻐했다. 그러나 오자서는 탄식했다. "왕께서 내 간언을 듣지 않으시니 삼 년 후면 오나라는 폐허만 남겠구나!"

우연히 태재太宰 백비伯嚭가 이 말을 듣게 되었다. 그 후 오자서와 함께 월나라를 토벌할 대책을 수차례 논의하면서 뒤로는 이 기회를 이용해 오 왕에게 오자서를 비난하는 말만 잔뜩 늘어놓았다. 그는 "오자서는 겉으로는 아주 충성스러운 것 같지만 실제로는 아주 잔인한 사람입니다. 자기 부모형제도 아끼지 않는 사람이 어찌 자기 군주를 아끼겠습니까? 왕께서 지난번에 제나라를 정벌하고 싶어 하셨는데도 오자서는 강력하게 반대했고, 후에 왕께서 전쟁에서 공을 세우시니 이번에는 그것 때문에 왕을 미워합니다. 오자서를 경계하지 않으시면 분명히 반란을 일으킬 겁니다."라고 했다. 백비가 이렇게 부추기자 오 왕은 오자서에게 '속루屬鏤'라는 검을 하사해 자살을 종용했다.

몇 년 후 오자서의 예언대로 월나라가 군사를 이끌고 오나라를 공격해왔다. 월나라 군은 오나라의 도성을 삼 년이나 에워싸고 오 왕을 고소산姑蘇山 위로 몰아 포위했다. 오 왕이 화친을 요청했으나 이는 차갑게 거절당했다. 결국 그는 스스로 목숨을 끊었다. 그는 죽을 때 자신의 얼굴을 가리며 "나는 저승에 가서도 오자서의 얼굴을 볼 면목이 없구나."라고 했다고 한다.

모든 것이 다 준비되었는데 동풍이 없다

萬事具備 只欠東風(만사구비 지흠동풍)

공명은 좌우의 사람들을 물리친 후 종이와 붓을 찾아 몰래 16글자를 적어 보여주었다. **"조조를 쓰러뜨리려면 마땅히 화공을 써야 합니다. 모든 것이 다 준비되었는데 동풍이 없군요."**

적벽대전 하루 전날 밤 주유는 화공을 이용해 조조의 수많은 전함이 연결된 수군영水軍營을 깨뜨리기로 결정했다. 이를 위해 그는 이중간첩 작전으로 조조의 수군 도독을 제거했고 연환계를 이용해 조조의 군선들을 쇠사슬로 꽁꽁 묶어 놓았으며 고육계를 써서 조조 군영에 내응할 수 있는 사람을 심어 두었다. 모든 준비를 다 마친 후 주유가 산에 올라 강북에 주둔한 조조의 수군 대군영을 바라보니 이미 승리의 여신이 자신에게 손을 흔드는 것 같았다. 이때 바람이 휙 불어와

펄럭이던 군기가 그의 얼굴을 찰싹 찰싹 때려댔다. 주유는 그제야 전쟁에 이기는 데 꼭 필요한 한 가지가 떠올랐다. '조조의 배들은 강북에 있고 우리 배는 강남에 있다. 그런데 지금은 겨울이니 서북풍 밖에 불어오지 않아. 만일 화공을 쓰면 조조의 군대를 태우기는커녕 우리 군영만 타게 될 것이야.' 생각이 여기에 미치자 주유는 마음속 근심으로 몸져눕기까지 했다.

그때 제갈량이 주유에게 무슨 일이 있었는지 살펴보려고 그를 찾아왔다. 하지만 주유는 바른대로 말해 주고 싶은 마음이 전혀 없었다. 주유를 찬찬히 살펴본 제갈량은 이렇게 말했다. "저에게 좋은 약처방이 하나 있습니다. 분명히 장군의 병을 치료해줄 수 있을 겁니다." 그는 종이에 무엇인가를 적어서 주유에게 건네주었다. 주유가 종이를 받아보니 위쪽에 단 네 구의 글만 적혀 있었다. "조조를 무너뜨리려면 마땅히 화공을 써야 합니다欲破曹公 宜用火攻. 모든 것이 다 준비되었는데 동풍이 없군요萬事俱備 只欠東風."

제갈량이 자기 마음속 고민거리를 정확하게 맞추자 주유도 언제 아팠냐는 듯 병이 깨끗하게 나았다. 그는 훌훌 자리를 털고 일어나 제갈량에게 해결책을 물었다. 제갈량은 주유에게 동풍을 빌려오자는 제안을 했다. 우선 그는 법단을 쌓게 해놓고 하늘에 제사를 드려 동풍이 불기를 빌었다. 그러자 과연 동남풍은 정말로 불어오기 시작했다! 이에 주유는 당장 군사를 일으켜 불을 놓고 조조의 군대를 맹공격했다. 이 적벽대전에서 조조의 전함과 수군영은 하나도 남김없이 불에 타버렸고 낭패한 조조만이 홀로 허창으로 되돌아갔다.

지혜가 꼬리를 무는 역사 이야기

1041년 2월 원호元昊는 직접 서하西夏 군을 이끌고 위주渭州를 침략했다. 이에 송의 대장 한기韓琦는 모든 군사를 모아 놓고 그 가운데서 용사 1만 8천 명을 선발해 선발 돌격대로 삼았다. 송의 기병 몇 천 명과 서하 군이 서로 맞부딪치자 서하 병사들은 대부분 군마와 낙타를 버리고 도망쳤다. 그러자 기세가 오른 송나라 군은 도망치는 서하 군의 뒤를 끈질기게 좇았다. 삼 일 밤낮을 좇아간 송나라 군은 호수천好水川에 도착해 그곳에서 휴식을 취했다.

그 다음 날 송나라 군은 호수천을 따라 서쪽으로 진격해 육반산六盤山 아래 자락에 도착했다. 그런데 이상하게도 서하 군은 그곳에서 자취를 감췄다. 길가에 은니銀泥(은가루를 아교에 개어 만든 물질) 상자 몇 개만 뒹굴고 있을 뿐이었다. 상자는 전부 아주 단단하게 봉해져 있었다. 병사들이 상자에 다가가 소리를 들어보자 안에서 무엇인가가 움직이는 소리가 들렸다. 이 사실을 보고하니 바로 상자를 열어 보라는 명령이 하달되었다. 그런데 상자를 열자마자 '푸드덕'거리는 소리와 함께 호각을 몸에 건 비둘기 100여 마리가 머리 위로 날아가는 게 아닌가!

사실 서하 군은 도망치는 척하며 송나라 군대를 유인한 것이다. 원호는 이미 정병 10만을 직접 거느리고 육반산 아래에 도착해 매복하고 있었다. 그들은 모든 계획이 다 준비되었으니, 이제 동풍이 불기만 기다리던 터였다. 상자가 열리고 비둘기들이 날아가는 것을 신호로 서하 군 병사들이 우르르 뛰어나와 송나라 군을 겹겹이 포위했다. 송나라 군은 서하 군과 치열하게 싸우며 퇴각을 시도했지만 결국에는 수많은 군사들이 절벽으로 내몰려 떨어져 죽고 말았다. 이 싸움에서 원호는 대승을 거두었고 송나라 군은 전력에 막대한 손실을 입게 되었다.

지혜롭고 계략이 많다

足智多謀(족지다모)

조조가 말했다. **"사람들은 전부 주유나 제갈량이 지혜롭고 계략이 많다고 말하지만 내가 볼 때는 도대체 무능한 사람들일 뿐이야. 여기에 군사를 매복시켜 놓았더라면 우린 속수무책일 텐데 말이야."**

적벽대전에서 조조의 군대는 참패를 당했다. 그는 살아남은 사람 300명을 데리고서 달리는 말에 채찍질 해가며 속히 화용도華容道로 퇴각했다. 오경五更(오전 3시에서 5시까지 시간)까지 말을 달리다가 문득 뒤를 돌아보니 장강의 불빛은 이미 멀어져 있었다. 조조는 그제야 한시름 놓으며 물었다. "이곳은 어디쯤인가?" 그러자 좌우의 심복들이 대답했다. "오림烏林의 서쪽으로, 의도宜都의 북쪽입니다." 조조는 주위를 둘러보고서 나무숲이 우거지고 산세가 험준한 것을 발견하자

말 위에서 고개가 뒤로 젖혀지도록 크게 웃어댔다. 한참이나 웃음을 그치지 않자 수하 장군들이 그에게 물었다. "승상께서는 왜 그렇게 웃으십니까?"

조조는 말 등에서 채찍까지 휘두르며 크게 웃더니 대답했다. "사람들은 전부 주유나 제갈량이 지혜롭고 계략이 많다고 말하지만 내가 볼 때는 도대체 무능한 사람들일 뿐이야. 여기에 군사를 매복시켜 놓았더라면 우린 여기서 죽는 수밖에 없을 텐데 말이야."

그의 말이 떨어지자마자 어디선가 대포 소리가 '빵!'하고 울리더니 갑자기 관우가 군대를 거느리고 나타나 떡하니 앞길을 가로막는 것이 아닌가! 조조는 관우를 보자 혼비백산해서 그저 정욱의 꾀를 따를 수밖에 없었다. 그는 앞으로 나가 관우에게 매달리며 애원했다. "오늘 내가 여기서 죽게 되었소. 제발 과거 우리의 정을 생각해서라도 이 조조에게 살 길을 좀 남겨 주시오!" 그러나 관우는 냉정하게 말했다. "당신에게 받은 은혜는 벌써 다 갚았소. 오늘 내 사사로운 감정 때문에 국가 대사를 그르칠 순 없소." 그러나 조조는 관우에게 다시 애원했다. "전에 장군이 다섯 관을 지나면서 장수 여섯 명을 죽였던 일을 기억하시오?" 의리를 중요하게 생각하는 관우는 이 말을 듣고 한참 고민하다가 결국 조조를 보내 주었다.

1052년 남방에서 농지고儂智高가 반란을 일으키자 송 인종仁宗은 적청狄青을 보내 그들을 정벌케 했다.

적청은 곤륜관昆侖關 아래에 군대를 주둔시키고 장수와 병사들에게 절대로 밖으로 나가지 말라는 명을 내렸다. 그러던 어느 날 진서陳曙라는 장군 하나가 공을 세우고 싶은 마음에 몰래 군사를 데리고 나가 적을 공격했다가 오히려 참패를 당하고 돌아왔다. 그러자 적청은 군법에 따라 진서 등 장수와 군병 31명을 모두 참수형에 처했다. 농지고는 이 소식을 듣고 무척 기뻐했다. 그는 적청이 일부러 병사들에게 싸우지 못하게 한다고 생각하고 점점 경계를 게을리 했다.

정월 대보름이 되었다. 백성들은 집집마다 등을 걸고 색색가지 종이로 문을 장식하며 즐겁게 명절을 보내고 있었다. 적청 역시 장수와 병사들을 초청해 군영에서 큰 잔치를 베풀었다. 그러고는 "첫날 밤에는 제일 높은 지위의 장군들을 청하고, 두 번째 날 밤에는 중간과 하급 지위의 장군들을 청하며, 세 번째 날 밤에는 술자리를 벌여 전체 사병들을 위로하겠다."라고 선포했다. 첫날 밤, 잔치에 참석한 장군들은 술을 마시고 놀이를 하며 마음껏 즐기다가 다음날 새벽이 되어서야 잔치를 끝냈다. 두 번째 날 밤 한참 술을 마셔 군관들은 모두 흥이 올랐는데 적청은 몸이 별로 좋지 않다는 이유로 자리를 떴다. 자리에 모인 모든 사람들은 제각각 마음껏 먹고 마시며 즐겁게 놀았다. 그러나 주장이 밤늦게까지 돌아오지 않자 누구도 자리를 뜰 수가 없었다. 날이 막 밝으려고 할 때 갑자기 군졸 하나가 뛰어 들어와서는 급한 전갈을 전했다. "원수께서 이미 곤륜관을 빼앗으셨다고 합니다. 그러니 장군들께서는 어서 곤륜관에 오셔서 아침 식사를 드시라는 전갈입니다."

자리에 있던 사람들은 모두 너무 놀라 경악했다! 지혜롭고 계략이 많은 그답게 매일 잔치를 벌인 것은 적군의 경계를 흐트러뜨리려는 전략이었다. 한편 그 내막을 알 리 없는 농지고는 송나라 군대의 소식을 듣고 자신도 잔치를 베풀어 부하들을 위로했다. 그 며칠 동안은 몹시 혹독한 추위가 계속되었다. 적청은 특별히 용감하고 날랜 병사들을 가려 뽑아 적군을 습격했다. 반란군은 느닷없이 적청의 유격대가 사나운 기세로 들이닥치자 당황해 어쩔 줄 몰라 하다가 결국 대항한 번 제대로 해보지 못하고 걸음아 날 살려라 도망쳐 버렸다. 그리하여 적청은 험난한 곤륜관을 손바닥 뒤집듯 손쉽게 빼앗을 수 있었다.

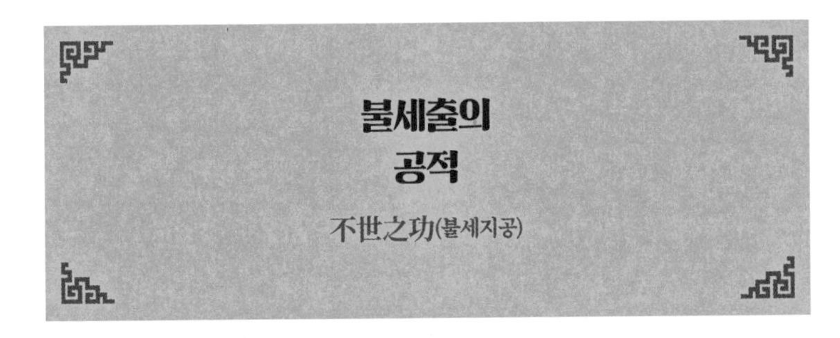

불세출의 공적

不世之功(불세지공)

태사자가 크게 부르짖으며 외쳤다. **"사나이 대장부가 세상에 태어났으면 삼 척 검을 가지고 불세출의 공적을 세워야 마땅하거늘 아직 위대한 뜻을 이루지 못했는데 벌써 죽어야 한단 말인가!"**

북해에서 포위망을 뚫고 유비의 구원병을 데리고 온 후, 태사자는 동향인 유요劉繇가 양주에 자사로 부임해 단양丹陽에 군대를 주둔시키고 있다는 이야기를 듣고 그를 찾아가 몸을 의탁했다. 그러나 인재를 알아볼 능력이 없는 유요는 태사자에게 겨우 하급 무관 자리 하나를 내주었다.

이때 손권의 형 손책은 유요를 공격할 준비를 하고 있었다. 한번은 태사자가 신정령神亭嶺을 순시하다가 손책과 마주쳤다. 싸움을 시작한 두 사람은 갑옷을 다 떨어뜨리고 주위 군사들을 다 잃을 때까지 싸웠다. 그것도 모자라 맨 주먹으로 대결을 벌였는데도 결국 승부가 나지 않았다. 두 사람이 승부를 가리지 못하고 있을 그때 쌍방에서 그들을 구하려고 병마가 달려와 간신히 싸움을 멈출 수 있었다.

그 이후로 손책은 태사자를 매우 흠모하며 그를 자신의 장수로 거두고 싶어 했다. 얼마 후 그는 계략을 써서 태사자를 생포했다. 드디어 태사자가 이끌려 들어오자 손책은 손수 그의 몸을 감고 있던 오랏줄을 풀어주며 그를 설득해 자신의 휘하에 머물도록 했다. 후에 태사자가 유반劉盤의 난을 평정하자 손권은 그에게 남방을 맡겼다. 손책이 죽자 태사자는 손권을 보좌하며 여러 차례 전공을 세웠다. 훗날 손권이 군사를 이끌고 합비合肥를 공격할 때 태사자는 하인인 과정戈定에게 명해서 성 안에 들어가 기회를 노리다가 반란을 일으키고 성 밖의 오나라 군사들과 호응하도록 했다. 그러나 합비를 지키던 장료가 성 안에서 반란을 일으킨 과정을 붙잡아 오히려 태사자의 계책을 그대로 이용했다. 다시 말해 일부러 성문을 활짝 열고 오나라 군사들이 속임수에 넘어가도록 유혹한 것이다.

태사자는 일이 계획대로 되어간다고 생각하고 창을 치켜들고 말을 달려 성 안으로 뛰어 들어갔다. 바로 그 순간 화살이 빗발치듯 태사자를 향해 날아왔다. 태사자는 이를 피하려고 급히 몸을 돌렸지만 때는 이미 늦었다. 오군이 화살 여러 대가 박힌 태사자를 구해 와 고명한 의술을 다 동원하여 살려보려고 애썼으나 이미 백약이 다 무효한 상태였다. 태사자는 죽기 전에 크게 한 번 부르짖었다. "사나이 대장부가 세상에 태어났으면 삼 척 검을 가지고 불세출의 공적을 세워야 마땅하거늘 아직 위대한 뜻을 이루지도 못했는데 벌써 죽어야 한단 말인가!"

태사자는 이 말을 마치고 숨이 끊어져 죽고 말았다. 향년 41세였다. 손권은 그를 북고산北固山 아래에 후히 장사 지내 주었다.

지혜가 꼬리를 무는 역사 이야기

반초班超는 저명한 역사가 반표班彪의 어린 아들로 큰 형은 반고班固, 누이동생은 반소班昭이며 후에 모두 저명한 역사가가 되었다. 그는 마음이 효성스럽고 예의 바르며 어른을 공경해 집에서는 항상 열심히 일을 했다. 또 그는 많은 책을 읽어 해박한 지식을 갖추었으며 중요한 것과 중요하지 않은 것을 가릴 줄 알았고 일의 이치를 살펴 따질 줄 아는 사람이었다.

후한 명제明帝 영평永平 5년(62년)에 큰 형 반고가 나라의 부름을 받고 낙양으로 가 교서랑校書郎 직을 맡게 되었다. 그때 반초와 모친도 반고를 따라 함께 낙양으로 옮겨 왔다. 집이 가난했던 탓에 반초는 관청의 문서를 대신 작성하는 일을 하며 생계를 도왔다. 반초는 종종 일을 하다 말고 붓을 내던지며 탄식했다. "사나이 대장부가 다른 큰 뜻이나 용기가 없다면 마땅히 부개자傅介子나 장건張騫을 본받아 불세출의 공을 세우고 봉후의 지위를 얻는 것이 마땅하지 않은가? 나는 어째서 이렇게 날마다 붓만 만지작거리며 살아야 하는가?"

한탄하던 반초는 점쟁이를 찾아가 관상을 한 번 보았다. 점쟁이는 그의 얼굴을 한 번 자세히 살펴보더니 아주 조심스럽게 이야기했다. "손님은 비록 지금은 남루한 옷을 입은 서생에 불과하지만 앞으로는 1만 리도 더 되는 봉지를 하사받는 봉후가 될 것입니다." 반초는 무척 기뻐서 좀 더 자세히 물었다. 점쟁이가 다시 말했다. "다른 것은 말씀드리지 않겠습니다. 얼굴만 놓고 보면 뺨은 제비의 상이요, 목은 호랑이의 상이어서 제비처럼 날아가 호랑이처럼 먹이를 먹는다고 할 수 있습니다. 손님의 얼굴은 1만 리도 넘는 땅을 하사받는 봉후의 상이 분명합니다."

73년 차도위車都尉 두고竇固가 흉노를 무찌르라는 황명을 받들고 출병할 때, 반초도 그를 따라 북정에 나섰다. 그는 군대에서 가사마假司馬 직을 맡았다. 비록 미천한 관직이었지만 반초는 그때 붓만 만지작거리던 서생의 삶에서 벗어나 무관으로서 첫 발걸음을 떼었다. 훗날 그는 서역을 평정한 공을 인정받아 정원후定遠侯로 봉해졌다.

한 수도 제대로 펼치지 못하다

一籌莫展(일주막전)

제갈공명은 아주 통쾌하게 웃으며 말했다. **"주유가 계략을 쓸 수 있긴 하지만 저 제갈량의 예상을 벗어날 순 없습니다. 제가 조금만 꾀를 쓰면 주유는 한 수도 제대로 펼칠 수 없을 테니 당연히 오나라 군주의 누이도 주공에게 돌아올 것이고 형주도 절대 잃지 않을 것입니다."**

손권은 유비의 손에서 형주를 뺏고 싶어 노숙을 보내 유비에게 형주를 달라고 위협을 해 보았다. 그러나 노숙이 박대만 당하고 돌아와 시상柴桑에서 주유에게 자세히 상황을 설명하자 주유는 화가 나 발을 동동 굴렀다. 바로 그때 주유는 유비의 처 감부인이 죽었다는 이야기를 듣고 아주 기뻐하며 말했다. "나에게 계책이 하나 있네. 이렇게 하면 유비는 꼼짝없이 붙잡힐 것이야. 그러면 형주는 손바닥 뒤집

듯 쉽게 얻을 수 있지!" 노숙이 얼른 물었다. "어떤 계책이십니까?" 주유가 대답했다. "유비는 지금 처를 잃었으니 반드시 재취를 해야겠지. 우리 주공께 마침 손상춘孫尙春이라 하는 누이동생이 한 분 계신데 성품이 아주 강하고 용기가 있어서 그분을 모시는 시녀만 해도 수백 명이라고 하네. 방 안에는 칼이나 무기들이 천지로 깔려 있어서 어지간해서는 남자도 못 당한다고 하더군. 내가 지금 주공께 글을 올려서 형주로 사람을 보내 중매를 서게 하고 유비가 혼인하러 이곳에 오도록 초청을 하시라 말씀드리겠네. 유비를 속여서 남서南徐까지 데리고 오기만 하면 유비는 혼인은 둘째 치고 감옥에서 한참 고생하다가 제갈량에게 사람을 보내서 자기하고 형주를 맞바꾸자는 협상을 해야 간신히 풀려날 것이야."

그리하여 손권은 여범呂范을 형주로 보내 유비와 자기 누이동생의 혼사를 의논하도록 했다. 한편 유비와 제갈량은 이미 그 소식을 듣고 어떻게 대응할 것인지도 다 상의를 해놓았다. 드디어 동오에서 온 사자가 도착했다. 그들의 꿍꿍이속을 부처님 손바닥 보듯 훤하게 꿰뚫어 본 제갈량은 단 한마디로 혼인을 찬성했다. 그리고 유비에게는 마음 놓고 용감하게 배를 타고 가 하루 빨리 동오의 사위가 되라고 격려하고 아주 통쾌하게 웃으며 말했다. "주유가 계략을 쓸 수 있긴 하지만 저 제갈량의 예상을 벗어날 순 없습니다. 제가 조금만 꾀를 쓰면 주유는 한 수도 제대로 펼칠 수 없을 테니 당연히 오나라 군주의 누이도 주공에게 돌아올 것이고 형주도 절대 잃지 않을 것입니다."

유비는 좀 의심이 가는 부분이 있긴 했지만 제갈량을 믿었기에 손건孫乾에게 여범과 함께 남서로 가서 혼담에 찬성하라고 일렀다. 얼마 후 손건이 형주로 돌아와 유비에게 말했다. "손권은 주공께서 오셔서 혼례를 올리시기만 기다리고 있습니다." 그러자 유비의 마음은 마치 북이 울리는 것처럼 두근거려 도저히 떠날 수가 없었다. 제갈량은 조운을 함께 보내 유비를 호위하도록 하고 그들이 떠나기 전에 조운에게 위기 상황에서 쓸 묘책을 담은 비단 주머니를 건넸다.

지혜가 꼬리를 무는 역사 이야기

1129년 금의 올술은 작은 남송이 강변 방어에 부실하다는 것을 알고 군대를 두 부대로 나누고 강을 건너서 금방 건강과 항주·월주越州·명주明州를 함락시켰다. 그러자 남송의 고종高宗은 누선樓船(여러 층으로 된 배)을 타고 바다로 도망쳤다. 금나라 군은 그를 쫓아 300리 먼 바다까지 나갔으나 돌아오는 퇴로에서 공격 받을까봐 끝까지 추격하지 못하고 1130년 봄에 운하를 타고 북으로 철수했다.

이 소식을 들은 한세충韓世忠은 즉시 군사 8천 명을 이끌고 밤새 달려 진강鎭江 초산사焦山寺 등 지형이 험준한 요새 지역까지 쫓아가서 결국은 올술의 발목을 붙들었다.

올술은 급히 강을 건너려 했지만 한세충의 군대가 어느새 바짝 뒤쫓아 와 강에서 전투를 벌여야 했다. 올술은 남쪽 강변에, 한세충은 북쪽 강변에서 강을 따라 가며 싸우다 행군하고 행군하다 다시 싸우기를 하루에도 몇 번씩이나 반복했다. 한편 남송 측에서는 장군 한세충이 높은 해선에 올라 직접 지휘를 할 때면 그의 부인 양홍옥梁紅玉도 항상 함께 나와 투구와 갑옷을 입고 친히 북을 울리며 군사들을 독려해 송나라 군은 연일 사기가 충천했다.

이렇듯 상황이 좋지 않자 올술은 빼앗았던 재물을 돌려주고 명마를 바치는 조건으로 길을 빌려 강을 건널 수 있게 해달라고 요청했다. 그러나 한세충이 이를 차갑게 거절하자 그는 할 수 없이 장강 하류의 황천탕黃天湯(지금의 장쑤성 닝둥寧東 동북쪽 80리 지점)으로 퇴각했다. 이곳은 물길이 아주 넓고 광활해 올술은 도저히 앞으로 나아갈 수가 없었다. 게다가 퇴각하고 싶어도 뒤편은 이미 한세충의 대군에 봉쇄당한 상태였다. 그가 이렇게 한 수도 제대로 펼치지 못하고 있을 때 현지 주민 한 명이 그에게 계책을 냈다. 황천탕 동북쪽으로 10리쯤 떨어진 곳에 있는 진흙으로 막힌 노학하老鶴河를 파라는 것이었다. 올술은 당장 부하들에게 전력을 다해 30리나 되는 물길을 파게 했다. 그 물길은 곧바로 진회하秦淮河로 통했기에 물길을 탄 올술은 다행히도 간신히 송나라 군의 포위를 뚫고 탈출할 수 있었다.

인생의 무기가 되는 삼국지

주유를 낳으시고 어찌 제갈량을 또 낳으셨습니까

연못 속의 동물이 아니다

非池中物(비지중물)

편지에는 대략 이렇게 씌어 있었다. **"…… 만일 지금 유비를 놓아 보내면 교룡이 비구름을 얻은 것이나 마찬가지입니다. 결코 연못 속의 작은 동물이 아닐 것입니다. 지혜로우신 주공께서는 이를 깊이 생각하시기 바랍니다."**

유비 일행이 동오에 도착했다. 한편 조운은 동오에 도착하자마자 데리고 온 사병 500명을 풀어 사방으로 다니며 유비가 손권의 누이와 결혼을 하러 동오에 왔다는 소문을 퍼뜨리게 했다. 이 소문은 반나절도 못 되어 온 도성으로 퍼졌다. 손권의 어머니 오국태吳國太는 이 소문을 듣고는 곧바로 손권을 찾아가 이 소문의 진상을 물었다. 손권은 그제야 주유의 계책을 소상히 털어놓았다. 그러나 상세한 이야기

를 들은 오국태는 주유의 계책을 따르겠다고 하기는커녕 오히려 손권을 크게 꾸짖었다. 어떻게 자기 누이동생을 미끼로 삼아 정치에 이용할 생각을 했냐는 것이었다.

그 다음날 아침에 오국태는 친히 유비를 만나 보았다. 그의 외모를 자세히 살펴본 오국태는 마침내 유비를 사위 삼기로 결정했다. 그런데 손권은 사실 오국태가 유비를 만나기 전에 미리 암살하려고 칼잡이와 도끼잡이를 매복시켜 놓았다. 하지만 이는 조운에게 발각되고 말았고 유비는 오국태에게 손권이 자객을 매복시켜 자신을 죽이려 했다는 사실을 그대로 전했다. 이는 오국태의 화를 더욱 돋워 손권은 결국 쩔쩔매며 어쩔 수 없이 암살 계획을 취소해야 했다.

유비와 손 부인이 결혼한 후 손권은 시상에 사람을 보내 주유에게 물었다. '어머니가 강력하게 주장하셔서 결국 누이를 유비와 결혼시켜 버렸네. 꿈에도 생각지 못하게 가짜가 진짜가 되어 버렸으니 다음 계획은 어떻게 짜야 하나?' 하는 내용이었다.

이 소식을 들은 주유는 너무나 놀라 제대로 서지도 앉지도 못했다. 잠시 후 놀란 마음을 겨우 진정시킨 그는 밀서를 한 통 써서 손권에게 보냈다. "이미 거짓으로 꾸민 계획이 진짜가 돼 버렸으니 계속 이것을 계략으로 사용하는 수밖에 없습니다. 유비를 동오에 묶어두고 궁궐을 지어 주며 의기를 잃게 만드는 겁니다. 아름다운 미녀들을 많이 선물하고 유비의 눈과 귀를 즐겁게 해 주십시오. 그렇게 해서 유비를 관우, 장비와 떨어뜨려 놓고 계략을 써서 제갈량과 유비의 사이를 이간질해야 합니다. 그러고 나서 출병해 공격하면 대사는 곧 이룰 수 있습니다. 만일 지금 유비를 놓아 보내면 교룡이 비구름을 얻은 형국이나 마찬가지입니다. 결코 연못 속 작은 동물이라 할 수 없을 것입니다."

손권은 편지를 읽자마자 장소張昭를 불러 동쪽에 동부東府라는 관저를 건축하게 했다. 그리고 그곳에 아름다운 꽃과 나무들을 두루 심고 술을 마시며 즐겁게 놀 수 있도록 화려한 정원을 꾸며 유비와 누이가 살게 했다. 또 음악을 연주하는 아름다운 악녀樂女도 수십 명이나 하사했다. 오국태는 손권이 선한 뜻으로 이렇게 했다고 여기고 매우 기뻐했다.

과연 유비는 얼마 지나지 않아 주색에 미혹되어 형주로 돌아가려는 마음을 잃어버렸다.

지혜가 꼬리를 무는 역사 이야기

기원전 284년 연燕나라의 소왕昭王은 악의樂毅를 상장군으로 삼고 다섯 나라의 연합군을 이끌어 제나라를 공격했다. 마침내 70여 개의 성을 함락시킨 연합군은 제나라를 멸망시켜 버렸다.

한편 부친이 세상을 떠났다는 소식을 들은 제나라 왕의 장자 법장法章은 황급히 옷을 갈아입고 가난한 집안의 자제로 변장해서 거주莒州로 도망쳤다. 그는 과거 태사관太師官(태자를 가르치던 스승)의 집에서 머슴살이하며 그 집 사람들 대신에 밭에 물을 주고 화초를 심고 가꾸는 일을 했다.

태사는 막 성년이 된 딸을 하나 두고 있었다. 하루는 그녀가 정원에 나와 놀다가 우연히 법장을 만나게 되었다. 그녀는 법장의 모습과 행동이 매우 정중하고 고상해 전혀 가난한 집안 자제같이 보이지 않자 시녀에게 말했다. "저 사람은 보통 사람이 아닌 것 같아. 그런데 어떻게 우리 집에서 이렇게 머슴살이를 하며 불쌍하게 살고 있지? 네가 가서 내 대신 한 번 물어보도록 해라."

명을 받들고 온 시녀가 법장에게 내력을 물어보자 법장은 행여 괜한 화를 자초하는 건 아닐까 싶어 절대 사실을 발설하지 않기로 결심했다.

시녀가 태사의 딸에게 가서 법장이 거짓으로 고한 사실을 전하자 그녀는 전혀 믿지 않았다. "저 사람은 절대 연못 속에 있을 작은 인물이 아닌 걸? 꼭 백룡 한 마리가 물고기로 변장하고 있는 것 같아. 분명히 무언가 꺼리는 게 있으니까 잠시 숨기는 걸 거야."

이후로 그녀는 자주 시녀를 시켜 법장에게 옷이며 음식을 가져다주게 하는 등 관심을 쏟았다. 두 사람은 점점 사이가 가까워졌다. 법장은 그녀가 온화하고 성품이 착한데다 총명하기 이를 데 없자 조심스레 자신의 신분을 털어놓았다. 그리고 태사의 딸과 평생 함께 하겠다는 은밀한 약속도 했다. 하지만 집안 식구 중에 어떤 이도 두 사람의 관계를 알지 못했다.

얼마 후 전단田單이 병사를 일으켜 연나라 군을 몰아내고 제나라의 잃어버린 땅을 수복했다. 그리고 법장이 거주에 몸을 숨기고 있다는 소문을 듣고는 그를 임치臨淄로 모셔와 즉위시키니 그가 바로 제양왕襄王이다. 법장은 즉위 후 거주에서 태사의 딸을 불러와 왕후로 맞았다. 그녀가 바로 군왕후君王后이다.

부인도 잃고 병사도 잃고

賠了夫人 又折兵(배료부인 우절병)

주유가 급히 배에서 내리니 강둑에 있던 군사들이 한 목소리로 크게 외쳤다. **"주유 선생의 묘책은 천하를 평안케 합니다. 손 부인을 잃어버리고 또 군사까지 잃으셨군요!"**

유비와 손권의 여동생 손상춘은 결혼한 후 계속 동오에 머물렀다. 이 상황을 지켜보던 조운은 동오로 오기 전에 제갈량이 준 계책에 따라 짐짓 대경실색한 모습으로 유비를 찾아가 말했다. "오늘 아침 군사께서 급히 전갈을 보내셨습니다. 조조가 적벽의 원한을 갚으려고 정예 부대 50만을 이끌고 형주로 달려오고 있다고 합니다. 주공, 속히 돌아가셔야 합니다!"

그 말을 진짜로 믿은 유비는 다급히 손 부인과 함께 동오를 빠져

나갈 궁리를 했다. 그런데 손 부인은 예상외로 자기가 어떻게 처신해야 하는지 잘 아는 여인이었다. 그녀는 유비와 함께 형주로 가고 싶어 했다. 이 소식을 들은 주유가 서둘러 군사를 풀어 쫓아오자 유비는 매우 당황하며 마차 앞에 타고 있던 손 부인에게로 가 눈물을 흘리면서 그 사실을 고했다. 이에 손 부인은 얼른 마차의 발을 걷어 올리고 쫓아온 군사들을 책망했다. "너희는 군란이라도 일으키려는 것이냐? 유공은 내 남편이다. 내 어머니와 오라버니도 내가 형주로 돌아가야 하는 줄 알고 있다. 아니면 설마 너희가 내 재물을 빼앗으려는 것이냐!" 손 부인은 한편으로는 주유에게 크게 성을 내면서 한편으로는 하인에게 마차를 앞으로 밀게 했다. 그렇게 오 리를 가자 손권이 보낸 또 다른 장수와 병사들이 도착했다. 손 부인은 이번에는 유비를 먼저 보내고 자신은 조운과 함께 뒤를 막고 섰다. 그리고 가까이 오는 자들에게 큰 소리로 외치며 위협했다. "너희는 일부러 우리 오누이지간을 갈라놓으려고 온 것이지? 나는 어머니의 뜻을 받들어 형주로 돌아가는 것이니 설령 오라버니가 오신다 하더라도 예의를 갖춰 나를 배웅하는 것이 도리다. 지금 너희가 설마 나를 해치겠다는 것이냐?" 이렇게 엄포를 놓으니 뒤쫓아 온 장수들은 할 말이 없었다. 이미 유비가 자리를 뜬 마당이니 그저 눈에 쌍심지를 켜고 조운만 노려보다가 결국은 속수무책으로 군영에 돌아가 보고나 해야 할 처지였다.

한편 제갈량은 이미 손수 배를 타고 오의 변경에 도착해 유비를 마중 나와 있었다. 그는 얼른 유비와 손 부인을 배에 태우고 형주로 향했다. 그 뒤를 주유가 또다시 병사를 이끌고 추격해 왔지만 이번에는 제갈량의 복병에 패하고 말았다. 촉의 군사들은 입을 모아 한 목소리로 크게 외쳤다. "주유 선생의 묘책은 천하를 평안케 합니다. 손 부인을 잃어버리고 병사까지 잃으셨군요."

지혜가 꼬리를 무는 역사 이야기

동진 말년에 유주 도독 왕준王浚이 모반을 일으켜 황좌를 빼앗으려 했다. 이 소식을 들은 명장 석륵石勒은 당장 나서서 왕준의 부대를 격퇴하고 싶었다. 하지만 왕준의 세력은 매우 커서 한 번에 승리를 거두기는 어려울 것 같다는 걱정이 앞섰다.

그리하여 그는 왕준의 경계심을 푸는 작전을 쓰기로 했다. 우선 그는 자신의 문객인 왕자춘王者春에게 자기 대신 왕준을 찾아가 많은 보물을 바치게 했다. 그리고 왕준을 천자로 모시고 싶다는 뜻을 편지에 써서 그에게 전달했다. 그 편지에는 "지금 나라가 쇠하고 중원에는 주인이 없으니 오직 공만이 천하를 호령하시며 황제라 칭할 자격이 있습니다."라고 적었다. 한편 왕준 휘하에 유통游統이라는 부하가 있었다. 왕준에게 반란을 일으키려고 계획하던 그는 든든한 배경을 얻기 위해 석륵을 만나고 싶어 했다. 그러나 석륵은 가차 없이 유통의 목을 베어 왕준에게 보냈고 왕준은 이 일로 석륵에게 완전히 마음을 열게 되었다.

314년, 석륵은 유주에 심각한 수해가 발생해 백성이 먹을 양식이 없어 고생하는데도 왕준이 백성은 죽건 살건 상관없이 여러 잡세를 부과해 원성이 들끓는다는 정보를 탐지했다. 이번에는 석륵 자신이 직접 부대를 이끌고 유주를 치기로 결심했다.

황제가 되고 싶은 마음이 간절했던 왕준은 드디어 석륵이 자신을 찾아와 황제로 세우는 줄로만 알고 부하들에게 석륵의 길을 막지 말라고 명을 내렸다. 그래서 석륵은 왕준 군대의 환호성 속에 유주성 아래까지 도착했다. 성문이 열리자 석륵은 왕준이 복병을 숨겨 두었을 것을 방지하고자 미리 데려간 소와 양 수천 마리를 먼저 성문 안으로 몰아 들여보냈다. 말로는 왕준께 드리는 예물이라고 했지만 실제로는 소와 양으로 성내의 크고 작은 골목들을 샅샅이 막으려는 계책이었다. 그제야 뭔가 이상한 낌새를 눈치 챈 왕준은 안절부절못하며 두려워하기 시작했다.

석륵의 군대는 곧 유주성에 들어와 성내 중요한 곳들을 모두 점령했다. 그러자 왕준의 좌우 신하들이 석륵에게 대항하자고 요청했으나 그는 여전히 황제가 될 거라는 환상에만 빠져 다시 한 번 부하들에게 대항하지 말라고 엄명을 내렸다. 그러나 왕준은 석륵이 부하들을 데리고 궁궐 내실까지 쳐들어오자 결국은 환상에서 깨어났다. 하지만 이미 때는 늦었다. 그가 도망칠 수 있는 곳은 아무 곳도 없었다. 마침내 붙잡힌 왕준은 이건 모반이라며 고래고래 소리를 지르고 욕을 해댔다. 그러나 석륵은 조금도 당황하지 않고 왕준이 스스로 황제라 칭한 점을 책망하며 그가 유주에서 행한 죄악을 열거했다. 이에 왕준은 반박할 말이 없었다. 결국 황제가 되고 싶었던 꿈은 물거품이 되었고 그는 석륵에게 붙들려서 양襄나라에 돌아가 참수형에 처해졌다. 부인도 잃고 병사도 잃은 셈이었다.

주유를 낳으시고
어찌 제갈량을 또 낳으셨습니까

既生瑜 何生亮(기생유 하생량)

주유는 말을 마치더니 정신을 잃고 말았다. 잠시 후 다시 깨어난 그는 하늘을 우러러 길게 탄식하며 외쳤다. **"주유를 낳으셨으면서 어찌 제갈량을 또 낳으셨습니까!"** 그렇게 몇 번 고함을 친 후 숨이 끊어졌다.

동오의 대도독 주유는 병법에 정통하고 재주와 지혜가 뛰어났지만 도량이 작고 다른 사람들을 포용하지 못하는 단점이 있었다.

오나라와 촉나라가 연합해 조조에게 대항했을 때 그는 제갈량과 함께 큰 계략을 모의하는 한편으로 시시때때로 기회를 보아 제갈량을 해치려 했다. 물론 그는 번번이 제갈량의 꾀에 지고 말았다. 그는 그럴 때마다 화를 내고 또 화를 내다가 결국은 화병으로 죽고 말았다.

주유는 과거 남군南郡을 공격하다가 독화살에 맞은 적이 있다.

그런데 제갈량이 갖가지 계략을 써 남군과 형주, 양양 등을 선점하자 너무 화를 낸 나머지 그만 화살에 맞은 그 상처가 터져 재발했다. 반나절이나 정신을 잃었던 그는 다시 깨어나자마자 이를 악물고 결심했다. "내가 제갈량 이 촌놈을 죽이지 않으면 이 가슴 속에 끓어오르는 화를 어찌 잠재울 수 있으랴!" 얼마 후 제갈량이 계략을 써서 다시 한 번 주유를 물리쳤다. 안 그래도 제갈량에 대한 원한으로 이를 갈던 주유는 이 일로 또 큰 충격을 받았다. 재발한 후 상처가 채 아물지도 않았는데 상처가 다시 터지자 주유는 또다시 정신을 잃고 쓰러졌다. 하지만 그는 절대로 포기하지 않았다. 한 가지 계략이 실패하면 또 다른 계략으로 계속해서 도전했다. 그가 최후에 쓴 계략은 '서천西川을 치는 척 하면서 실제로는 형주를 취하는 계략'이었다. 하지만 안타깝게도 이 계략 역시 제갈량의 눈은 속일 수 없었고 주유는 또 실패하고 말았다. 게다가 하마터면 제갈량에게 붙잡힐 뻔하기까지 했다. 주유는 마지막 남아 있던 자존심마저 다 구겨져 버렸다. 이제는 세상 사람들과 강동의 부형들을 다시 뵐 면목도 그렇게 할 용기도 없었다. 가슴은 분노로 터질 것 같았다. 치밀어 오르는 울화통에 말 위에서 큰 소리로 부르짖던 주유는 상처가 다시 터져 혼절한 채 말 등에서 굴러 떨어져 버렸다.

그가 정신을 차린 지 여러 날이 되었는데도 병세는 점점 더 심각해지기만 했다. 그는 하늘을 우러러 장탄식을 하며 외쳤다. "주유를 낳으셨으면서 어찌 제갈량을 또 낳으셨습니까!" 그렇게 몇 번 고함을 치더니 곧 숨이 끊어지고 말았다. 그의 나이 36세였다.

제갈량은 주유가 죽었다는 소식을 듣고 오나라에 조문하러 가기로 결심했다. 유비는 제갈량이 공격당할 것을 걱정한 나머지 조운과 군사 500명을 함께 보내 그를 보호하도록 했다. 오에 도착한 제갈량은 주유의 영구 앞에 손수 술을 한 잔 따라 놓고 땅에 무릎을 꿇고 앉아 제문을 읽어 내려갔다. 그의 눈에서는 눈물이 폭포수처럼 흘러내렸다. 그의 가슴은 진실로 서글프고 아파서 터질 지경이었다. 오의 모든 장군은 제갈량의 이런 모습에 크게 감동했다.

노숙은 제갈량이 이렇게 비통해하는 것을 보며 혼잣말을 중얼거렸다. "주유는 도량이 너무 작아서 멸망을 자초한 게야."

지혜가 꼬리를 무는 역사 이야기

금나라의 올술은 금 태조 완안아골타完顔阿骨打의 네 번째 아들로 송나라와 금나라가 첨예하게 대치하던 때 아주 유명했던 대장이다.

1129년 올술은 군대를 거느리고 남하해 5월에 양주를 공격하고 이어서 신속히 군대를 이끌고 강절江浙로 향해 화주和州에서 송나라 군을 대파했다. 그가 장강을 건너 건강성으로 달려와 위협하자 송 고종 조구趙構는 항주로 도망쳐 버렸다. 올술은 천혜의 요새 독송령獨松嶺을 넘어 항주까지 진격했다. 결국 조구는 월주越州로 도망해야 했다. 올술은 선봉장 아리阿里와 포로혼浦盧渾에게 경기병 4천을 이끌고 이를 습격토록 명령하고 자신은 교묘히 조아강曹娥江을 건너 송나라의 장군 장준張俊을 크게 무찌르고 명주明州를 공격해 얻었다. 다급해진 조구는 급기야 배를 타고 바다로 도망쳤다. 금나라 군대도 바다로 나가 300여 리를 쫓았지만 추격하기가 어려워져 병사를 거둘 수밖에 없었다. 이때 금의 올술은 병사를 이끌고 남쪽으로 정벌 전쟁을 떠났다. 하지만, 그가 싸웠다하면 승리하고 드넓은 영토를 얻게되리라는 것은 당시에 누구도 예측하지 못했었다. 금의 올술은 이 전쟁으로 대번에 유명해졌다.

그러나 1139년 여름, 금의 올술은 소흥紹興 화약을 깨뜨리고 다시금 송나라와 대규모 전쟁을 벌이는데 그는 여기에서 악비를 만났다. 악비는 친히 경기병 한 부대를 이끌고 하남 언성郾城에 주둔하며 올술의 정예기병 1만 5천 명과 격전을 벌였다. 금의 군대가 산이 엎어지고 바다가 무너지는 듯한 기세로 달려들었음에도 악비 군대는 전혀 흔들리지 않았다. 악비는 직접 적진으로 돌격해 금나라 군의 '철부도鐵浮圖'와 '괴자마拐子馬'를 크게 깨뜨리며 올술에게 커다란 패배를 안겼다. 이때 악비의 부장 양재흥楊再興은 단신으로 적진에 뛰어들어 올술을 생포하려 했으나 안타깝게도 올솔을 찾지 못했다. 그런 와중에 몸에 상처를 수십 군데 입었지만 홀로 적군 수백을 죽이며 고군분투한 양재흥의 모습은 송나라 군의 사기를 크게 북돋웠다.

이렇게 언성에서 큰 승리를 얻은 악비는 승기를 잡아 주선진朱仙鎭으로 진군했다. 주선진은 금나라군의 대군영이 자리 잡은 변경汴京

에서 겨우 40여 리 떨어진 곳이었다. 그동안 전력을 추스른 올술은 이 곳에 10만 대군을 집결시켜 놓고 전 병력을 총동원해 악비에게 대항했지만 또 패배하고 말았다. 악비는 이 기회를 놓치지 않고 계속 금나라 군을 추격해 한달음에 영창穎昌·채주蔡州·진주·정주鄭州·언성·주선진을 회복하고 수많은 금나라 군 병사들의 목숨을 빼앗았다.

지금까지 계속 큰 승리를 거두었던 올술이 이번에는 연전연패를 맛보았다. 그러니 악비는 그에게 천적이라 할 만했다. 그는 "주유를 낳으셨으면서 어찌 제갈량을 또 낳으셨습니까?"하는 분한 심정을 안고 개봉에서 야반도주해야 했다.

그때그때 처한 뜻밖의 일을 재빨리 알맞게 대처한다

隨機應變(수기응변)

이에 손권이 물었다. **"선생께서는 평생 무엇을 위주로 공부하셨습니까?"**
방통이 대답했다. **"저는 어떤 한 가지에 구애됨 없이 임기응변을 합니다."**

주유가 죽자 노숙은 손권에게 또 다른 인재 하나를 추천했다. "저는 본래 별 볼일 없는 용재庸才로 주유에게 크게 추천받았을 뿐이지 사실 제 맡은 직임에 걸맞지 않은 사람입니다. 그래서 제가 주공을 잘 도울 만한 사람을 한 명 추천하려 합니다. 이 사람은 위로는 천문을 알고 아래로는 지리를 알며, 모략은 관중이나 악의에 뒤지지 않고 걸출함은 손자나 오자서에 견주어도 손색이 없습니다. 과거 주유는 그가 했던 말을 주로 인용했고 공명 역시 그 지략에 깊이 탄복했습니다. 이런 사람이 바로 강남에 있는데 주공께서는 어찌 중용하지 않으십니

까?" 손권은 그의 이야기에 매우 기뻐하며 그 사람의 이름을 물었다. 노숙이 말했다. "이 사람은 양양사람으로 성은 방龐이고 이름은 통統이라 합니다. 자는 사원士元이며 도호는 봉추 선생鳳雛先生입니다." 손권도 봉추 선생의 명성은 익히 들어 알았기에 곧 전갈을 보내 방통을 만나보기로 했다.

드디어 방통이 궁에 도착했다. 그런데 손권이 그를 실제 만나보니 눈썹은 숯처럼 굵고 시커먼데 코는 들창코고 얼굴은 검은데다 짧은 구레나룻이 가득해 외모가 영 괴상해보였다. 손권은 그가 썩 마음에 들지 않는 기색으로 물었다. "선생께서는 평생 무엇을 위주로 공부하셨습니까?" 방통이 대답했다. "저는 어떤 한 가지에 구애받지 않고 임기응변을 합니다." 손권이 또 물었다. "선생의 재주와 학문은 주유와 비교할 때 어떻습니까?" 그러자 방통이 웃으며 말했다. "제가 배운 것은 주유가 배운 것과 완전히 다릅니다."

일평생 주유를 가장 훌륭한 사람으로 여겨왔던 손권은 그런 방통의 대답이 경박스럽게 느껴졌고 속으로 자못 불쾌했다. 결국 그를 쓰지 않기로 결정했다. 곁에서 노숙이 안타까운 마음에 손권에게 마음을 돌릴 것을 권유했지만 손권은 다만 이렇게 대답했다. "미친 서생일 뿐이니 써 봤자 무슨 소용이 있겠습니까!"

그리하여 노숙은 방통에게 유비, 공명에게 보내는 추천서 한 통을 써 주며 그가 형주에 가서 일할 수 있도록 도와주었다. 또한 편지에서 유비와 손권 두 세력이 조조를 없애는 데 힘을 모을 수 있기를 희망했다. 방통은 이렇게 해서 유비를 만나기 위해 형주를 찾게 되었다.

지혜가 꼬리를 무는 역사 이야기

남북조 시기, 동위東魏의 승상 고환高歡은 친히 부대를 이끌고 자업성自鄴城(지금의 허베이성 린짱臨漳의 서남쪽)에서 출발해 서위西魏를 공격했다. 동위 군은 옥벽玉壁을 포위하고 밤낮을 가리지 않으며 성을 공격했다. 이에 옥벽을 지키는 서위의 병주 자사 위효관韋孝寬은 임기응변으로 온힘을 다해 적군에 대항했다. 동위 군이 성 남쪽에 토산을 쌓아 높은 위치에서 성을 공격하려고 하면 위효관은 나무를 묶어 성루를 더 높이 만들고 동위 군이 작전을 마음대로 펼 수 없도록 훼방했다. 동위 군이 다시 전술을 바꿔 지하도를 10개쯤 파고 병력을 집중해 성 북쪽을 공격하려고 하면 위효관은 성 안쪽에서 긴 도랑을 파 지하도의 예상 진로를 끊고 병사를 주둔시켜 그곳까지 지하도를 파 들어온 동위 군을 바로바로 붙잡아 죽였다. 또 미리 구덩이 밖에 땔감들을 쌓아놓고 불씨를 준비해 놨다가 동위 군이 지하도에 잠복해 있는 것을 보면 바로 지하도에 땔감을 던지고 불씨를 날려 보냈으며 거기에다 소가죽 주머니 풀무로 바람을 불어넣기까지 했다. 그러면 지하도에 불길이 더 맹렬하게 일고 연기가 자욱해져 동위의 군사들은 속수무책으로 시커멓게 타죽었다.

동위 군은 또 공차功車(전문적으로 성벽을 무너뜨리는 데 사용되던 수레)

를 이용해 성벽을 무너뜨리려 했다. 그러자 위효관은 천으로 커다란 장막을 만들어서 원하는 방향으로 장막을 펼치며 적군의 공격을 막았다. 공차가 직접 부딪치며 공격을 해와도 장막으로 막으면 장막이 그 탄력을 다 흡수해 성벽은 충격을 받지 않았다. 동위 군은 또 바짝 마른 소나무 가지와 삼 줄기를 긴 막대기에 매달아서 기름에 적시고 불을 붙인 후 막대기를 휘둘러 장막과 옥벽의 성루를 불태워 버리려 했다. 그것을 본 위효관은 아주 날카로운 갈고리 칼을 준비해서 긴 막대기에 불붙은 가지를 묶은 줄을 잘라내 막 불타오르는 소나무 가지와 삼 줄기를 전부 공중으로 흩뿌렸다. 그러자 동위 군은 지하도의 쓰임새를 바꾸기로 했다. 성의 사방에 지하도 12개를 더 파고, 빈 공간은 나무 기둥으로 지지했다. 나무 기둥에 일제히 불을 붙여 기둥이 부러지면 지하도가 무너짐과 동시에 성벽도 함께 허물어뜨릴 수 있었기 때문이었다. 그러나 위효관은 임기응변을 발휘해 성벽이 무너진 곳마다 나무 울타리를 쳐서 동위 군이 성 안으로 들어올 수 없도록 막았다.

고환은 아무리 성을 공략해도 함락시킬 수 없자 결국 사자를 보내 항복을 권유했다. 하지만 그렇다고 해서 순순히 따를 위효관이 아니었다. 위효관이 단칼에 항복을 거절하자 고환은 대군을 몰아쳐 50일 동안 성을 공격하며 모두 7만여 명이나 희생당하는 혈전을 치렀다. 그럼에도 여전히 옥벽을 함락시킬 수 없었다. 고환은 너무 화가 나고 분통이 터진 나머지 고질병이 재발했고 결국은 옥벽을 둘러싸고 있던 대군을 모두 철수시키고 돌아갈 수밖에 없었다.

웃통을 벗어 붙이고 싸우다

赤膊上陣(적박상진)

허저는 순간 성질이 불같이 일어나 날듯이 말을 타고 군영으로 돌아와 투구와 갑옷을 벗어던졌다. 그의 온몸에서 근육이 불끈불끈 솟아올랐다. 그는 웃통을 벗어 붙이고 칼을 든 채 말을 타고 마초와 결전을 벌이러 달려 나갔다.

마초馬超와 한수韓遂는 군대를 이끌고 장안과 동관을 정벌하자 조조는 친히 그들에 맞섰다. 마초가 진영 앞으로 나서서는 조조 군을 향해 나와서 싸우자고 외쳤다. 이에 조조는 병영의 깃발 아래 모든 장군을 소집한 후 입을 열었다. "마초의 용맹스러움은 여포에 버금가오!"

조조의 말이 다 끝나기도 전에 허저가 말에 올라타더니 냅다 달려 나가 칼을 휘둘렀다. 마초가 그를 맞았고 쌍방은 100합을 싸웠는데도 승부가 갈리지 않았다. 그들은 말이 지친 것을 보고는 각자 군영으로 돌아가 말을 바꿔 타고 나와서 또 100합을 싸웠다. 그러나 승부는 나지 않았다.

허저는 순간 성질이 불같이 일어나 날듯이 말을 타고 군영에 돌아와 투구와 갑옷을 벗어던졌다. 그의 온몸에서 근육이 불끈불끈 솟아올랐다. 그는 마초와 결전을 벌이러 달려 나갔다. 허저가 칼을 들고 마초를 베러 달려들자 마초는 얼른 피하며 허저의 명치를 노리고서 있는 힘껏 창을 날렸다. 허저는 순간 자신의 칼을 버리고 쏜살같이 날아오는 창을 붙들었다. 이렇게 두 사람은 말 위에서 서로 창 한쪽씩을 붙잡고 힘겨루기를 시작했다. 하지만 허저는 다른 장사와는 비할 수가 없을 만큼 힘이 셌다. 곧 '우지끈!'하는 소리가 들리며 창 자루가 부러져 버렸다. 그러자 두 사람은 각각 반쪽짜리 창 자루를 들고 서로 계속해서 상대를 사정없이 때렸다.

허저가 실수를 할까 걱정이 된 조조는 하후연夏候淵과 조홍에게 명해 협공하도록 했다. 마초의 진영에서도 방덕龐德과 마대馬岱가 험악한 기세로 달려 나왔다. 결국 허저는 팔뚝에 화살 두 대를 맞는 부상을 입었고 조조는 군사를 반이나 잃고 돌아가야 했다. 한편 마초는 진영으로 돌아온 후에도 여전히 두려움이 가시지 않은 기색으로 말했다.

"지금까지 허저처럼 죽기 살기로 달려드는 사람은 처음 봤네. 진짜 호치虎痴(무지막지하게 용감한 사람)가 따로 없어."

전국 시대 진秦과 조趙 두 나라는 주도권을 잡기 위해 단하丹河 상류(지금의 산시 까오핑高平 지역 내) 지역에서 일대 전쟁을 벌였다. 삼 년 동안 계속된 전쟁 끝에 진나라 군은 마침내 조나라의 공창령空倉嶺과 광랑성光狼城을 함락시켰다. 그러자 염파廉頗는 조나라 군대를 이끌고 단하 동쪽으로 퇴각해 굳게 성을 방어했다. 진나라 군은 여기에서 오랫동안 성을 함락시키지 못하자 이중간첩 작전을 사용하기로 했다. 그런 한편 조 왕은 노장 염파를 전장에 불러 놓고도 정작 주장 자리에는 싸움 대신 말만 잘하는 조괄을 임명했다.

기원전 260년 여름 조괄趙括은 장평長平 전방에 배치된 조나라 군 40여 만 명을 인계받았다. 진나라 또한 비밀리에 무안군武安君 백기白起를 장평에 보내 왕흘王齕 대신 진나라 군을 지휘하게 했다. 장평에 도착한 조괄은 전략을 수정하고 대대적으로 공격을 감행했다. 그러나 조군은 진나라 군이 미리 계획해 놓은 포위망에 걸려들고 말았다. 이리하여 그들은 장평 내에 길이가 약 25리, 75리 정도 되는 범위의 지역에 꼼짝없이 갇히게 되었다.

무려 40일간을 옴짝달싹 못하며 갇혀 지내는 동안 군사들은 지치고 양식은 떨어졌다. 그래서 조괄은 포위망을 뚫으려 시도했지만 모두 무위로 돌아갔다. 결국 조괄은 정예부대 하나를 이끌고 무대포로 포위망을 돌파하려다가 진나라 군에 사살당하고 말았다.

주장을 잃자 극도로 지치고 배고팠던 수십만 조나라 군사는 전군이 무력하게 진나라에 항복했다. 백기는 항복한 조나라 군사 가운데 신체가 건강한 병사들은 가려 뽑아 진나라로 끌고 가고 나이가 많거나 혹은 어린 사람, 몸이 약하거나 부상당한 사람은 다시 조나라로 돌려보내 주겠다고 약속했다. 그러나 실제로는 몸이 약한 조나라 포로 40만 명을 전부 산 채로 묻어 죽여 버렸고 젊고 건강한 조나라 군사 240명만 조나라로 돌려보냈다.

한 번 본 것은 잊지 않는다

過目不忘(과목불망)

마침내 『맹덕신서孟德新書』를 처음부터 끝까지 외웠다. 게다가 한 글자도 빠지거나 틀림이 없었다. 양수는 깜짝 놀라며 말했다. **"공은 한 번 본 것은 잊지 않으시는구려. 정말로 천하의 기재이십니다."**

유장은 장송張松을 사절로 파견해 허도의 조조를 알현했다.

하지만 장송은 허도에 도착해 삼 일을 기다리고나서야 겨우 자기 이름만 보고할 수 있었고 조조 관저의 좌우 신하들에게 선물을 보낸 다음에야 비로소 관저 안에 발을 디딜 수 있었다. 상석에 앉은 조조가 우쭐대며 말했다. "자네의 주공 유장은 해마다 공물을 바치지 않으니 이는 무슨 연유인고?" 장송이 대답했다. "길이 험난하고 도적들의 출몰이 빈번해 보낼 수가 없사옵니다." 그러자 조조가 말했다. "중원은 벌써 내가 다 평정했는데 무슨 도적이 있단 말인가?" 이에 장송이 대답했다. "남에는 손권, 북에는 장로, 서에는 유비가 버티고 있는데 공께서는 어찌 중원을 다 평정했다고 하십니까?"

처음부터 평범한 장송의 용모에 혐오감을 느끼던 조조는 더욱이 그가 계속 자기 말을 받아치기까지 하자 더 기분이 나빠져서 그만 소매를 털고 일어나 뒤채로 들어가 버렸다. 이때 곁에서 양수楊修라는 조조 문하의 창고 관리인이 그들을 지켜보고 있었다. 양수는 장송이 승상에게 불손한 태도를 보이자 조조가 편찬한 『맹덕신서』를 가져다 그에게 보여 주었다. 조조가 병법에 관해 기술한 책이었다. 장송은 전부 13편으로 된 글을 처음부터 끝까지 한 번 쭉 훑어보았다.

장송이 마지막 책장을 덮으며 양수에게 말했다. "여기에 나오는 내용은 우리 서천의 꼬마들도 다 외우고 다닙니다. 그런데 어찌 이러한 것을 신서라고 할 수 있습니까? 이 책은 전국 시대 무명씨가 쓴 것입니다. 조 승상께서 다른 사람이 쓴 병법을 아무리 교묘하게 표절한다 한들 세상 사람들 눈을 속일 순 없습니다. 그저 당신들 같은 사람이나 속을 뿐이지요."

양수가 말했다. "이건 조 승상께서 쓴 책이 맞고 아직 세상에 전하지도 않았는데 어찌 서천의 꼬마들이 외운다는 겁니까? 나는 당신이 하는 거짓말은 못 믿겠소."

장송은 양수가 믿지 않자 바로 그 자리에서 『맹덕신서』를 처음부터 끝까지 한 글자도 빠짐없이 읊었다. 그러자 양수가 깜짝 놀라 눈을 동그랗게 뜨고 말했다. "공은 한 번 본 것은 잊지 않는 지혜가 있으시구려. 정말로 천하의 기재요."

지혜가 꼬리를 무는 역사 이야기

동한 시기 여남汝南(지금의 허난河南)에 응봉應奉이라 불리는 사람이 있었는데 나이는 어리지만 배우기를 좋아해 박학다식했다. 특히 기억력이 아주 좋아서 한 번 읽은 책이나 만났던 사람, 한 번 겪은 일에 대해서는 하나도 잊어버리지 않고 마치 눈앞에서 보는 듯 확실하게 기억했다.

그는 20살이 되던 해에 팽성의 원하袁賀라 불리는 지방관을 만나러 간 적이 한 번 있었다. 응봉이 겨우겨우 원하의 집 앞에 도착했지만 원하는 집에 없고 대문은 굳게 잠겨 있었다. 응봉이 매우 안타까워하며 막 돌아서서 떠나려는 찰나 갑자기 대문이 살짝 열렸다. 문 틈 사이로 원씨 집에서 마차를 만드는 목공이 얼굴을 반쪽만 내밀고는 원하가 출타 중이라는 한두 마디 말만 전하고 바로 문을 닫아버렸다.

그 일이 있은 지 몇십 년이 지났을 때 응봉은 우연히 길에서 그 목공을 만났다. 바로 그의 얼굴을 알아차린 응봉은 먼저 인사를 했다. 그러나 목공은 그를 완전히 잊어버린 지 이미 오래여서 아무리 응봉의 얼굴을 들여다봐도 누군지 기억해 내지 못했다. 목공이 의아한 듯 물었다. "우리는 만난 적이 없는데 어떻게 날 알아보는 게요?"

그러자 응봉이 웃으며 말했다. “왜 만난 적이 없습니까? 얼굴 반쪽만 봤을 뿐이지 분명히 전에 만났습니다.” 목공의 입에서는 그제야 감탄의 말이 터져 나왔다. “기억력이 정말 대단하시군요. 몇십 년 전에 얼굴 반쪽만 본 걸 아직도 기억하다니 정말 대단합니다! 대단해요!”

부드러움으로 강함을 이긴다

柔能克剛(유능극강)

황권黃權이 말했다. "저는 전부터 유비가 관용으로 사람을 대하고 부드러움으로 강함을 이기며 그 사람보다 더 영웅다운 사람은 없다는 걸 알고 있었습니다. 그는 멀리는 인심을 얻고 가깝게는 백성의 명망을 얻고 있습니다. 거기에다 제갈량과 방통의 지혜를 가지고 있으며 관우·장비·조운·황충·위연을 날개로 두고 있습니다."

유비와 만나본 장송은 서천으로 돌아가 유장을 만나 일렀다. "조조는 한나라의 역적입니다. 예전부터 천하를 찬탈하려고 서천을 노렸습니다. 제게 장로·조조가 감히 함부로 서천을 취하지 못하게 할 계책이 하나 있습니다."

유장이 그것이 무엇이냐고 묻자 장송은 이렇게 말했다. "형주의 유 황숙은 주공과 같은 종친이고 인자하고 후덕하며 연장자다운 기품이 있습니다. 적벽대전 후 조조는 지금껏 그 이야기만 들어도 간담이 서늘해진다 하는데, 하물며 장로야 어떻겠습니까? 주공께서는 어찌 하시어 사자를 보내 유 황숙과 좋은 관계를 맺지 않으십니까? 유비가 밖에서 도와주기만 하면 조조와 장로에게 충분히 대항할 수 있을 것이옵니다."

유장이 말했다. "나도 그런 마음은 있지만 도대체 누구를 사자로 보낸단 말인가?" 그러자 장송이 말했다. "법정法正과 맹달孟達을 보내시면 될 것 같습니다." 이에 유장은 유비에게 보내는 편지를 한 통 쓰고 법정을 사자로 삼아 먼저 형주에 보낸 뒤 맹달에게는 정병 5천 명을 이끌고 변경으로 가 서천으로 오는 현덕을 영접하게 했다.

이 일을 막 상의하고 있을 때, 황권이 안으로 들어오더니 큰 소리로 외쳤다. "주공께서 장송의 말을 들었다가는 서천의 41개 군이 전부 다른 사람의 손으로 넘어가고 말 것입니다." 유장이 깜짝 놀라 물었다. "현덕과 나는 종친간이니 그와 우호 관계를 맺으려 하는 것인데 어찌 그런 말씀을 하시오?" 황권이 말했다. "저는 전부터 유비가 관용으로 사람을 대하고 부드러움으로 강함을 이겨 그 사람보다 영웅다운 사람은 없다는 걸 알고 있습니다. 그는 멀리로는 인심을 얻고 가깝게는 백성의 명망을 얻고 있습니다. 거기에다 제갈량과 방통 같은 모사들이 있고 관우·장비·조운·황충·위연을 날개로 두고 있습니다. 이런 사람을 촉으로 끌어들여 부하로 대한다면, 유비가 순순히 아랫 사람 노릇을 하겠습니까? 하지만 그렇다고 해서 유비를 윗사람으로 대한다면 한 나라 안에서 두 주인을 모시는 꼴이 될 것입니다. 오늘 주공께서 소신의 말을 귀담아 들으시면 서촉은 태산과 같이 안정될 것입니다. 그러나 소신의 말을 듣지 않으신다면 주공은 알을 쌓아 놓은 듯한 위험을 맞으실 것입니다!"

그러나 이미 마음이 기운 유장은 황권의 말을 듣지 않았다. 그러자 왕루王累도 나서서 유비와 연합하는 것을 적극적으로 반대했다. 그러나 유장은 그의 간언도 듣지 않고 자기 고집대로 법정을 보내 형주에 있던 유비를 불러들였다.

지혜가 꼬리를 무는 역사 이야기

서진西晉 영가永嘉 4년(310년)에 유연劉淵이 병으로 죽자 둘째 아들 유총劉聰이 큰형을 죽이고 스스로 황제 자리에 올라 조趙나라를 세웠다. 유총의 본부인인 유려화劉麗華는 품행이 단정하고 성격이 부드러우며 단아한 기품이 있었다. 그가 즉위하던 해, 유총이 유려화에게 봉의전鳳儀殿을 지어 주려 했으나 정위廷尉 진원달陳元達이 목숨을 걸고 반대하는 바람에 계획은 무산되고 말았다. 그래서 앙심을 품은 유총은 진원달과 그의 아내, 아들을 전부 동시東市로 압송해 사람들 앞에서 참수하라고 명령했다.

한편 유려화는 뒤늦게 이 소식을 전해 듣고 중상시 두 명을 먼저 보내 무사들에게 잠시 동안 형 집행을 미루도록 조치한 뒤 급히 유총에게 상주문을 올렸다.

그녀는 상주문에 이렇게 썼다. "폐하께서 신첩을 위해 궁전을 지어 주려 하셨다는 이야기를 듣고 신첩은 매우 감격했습니다. 그러나 사실 신첩은 궁궐이라면 소덕전昭德殿만으로도 족합니다. 폐하께서 아직 강산을 다 통일하지 않으셨는데 이렇게 큰 토목 공사를 일으키는 것은 시기가 적절하지 않다고 여겨집니다. 오늘 진원달이 올린 권고는 매우 합당한 말이었습니다. 신첩은 폐하께서 고대의 현명한 군주들이 신하들의 간언을 귀담아들었던 미덕을 본받으시길 바랄 뿐입니다. 진원달은 죽이지 말아야 할 뿐만 아니라 오히려 작위와 봉지를 상으로 내려야 마땅합니다. 오늘 폐하께서 기분이 상하신 것은 전부 신첩으로 말미암아 일어난 일이옵니다. 그런데 폐하께서 애꿎은 진원달을 죽이셔서 후세에 충언을 거절하고 충신을 살해한 왕이라 평가받으신다면 이는 모두 신첩의 책임으로 남게 될 것입니다. 과거에 나라가 망하고 백성이 망하는 일은 항상 여자에게서 비롯되었습니다. 때문에 신첩은 항상 사서의 기록을 볼 때마다 몹시 민망했는데 오늘 같은 일이 저에게도 일어나리라고는 생각조차 하지 못했습니다. 후대 사람들이 저를 평가하는 것 역시 지금 제가 과거의 여인들을 평가하는 것과 같지 않겠습니까? 그런 연유로 폐하께서 사려 깊게 생각하지 못해 잘못을 범하셨다면 신첩은 죽음을 각오하고서라도 반드시 바로잡으시라 만류하고 싶습니다."

이것이야말로 부드러움으로 강함을 이길 수 있는 간언이었다. 유총은 상주문을 보고 크게 놀라 곧바로 자신의 잘못을 뉘우쳤다고 한다.

아들을 낳으려면 손권 같은 아들을 낳아야 한다

生子當如孫仲謀(생자당여손중모)

조조가 백여 명을 이끌고 산등성이를 올라 저 멀리 동오의 전함을 바라보니 각기 대오를 맞춰 순서 정연하게 배열해 있었다. 또한 기는 오색으로 나뉘고 병기들은 선명했다. 그리고 정중앙의 커다란 군함 안에는 파란 비단 우산이 펼쳐져 그 아래에 손권이 앉아 있었고 그 양옆으로 좌우 문무 대신들이 시립해 있었다. 조조는 말채찍으로 그 군함을 가리키며 말했다. **"아들을 낳으려면 손권 같은 아들을 낳아야지! 유경승의 아들들은 개, 돼지나 마찬가지다!"**

대군을 거느리고 유수濡須에 도착한 조조는 우선 조홍을 보내 철갑마군 3만을 이끌고 강변 주위를 순시하며 파수를 보도록 했다. 곧 정탐꾼이 돌아와 조조에게 보고했다. "강변 일대에 기들이 무수하게

휘날리는데 멀리서만 보니 동오의 군대가 어디에 모여 있는지 종잡을 수가 없습니다."

그리하여 조조는 직접 군사를 이끌고 여수 강가로 가 전열을 벌였다. 그리고 직접 백여 명을 이끌고 산등성이에 올라 멀리 동오의 전함을 바라보았다. 동오의 전함은 각기 대오를 맞춰 순서 정연하게 배열해 있었고 기는 오색으로 나뉘었으며 병기들은 선명했다. 그리고 정중앙의 커다란 군함 안에는 파란 비단 우산이 펼쳐져 그 아래에 손권이 앉아 있었고, 그 양 옆으로 좌우 문무 대신들이 시립해 있었다.

조조는 말채찍으로 그 군함을 가리키며 말했다. "아들을 낳으려면 손권 같은 아들을 낳아야지! 유경승의 두 아들은 개돼지나 마찬가지다!"

그때 갑자기 대포 소리가 울리더니 동오의 군함들이 한꺼번에 날듯이 노를 저어왔다. 또한 여수 둑에서도 한 부대가 나타나더니 조조 군을 향해 맹렬한 기세로 노를 저어왔다. 갑작스럽게 벌어진 상황에 혼비백산한 조조의 병사들이 잇달아 도망쳐 장수들은 계속해서 퇴각하지 말라고 고함을 쳐댔다. 그와 동시에 몇 백이나 되는 기병들이 산 옆에서 튀어나오는 것이 보였는데 제일 선두에서 말을 타고 달려오는 사람은 바로 푸른 눈에 보랏빛 구레나룻이 눈에 띄는 손권이었다. 그가 친히 군마를 이끌고 조조를 공격하러 온 것이었다. 조조는 크게 놀라 얼른 말머리를 돌려 몸을 피했다. 이를 놓치지 않으려 동오의 대장 한당韓當과 주태周泰가 조조를 향해 바로 달려왔다. 그러나 조조

뒤편에 있던 허저가 춤추듯 칼을 휘두르며 말을 내달려 그 두 장수를 막아 주었다. 조조는 그제야 겨우 도망쳐 자기 본영으로 돌아갈 수 있었다.

지혜가 꼬리를 무는 역사 이야기

908년, 후량의 주온朱溫은 로주潞州(현재 산시성 창치長治)에 대군을 파견했다. 그는 성 외곽을 빙 둘러 포위하는 외곽진지를 만들고 그 안에 이극용李克用의 부하 이사소李嗣昭를 몰아넣은 채 일 년을 대치했다. 그동안 이극용은 주덕위周德威에게 연락해 안팎에서 줄기차게 포위를 뚫으려 시도했고 쌍방은 매우 격렬한 전투를 벌였다. 하지만 주덕위도 주온의 군대를 격퇴하진 못했다.

그런데 이런 때에 갑작스럽게 이극용이 죽고 말았다. 주덕위의 지원군이 모두 진양晋陽으로 물러나자 주온은 이제 로주를 함락시키는 건 시간문제라고 여겼다. 그러나 이존욱李存勖이 또 다른 지원군을 이끌고 밤낮을 가리지 않고 달려와 주온의 군대를 기습, 격파하고 로주의 포위망을 풀었다. 게다가 주온 군 진영에서 양식과 군 장비들을 대량으로 탈취해가기까지 했다.

로주의 포위망이 풀린 일은 진주鎭州와 정주定州를 각각 제압하고 있던 왕용王容과 왕처王處의 형세에도 갑작스런 변화를 몰고 왔다. 이존욱은 그들과 동맹을 맺고 함께 후량에 대항하기로 했다. 후량도 하북 지방을 지키려면 다시 전쟁을 치러야 했다. 결국 쌍방은 또다시 백향柏鄕에서 한바탕 혈전을 벌였고, 전쟁이 시작되자 이존욱은 후량군을 성 밖으로 유인했다. 이에 넘어간 후량의 주장 왕경인王景仁은 전 병력을 동원해 그를 뒤쫓았다. 이존욱은 이 기회를 이용해 기병대에게 후량 군을 향해 맹렬히 돌격하도록 했다. 주덕위가 오른 날개를 맡고, 이사원李嗣源은 왼 날개, 이존욱 자신은 기병대대를 맡아 후량 군을 몰아붙였다. 그들의 기세에 후량군은 어느새 투구와 갑옷이 다 떨어지고 대부분 병사가 전사하거나 부상을 입었다. 이 싸움으로 후량군은 하북 지방에서 지배권을 상실하게 되었다.

그 후에 주온의 군대는 이존욱을 몹시 두려워했다. 이름 석 자만 들어도 무서워 벌벌 떨었고 전투가 벌어지면 두 군대가 정식으로 맞붙기 전부터 도망치기에 바빴다. 주온은 자신의 뒤를 이을 사람이 없고 아들 주우정朱友貞 역시 이존욱의 적수가 되지 못하는 것에 안타까워하며 말했다. "예전에 조조는 '아들을 낳으려면 손권 같은 아들을 낳아야 한다'고 했지만 나는 아들을 낳으려면 이존욱 같은 아들을 낳아야 한다고 말하고 싶구나. 내 아들은 이존욱에 비하면 개나 돼지에 지나지 않아."

그의 예상은 적중했다. 주온이 죽은 후, 주우정은 수차례 전투에서 이존욱에게 패해 결국 후량은 이존욱의 손에 멸망당했다.

섶을 지고 불에 뛰어든다

抱薪救火(포신구화)

"지금 군대와 말, 돈과 군량을 구하고 있는데 절대 그것을 주어서는 안 됩니다. 만일 도와줬다가는 나뭇짐을 안고 불에 뛰어드는 격입니다."

유비는 서천에 들어간 후에 조조가 갑자기 40만 대군을 일으켜 손권을 공격했다는 소식을 듣게 되었다. 그는 조조가 손권을 이긴 다음에 군대를 이끌고 형주로 쳐들어올까 두려워 곧 유장에게 편지를 썼다. 정병 수만을 빌려주면 형주로 돌아가 손권과 연합해서 조조와 싸우겠노라는 것이었다. 유장은 유비의 편지를 본 후 사자를 따라 함께 들어온 대장 양회楊懷에게 왜 성도成都에 왔느냐고 물었다. 양회가 대답했다. "그 편지 때문에 왔습니다. 제가 볼 때 사자는 좋은 일로 온 것이 아닌 듯합니다. 유비는 서천에 자리를 잡은 이후 널리 은덕을 베풀어 인심을 얻고 있습니다. 그리고 지금 그는 주공께 군대와 말, 돈과 군량을 구하고 있습니다. 하지만 주공께서는 절대로 도와주셔서는 안 됩니다. 그를 도와주는 것은 나뭇짐을 지고 불에 뛰어드는 격이 될 것입니다." 그러자 유장이 말했다. "나와 유비는 형제지간의 정이 있는데 어찌 돕지 않겠느냐?"

이때 영릉零陵 증양烝陽 사람 유파劉巴가 나서서 유장에게 간언했다. "유비는 당세의 영웅입니다. 그를 내쫓지 않고 서천에 오래 머물게 하는 것은 호랑이를 불러들이는 격이지요. 게다가 지금 군대와 말, 돈과 군량까지 주어 유비를 돕는다면 호랑이에게 날개를 달아 주는 꼴입니다!"

그래도 유장이 계속 주저하며 결정을 내리지 못하자 황권은 또 한 번 나서서 간곡하게 간언했다. 유장은 그제야 양회, 고패高沛에게 명을 내려 관을 굳게 지키게 하고 유비에게는 늙고 약하고 병들고 부상당한 병사 4천 명을 주라고 명했다. 그리고 가맹관葭萌關에 사신을 보내 자신의 회신을 전달했다. 회신을 본 유비는 불같이 노해 그 자리에서 벌떡 일어나 편지를 찢어 버리고 유장을 크게 책망했다. 이에 놀란 사자는 성도로 급히 도망쳤다.

방통이 말했다. "주공께서는 인의를 중시하셨는데 오늘 편지도 찢어 버리고 이렇게 화를 내셨으니 옛 정은 전부 없던 것이 되었습니다. 제게 계책이 세 가지 있는데 주공께서는 그중에서 하나를 택하시면 될 듯합니다." 현덕이 물었다. "그 세 가지가 뭐요?" 방통이 대답했다. "첫째는 당장 정병을 뽑아 오늘 밤에 성도를 기습하는 것으로 최상책입니다. 둘째는 양회와 고패는 촉에서도 이름 있는 장수들이니 주공께서 형주로 돌아가는 척 하시면 두 장군은 분명 송별연을 열어줄 것입니다. 그 기회에 그들을 사로잡고 죽이면 먼저 부성涪城을 얻고 나중에 성도를 얻을 수 있습니다. 이것이 중책입니다. 셋째, 백제白帝를 돌려주시고 밤을 새워 형주로 돌아가는 것입니다. 이것이 최하책입니다."

유비는 먼저 부성을 취하고 뒤에 성도를 공격하기로 하고 말했다. "군사의 최상책은 시간이 너무 촉박하고 최하책은 너무 느리오. 중책이 느리지도 빠르지도 않아 제일 적당할 듯싶소."

지혜가 꼬리를 무는 역사 이야기

기원전 273년 진秦나라는 또 한 차례 출병해 위나라를 공격했다. 그 기세는 과거 어느 때보다도 맹렬했다.

위 왕은 대신들을 불러 모아 수심 가득한 얼굴로 진나라의 군대를 되돌릴 묘책이 없는지 물었다. 대신들은 과거에 진나라가 여러 차례 대대적으로 위나라를 공격할 때마다 제대로 대항 한 번 해보지도 못했던 사실 때문에 전쟁이라는 말만 들어도 벌벌 떨었고 아무도 '맞서 싸워야 한다'는 말을 꺼내지 못했다. 그래서 진나라의 대군이 이미 위나라의 국경을 침범한 이러한 위급한 시기에 대다수 대신들은 위

왕에게 황하 이북과 태행산 이남의 광활한 국토를 진 왕에게 떼어 주고 화친을 청하자고 간언했다.

이때 마침 위나라에 머물던 소진蘇秦의 동생 소대蘇代는 위나라 대신들의 말이 전혀 상황에 맞지 않다고 여기고 위 왕에게 이렇게 간했다. "대왕, 저들은 모두 자기 목숨을 잃을까 두려워 나라를 팔아서라도 화친하라고 권하는 것입니다. 이는 전혀 나라를 위한 생각이라고 할 수 없습니다. 그 넓은 땅을 진나라에 떼어 준다면 물론 잠시는 진 왕의 욕심을 채워줄 수 있겠습니다만 그의 욕심은 앞으로도 계속 끝이 없을 것입니다. 그리하여 한 번 나라의 영토를 떼어 주기 시작하면 위나라의 국토를 다 가지기 전까지 공격을 멈추지 않을 것입니다."

여기까지 말한 소대는 가까운 예를 하나 들었다. "예전에 어떤 사람의 집에 불이 붙었습니다. 그래서 이웃 사람들이 그에게 얼른 물을 부어 큰 불을 막으라고 충고해주었는데 그 사람은 들은 척도 하지 않고 오히려 나뭇짐을 한 아름 안고서 불을 구하러 가려 했습니다. 나뭇짐이 불의 기세만 더 크게 하고 불을 끄진 못한다는 도리를 몰랐던 것입니다. 지금 대왕께서 만일 위나라 국토를 떼어주고 화친을 청하는데 동의하신다면 나뭇짐으로 불의 기세를 더 키운 사람과 같지 않겠습니까?"

소대가 이렇게 분명하게 상황 분석까지 해주었지만 위 왕은 다시 한 번 고려해 본 후 역시 대신들의 의견에 따라 진나라에 국토를 일부 떼어 주기로 했다. 과연 소대가 예상한 바와 같이 기원전 225년에 진나라 군대가 또다시 위나라를 크게 침공해 위나라의 수도 대량大梁을 포위했다. 진나라 군은 황하를 막아놓은 큰 둑을 밀어내고 홍수를 일으켜 대량성을 물에 잠기게 했다. 결국 위나라는 이렇게 진나라에 멸망당하고 말았다.

칼에 피 한 방울 묻히지 않다

兵不血刃(병불혈인)

성 위에서 자기편 군사의 목소리를 알아듣고 바로 문을 열어 주었다. 이에 대군이 벌떼처럼 밀려들어가 칼날에 피 한 방울 묻히지 않고 부관涪關을 얻을 수 있었다.

유비는 방통과 함께 서천을 취할 계책을 정한 후에 곧바로 유장에게 편지를 보내 시치미를 뚝 떼고 '나는 형주로 돌아가 조조와 싸울 것이며 서로 만나지 못해 편지로 이 사실을 알린다'고 전했다. 그런데 장송은 이것이 유비 쪽의 계책인 줄 모르고 정말 유비가 형주로 돌아가려는 것이라고만 생각했다. 그래서 곧장 유비에게 자신이 성도에서 내응을 할 터이니 성도成都를 공격하라는 내용의 편지를 썼다.

그러나 장송은 이 편지가 유비의 손에 들어가기도 전에 그의 친

형 장엄張嚴에게 발견되어 다시 유장에게 바쳐질 줄은 정말 꿈에도 생각지 못했다. 화가 단단히 난 유장은 장송을 잡아들이고 그의 전 가족을 참수했다. 그때 황권이 유장에게 계책을 올렸다. "일이 늦어지면 안 됩니다. 어서 명을 내리셔서 각 관의 문을 굳게 잠그고 유비에게 속한 것이라면 말이든 군사든 어느 하나라도 놓치지 않도록 해야 합니다."

한편 부성으로 돌아온 유비는 먼저 배수관을 지키는 양회와 고패에게 사람을 보내 자신이 곧 관을 떠날 것이라고 보고했다. 두 사람은 소식을 듣자 과연 바로 술과 양을 준비해 군사 200명을 데리고서 유비를 찾아왔다.

거나한 송별연이 벌어진 가운데, 유비가 송별주를 마시다가 조용히 양회와 고패에게 말했다. "제가 두 장군과 은밀히 상의하고 싶은 게 있으니 다른 사람들을 물리쳐 주셨으면 합니다."

그리하여 양회와 고패가 데리고 온 군사들을 물리치자 유비가 바로 명령을 내렸다. "여봐라! 이 두 역적을 붙잡아라!" 그러자 장막 뒤에 숨어 있던 유봉劉封(유표의 일족으로, 유비의 양자가 됨)과 관평關平(하북 관정關定의 차남으로, 관우의 양자가 됨)이 튀어나와 각각 한 사람씩을 붙들었다. 현덕이 말했다. "나는 너희의 주공과 종친 형제지간이다. 그런데 너희는 어찌하여 모반을 일으켜 우리 둘 사이의 정을 이간하려 드는 것이냐!"

곧 방통이 양회와 고패를 장막 앞에서 참수하도록 명을 내렸고 황충과 위연은 그 둘이 데리고 온 군사 200명을 처치해 버렸다. 그런 후에 유비의 대군이 성안으로 벌떼처럼 밀려들어가 유비는 마침내 칼날에 피 한 방울 묻히지 않고 부관을 점령할 수 있었다.

지혜가 꼬리를 무는 역사 이야기

진秦 왕조 말년, 초 회왕懷王은 유방과 항우에게 각각 군사를 이끌고 진나라를 토벌하라고 명령했다. 그리고 누구든지 먼저 관중關中에 들어가 진나라의 수도 함양咸陽에 입성하는 사람을 왕으로 세우기로 약속했다. 유방은 일단 영천潁川, 남양南陽을 거쳐서 무관武關을 통해 관중에 들어가기로 계획하고 기원전 207년에 영천을 먼저 점령했다. 곧이어 남양군에 유방의 군대가 도착하자 남양군 군수는 완성宛城(지금의 허난성 난양南陽)으로 물러나 굳게 방어했다. 유방은 꼭 그 성을 함락시키기보단 하루빨리 진나라를 멸하고 싶은 마음에 완성을 빙 돌아서 계속 서쪽으로 진격했다.

그러자 장량이 말했다. "물론 공께서는 관중에 들어가고 싶은 마음이 간절하실 겁니다. 하지만 진나라 병사들이 도처에 아주 많이 있을 것이고 게다가 전부 험준한 지형에 자리 잡고 있습니다. 지금 완성을 함락하지 않고 그냥 지나치면 후에 완성의 진나라 군이 추격해 올 수 있습니다. 그렇게 되면 앞뒤로 진나라 군대를 맞아 싸워야 하는 아주 위험한 형국일 것입니다."

유방은 장량의 건의를 받아들여 바로 깃발을 바꿔 단 후 병사를 이끌고 어두운 밤을 틈타 지름길로 빠르게 돌아갔다. 막 동이 터오려는 무렵 유방의 군대는 완성을 겹겹이 에워쌌다. 유방이 이미 지나간 줄로만 알고 한시름 놓았던 성 안의 군사와 백성들은 매우 두려워했고 군수는 심지어 자살하려 했다. 그러나 당시 남양 군수의 부하였던 진회陳恢가 그를 만류하며 차라리 성을 나가 유방을 만나보라고 권했다. 진회가 유방을 만나 말했다. "완성은 커다란 군입니다. 앞뒤로 성 수십 개가 이어져 있고 백성은 많으며 곡식도 많이 나고 사료도 풍부합니다. 높고 낮은 관리들이 지금 죽기 살기로 성을 지키는 것은 투항하면 바로 사형을 당한다고 여기기 때문입니다.만일 각하께서 전력을 다해 성을 공격한다면 분명 죽거나 부상당하는 병사들이 수없이 생겨날 것입니다. 그러나 각하께서 공격을 포기하고 옛 법을 새 법으로 바꾸시면, 현지 군사와 백성들은 순순히 투항해 올 것입니다."

유방은 고개를 끄덕이며 그의 말에 동의를 표하고 진회의 건의를 받아들여 사람들의 마음을 얻는 방법을 쓰기로 했다. 남양 군수를 은후殷侯로 봉하고 진회에게는 1천 호가 딸린 봉지를 하사했다. 이어서 성의 관리들도 모두 사면해 주었다. 덕분에 병사들은 칼에 피 한 방울 묻히지 않고 완성을 얻을 수 있었다.

남양군 내의 다른 성들은 군수가 이미 항복했다는 소식을 듣고 너 나 할 것 없이 유방에게 항복했다. 유방은 이 기세를 타고 힘차게 진군해 곧 요관嶢關을 지나고 궤산蕢山을 넘어 기원전 206년 정월에는 패상霸上에 도달했다. 그러자 겨우 46일 동안 진秦 왕 노릇을 한 자영

子嬰이 밧줄로 목을 묶고 옥새와 부절符節(관직의 위임장)을 손에 받쳐 든 채 성문을 열고 항복했다. 이로써 사방을 호령하던 대 진나라 제국은 멸망하게 되었다.

인생의
무기가
되는
삼국지

이름은 헛되이 전해지는 법이 없다

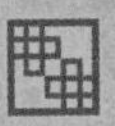
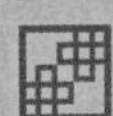

이름은 헛되이 전해지는 법이 없다

名不虛傳(명불허전)

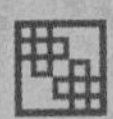

현덕이 감탄하며 말했다. **"사람들이 금마초錦馬超라고 하더니 이름이 헛되이 전해진 것이 아니로구나!"**

마초馬超는 궁지에 빠져 한녕漢寧 태수 장노張魯에게 몸을 의탁했다. 바로 그때 장노는 유장에게서 출병해 자신을 도와달라는 편지를 받았다. 마초가 말했다. "주공께서 저를 받아주신 은혜는 평생 갚을 길이 없을 정도로 커서 저는 그저 감사할 따름입니다. 이번 기회에 조금이라도 보답하고자 제가 가서 가맹관葭萌關을 취하고 유비를 산채로 붙잡아 유장이 반드시 주공께 20개 주를 떼어주도록 만들겠습니다."

장노는 매우 기뻐하며 마초에게 병력 2만을 주어 내보냈다. 마초와 동생 마대馬岱는 가맹관을 공격할 날을 골라 출발했다. 유비는 이 이야기를 듣고는 급히 대신들과 대책을 논의했다. 회의를 시작하자마자 장비가 자신이 출정하겠노라고 호언장담했지만 제갈량은 들은 척도 하지 않고서 유비에게 건의했다. "마초는 관우가 나가야만 승리할 수 있습니다." 장비는 몹시 기분이 상해 자신이 어떠한 전공을 세웠는지 줄줄이 읊어대며 말했다. "마초를 이기지 못하면 군령에 따라 처벌받아도 좋습니다."

제갈량은 그제야 장비의 출정을 허락하며 유비가 직접 군대를 인솔하고 장비는 선봉에 나서도록 했다. 가맹관 위에 도착한 유비는 제일 앞에서 군사들을 독려하는 마초를 보고 찬탄을 금치 못했다. 다음날 장비가 싸움을 시작하려 하자 유비는 앞을 가로막았다. 그러더니 후에 마초의 군대가 피로해 힘을 쓰지 못하게 되어서야 비로소 장비에게 결투를 허락했다. 장비가 날듯이 관을 내려가 마초와 100합을 싸웠지만 승부를 가릴 수 없었다. 이미 날이 저물어 유비가 돌아와 다음날 다시 싸우라고 소리쳤다. 하지만 장비는 말을 듣지 않고 오히려 이렇게 외쳤다. "횃불을 밝혀 야간 전투를 준비해주십시오. 마초를 이기지 않으면 관으로 돌아가지 않겠습니다!" 그러자 마초도 질세라 맹세하며 말했다. "장비를 이기지 않으면 진영으로 돌아가지 않겠다!"

두 사람은 각각 말을 갈아타고 등을 밝힌 채 야간 전투를 벌였다. 다시 20합을 싸웠지만 승부는 여전히 판가름 나지 않았다. 마초는 쉽게 이길 수 없자 달아나는 척 하다가 포환으로 장비를 공격했다. 하지만 장비도 신속하게 몸을 피해 성공하진 못했다. 장비 역시 반격해 활을 들고 화살을 쐈지만 성공하지 못했다. 그 후에야 쌍방은 병사를 철수시켰다.

지혜가 꼬리를 무는 역사 이야기

당 왕조의 위지경덕尉遲敬德은 무예에 정통했다. 그는 '해피삭解避槊'이라는 아주 뛰어난 무예 기술이 있었다. 상대방의 창을 빼앗아서 다시 상대방을 찌르는 기술이었다. 위지경덕이 매번 말을 타고 적진을 돌파할 때마다 적은 창을 들고 그를 찌르려 했지만 위지경덕에게 상처를 입히기는커녕 오히려 자신이 창을 빼앗기고 그 창에 찔려 말에서 떨어지기 일쑤였다.

당시 제왕齊王 이원길 또한 말을 타며 창을 다루는 기술이 뛰어났다. 그는 위지경덕의 절기絶技에 관한 이야기를 듣고 코웃음을 치더니 위지경덕에게 무술 시합을 제안했다. 시합 전에 이원길은 부하를 시켜 창의 날을 없애게 하고 대신 창 자루로 싸우려 했다. 그러자 위지경덕이 말했다. "창날이 있어도 대군께서 저를 해치지는 못할 겁니다. 그러니 일부러 창날을 없애지 않으셔도 됩니다. 저 위지경덕은 반드시 피할 자신이 있으니까요."

대결이 시작된 후, 이원길은 수차례나 위지경덕에게 창을 날렸지만 모두 적중시키지 못했다. 한쪽에서 이를 관전하던 이세민이 물었다. "창을 뺏는 것과 창을 피하는 것 가운데 어느 것이 더 어려운 것이냐?" 위지경덕이 대답했다. "창을 빼앗는 것이 더 어렵습니다." 그러자 이세민은 위지경덕에게 이원길의 창을 빼앗아보라고 명했다.

이원길은 창을 꽉 움켜쥔 채 말을 타고 펄쩍펄쩍 뛰어오르며 반드시 위지경덕을 찔러 말 아래로 떨어뜨리겠다고 굳게 다짐했다. 하지만 위지경덕은 과연 명불허전이었다. 이원길은 순식간에 세 번이나 그에게 창을 빼앗겨버렸다.

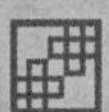

구름과 안개가 걷히고 푸른 하늘이 나타나다

潑雲霧而見靑天(발운무이견청천)

마초는 머리를 조아리고 절을 하며 말했다. **"오늘 드디어 현명한 주공을 만나 뵈니 정말 구름과 안개가 걷히고 푸른 하늘이 나타난 것만 같습니다!"**

마초와 장비가 등을 밝히고 야간 전투를 벌인 후, 제갈량은 한밤중에 전방에 있는 유비를 찾아와 말했다. "제가 들으니 마초는 호랑이 같은 맹장이라고 합니다. 익덕翼德(장비의 자)과 목숨을 걸고 이렇게 계속 싸우다가는 분명히 누군가 한 사람은 크게 다치고 말 것입니다. 그래서 조자룡과 황충 장군에게 금죽錦竹을 지키게 하고 밤길을 달려 급히 이곳으로 왔습니다. 제게 작은 계책이 하나 있는데 이 계책을 사용하면 마초가 제 발로 주공에게 투항할 것입니다." 그러자 현덕이 동의하며 말했다. "나도 마초가 용감하고 늠름한 것을 보고 아주 맘에 들

었습니다. 어떻게 하면 마초를 얻을 수 있겠습니까?" 공명이 말했다. "제가 듣자하니 장노는 자기를 한녕왕漢寧王으로 자칭하고 그 수하의 모사 양송楊松은 욕심이 이만저만한 인물이 아니라고 합니다. 그러니 주공께서는 한중에 사람을 보내 금은으로 양공의 마음을 산 후, 장노에게 이렇게 말씀하십시오. '내가 유장과 서천을 놓고 다툰 것은 복수를 하기 위해서요. 유장의 말은 듣지 마십시오. 대사에 성공하면 반드시 당신을 한녕왕으로 삼아드리겠습니다.' 이렇게 하면 장노는 분명히 마초의 병마를 철수시킬 겁니다. 마초가 병사를 철수해 돌아갈 때 바로 계략을 쓰면 마초를 투항시킬 수 있습니다."

그리하여 유비는 손건孫乾을 사신으로 임명하고 지름길을 통해 한중으로 달려가 먼저 양송에게 금은을 헌납한 뒤 이 일을 소상히 이야기하라고 명했다. 양송은 얼른 손건을 장노에게 데려갔다. 장노는 유비의 편지를 보고 물었다. "유비는 일개 좌장군左將軍일 뿐인데 어떻게 그가 나를 한녕왕으로 삼아주겠다는 것인가?" 양송은 손건의 편을 들며 말했다. "유비는 대 한 황실의 황숙입니다. 자기가 한 약속은 보장할 수 있습니다."

그리하여 장노는 마초에게 병사를 철수하게 하고 손건에게는 한중에서 소식을 기다리도록 했다. 그런데 마초에게 갔던 사자가 돌아와서는 마초가 철수를 거부한다고 전했다. 그러자 양송이 장노에게 말했다. "마초가 정 병사를 철수하지 않겠다면 한 달 안에 이 세 가지 일을 해내라고 하십시오. 하나는 서천을 취하는 것, 둘째는 유장의 목을 베는 것, 셋째는 형주의 병사를 물리치는 것입니다. 만약 이 세 가지 임무를 완수하지 못하겠거든 자기 목을 바치라고 하십시오."

마초는 막다른 골목으로 몰린 상황에서 이회李恢까지 나서서 권고하자 마침내 유비에게 투항하기로 결심했다. 마초가 오자 유비는 그를 상객의 예로 대접했다. 생각지 못하게 융숭한 대우를 받은 마초는 유비에게 머리를 조아리고 절을 하며 말했다. "오늘 드디어 현명한 주공을 만나 뵈니 정말 구름과 안개가 걷히고 푸른 하늘이 나타난 것만 같습니다!"

지혜가 꼬리를 무는 역사 이야기

위청衛青은 자가 중경仲卿으로 하동 평양平陽(지금의 산시성 린펀臨汾 서남쪽) 사람이다. 그의 어머니는 평양平陽 공주의 집에서 시종으로 있었고 사람들은 남편의 성을 따서 그녀를 '위씨 할멈'이라고 불렀다. 그녀는 남편이 죽은 후에도 여전히 평양 공주의 집에서 일을 하며 현縣의 관리 정계鄭季와 사통해 위청을 낳았다.

위청이 어느 정도 자라자 혼자 기르기가 너무 힘들어진 그의 어머니는 그를 친아버지인 정계의 집으로 보냈다. 하지만 정계의 부인은 이 사생아를 발의 때만큼도 여기지 않았다. 계모는 위청에게 하인들과 같이 산에 올라 양을 먹이라고 했고, 정계의 아들들 역시 위청을 매섭게 함부로 다뤘다. 위청과 하인의 대접은 하등 차이가 없었다.

한번은 위청이 감천궁甘泉宮(한 무제 때의 궁전)에 간 적이 있었다. 그때 그곳에 있던 한 죄수가 위청의 얼굴을 살피더니 놀라며 말했다. "당신은 비록 지금은 아주 가난하게 살지만 나중에는 반드시 천지를 진동시킬 만한 위대한 일을 이룰 것이고 관직은 봉후에까지 오를 겁니다." 그러나 위청은 그의 말을 우스갯소리로 여기며 말했다. "지금 나는 노예나 마찬가지입니다. 욕이나 듣지 않는 것을 다행으로 여기는 걸요. 그런데 무슨 공을 세우고 봉지를 얻을 생각을 하겠습니까?"

후에 위청은 어머니 곁으로 돌아와 평양 공주의 집에서 말을 부리는 종으로 살았다. 그러나 위청의 누이 위자부衛子夫가 궁궐에 들어간 이후부터는 위청의 인생에 구름과 안개가 걷히고 푸른 하늘이 펼쳐졌다. 지위는 높아졌고, 흉노족을 정벌하며 혁혁한 전공을 세운 그는 마침내 관내후關內侯로 봉해졌다.

하나만 알고 둘은 모른다

只知其一 不知其二(지지기일 부지기이)

그러자 제갈량이 말했다. "공께서는 하나는 알고 둘은 모르시는구려. 진나라는 형법이 엄격해 백성의 원성이 자자합니다. 그래서 한 고조는 관용과 인자함으로 그곳의 민심을 얻었습니다. 지금 유장은 어리석고 무능하여 덕으로 다스리는 정치가 높임을 받지 못하고, 무서운 형벌은 무섭지 않게 되었습니다. 또한 군신의 도 역시 점점 사라지고 있습니다."

유비는 서천을 빼앗은 후 제갈량에게 나라를 다스릴 조례를 제정하는 일을 맡겼다. 법정이 제갈량에게 말했다. "과거 한 고조가 관중에 들어간 후에 약법삼장約法三章을 선포하자 백성이 모두 옹호했습니다. 지금 공께서도 막 이곳을 얻으셨으니 마땅히 관용으로 대하셔야 백성의 마음을 얻을 것입니다."

그러자 제갈량이 말했다. "공께서는 하나는 알고 둘은 모르시는구려. 진나라는 형법이 엄격해 백성의 마음에 원망과 미움이 많았습니다. 그래서 한 고조는 진나라의 엄하고 가혹한 법과 형벌을 모두 없애고 관대한 형벌과 간소한 법을 내세운 것입니다. 허나 지금의 상황은 그때와 완전히 다릅니다. 유장이 어리석고 무능해 그의 통치 이후로 익주에 많은 폐단이 생겨났습니다. 법령은 느슨하고 군신의 도는 점점 사라졌지요. 군주는 신하에게 높은 관직을 주며 총애할 순 있지만 더 높여 줄 관직이 없으면 그때부터 오히려 신하에게 멸시를 당하게 됩니다. 그리고 만약 신하의 요구에 따라 계속 은혜만 베풀어 주다가 더 베풀 것이 없어질 때가 오면 신하는 오만하고 게을러집니다. 촉나라 땅이 퇴락하게 된 연유가 바로 이런 것이지요. 제가 지금 법령의 위엄을 세우고 집행하면 사람들은 우리가 베푼 은덕이 무엇인지 알게 될 것이고, 작위로 관원의 지위를 제한하면 작위를 받은 사람들은 자신을 영광스럽게 생각할 것입니다. 영광과 은혜는 동전의 양면과 같아 서로 영향을 미치며 생성되고 소멸합니다. 상하 간에 이런 규칙이 있으면 나라를 다스리는 중요한 원칙이 아주 분명해지지요."

제갈량의 말에 법정은 깊이 탄복했다. 그리하여 제갈량과 법정은 협력하여 『촉과蜀科』라는 법전을 제정하고 '팔무八務', '칠계七誡', '육공六恐', '오구五懼' 등의 조목으로 초안을 정했다.

오대십국 시기에 후진의 국왕 요흥의 수하에는 유발발劉勃勃이라는 유명한 장수가 있었다. 요흥은 기골이 장대한 그를 매우 사랑하고 인정했다. 그리고 그를 안북安北장군으로 명해 선비족 2만여 명을 떼어주며 삭방朔方을 지키게 했다.

하지만 유발발은 그로부터 몇 년도 지나지 않아 군사를 일으켜서 스스로 나라를 세우고 대하천왕大夏天王이라 자처했다. 그는 또 성을 혁련赫連으로 바꾸었다. 자신의 가족의 명성이 하늘에 닿을 만큼 높아진다는 뜻이었다. 그 후 혁련발발은 선비족 세 부락을 연달아 공략하고 항복한 부족 1만여 명을 받아들였다. 그리고 후진의 변경 지역에 있는 중요한 요새 고평高平을 침략해 얻었다.

이때 혁련발발의 부장들이 모두 입을 모아 그에게 말했다. “폐하께서 만일 관중을 빼앗을 생각이시면 먼저 확실한 근거지부터 만들어야 저희도 마음에 의지할 곳을 두고 싸울 수 있습니다. 고평은 산이 높고 강은 깊으며 지형이 험준해 주둔하고 지키기 좋은 곳입니다. 게다가 토지도 넓고 비옥하니 이곳에 수도를 정하면 좋겠습니다.” 그러나 혁련발발은 고개를 저으며 말했다. “너희는 하나만 알고 둘을 모르는구나. 나는 대업을 일으킨 지 얼마 되지 않아 아직 병사들이 많지 않다. 그리고 요흥 역시 한 세대를 주름잡는 영웅이어서 그 수하에 있는 부하들이 힘써 그를 돕고 있다. 이 점을 고려해 보면 관중은 아주 얻기 어려운 곳이라 할 수 있다. 지금 우리가 성 하나를 근거지로 삼으면 그는 분명 전력을 다해 우리를 공격해 올 것이다. 우리는 수적으로 열세이니 절대로 상대의 적수가 될 수 없지. 한 곳에 몰려 순식간에 멸망당하느니 차라리 지금처럼 이리저리 말을 달려 바람처럼 도망 다니다가 그들이 부주의한 틈을 노리고 습격해 놈들의 기력을 빼놓는 것이 훨씬 낫다. 그렇게 하면 자연스레 10년이 못돼 영북嶺北, 하동河東 지방을 우리 손에 넣을 수 있을 것이다. 요흥의 아들은 어리석고 무능하니 일단 요흥이 죽은 후에 천천히 장안을 공략해도 늦지 않다."

그들은 끊임없이 영북 지방을 침략하고 노략질을 일삼았다. 그들의 기세가 얼마나 흉흉했던지 영북에 있는 성들은 낮에도 감히 성문을 열어놓지 못할 정도였다. 416년 혁련발발은 계획대로 군사를 이끌고 남하해 일거에 장안을 함락시켰고 418년 그는 마침내 장안에서 황제로 즉위했다.

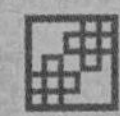

장수가 밖에 있을 때는 듣지 않아도 되는 군주의 명이 있다

將在外 君命有所不受(장재외 군명유소불수)

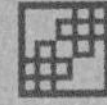

관우는 얼굴색이 변하며 말했다. **"저와 제 형은 도원에서 결의하며 함께 한나라 왕실을 돕자고 맹세했습니다. 형주는 본래 대 한나라 제국의 강토인데 어찌 함부로 다른 사람에게 주겠습니까? 게다가 장군이 외지에 있을 때는 군주의 명이라 해도 듣지 않아도 되는 명이 있다고 했습니다. 비록 우리 형님이 보낸 편지지만 저는 절대 내드릴 수 없습니다."**

동오의 손권은 유비가 서천을 점령했다는 소식을 듣자 곧 제갈근諸葛瑾을 서천에 보내 형주를 다시 찾아오게 했다.

며칠이 못 되어 성도에 도착한 제갈근은 제갈공명과 함께 유비를 만났다. 유비는 제갈근이 올린 손권의 편지를 보더니 버럭 화를 내며 말했다. "손권은 내게 자기 누이를 시집보내 놓고도 내가 형주에 없는 틈을 타 몰래 데려가 버렸네! 내가 마침 병사를 일으켜 강남을 정벌하고 이 원한을 갚으려 벼르던 중이었는데 손권은 욕심이 한도 끝도 없는가? 어찌 또 형주를 달라고 하는 것인가!"

그때 곁에 있던 제갈량이 제갈근의 편을 들자 유비가 다시 말했다. "군사의 얼굴을 봐서 형주의 반은 돌려주도록 하지요. 장사長沙·영릉零陵·계양桂陽 삼 군을 동오에 드리겠소이다." 그러자 제갈량이 반색하며 말했다. "주공께서 관우 공에게 편지를 쓰셔서 그 삼 군을 반환케 하시지요."

제갈근은 유비의 편지를 받아 들고 형주에 가서 관우를 찾았다. 관우는 군사 제갈량의 형인 그를 내실로 모셨다. 쌍방의 인사가 끝나자 제갈근은 관우에게 유비가 쓴 편지를 보여 주며 삼군을 반환하면 자신이 동오에 돌아가 그리 보고하겠노라고 말했다. 관우는 이 말을 듣더니 금세 얼굴색이 변하며 말했다. "저와 제 형은 도원에서 결의하며 함께 한나라 왕실을 돕자고 맹세했습니다. 형주는 본래 대 한나라 제국의 강토인데 어찌 함부로 다른 사람에게 주겠습니까? 게다가 장군이 외지에 있을 때는 군주의 명이라 해도 듣지 않아도 되는 명이 있다고 했습니다. 비록 우리 형님이 쓰신 편지지만 저는 형주의 아주 작은 땅이라도 절대 내드릴 수가 없습니다."

제갈근은 어쩔 수 없이 다시 서천으로 가서 유비와 제갈량을 만났다. 유비는 그를 위로하며 말했다. "제 아우는 성격이 아주 급하고 말을 하기가 어려운 사람입니다. 먼저 돌아가 계십시오. 제가 동천東

川과 한중의 여러 군들을 얻고 나면 그때 관우를 그곳에 보내 지키게 하고 그 다음에 형주를 돌려드리겠습니다." 제갈근은 울며 겨자 먹기로 동오로 돌아와야 했다.

지혜가 꼬리를 무는 역사 이야기

오대십국 시기에 오월吳越국 왕이 남당南唐의 상주常州성을 에워싸고 공격했다. 당시 남당의 군주 이경李璟은 시극굉柴克宏을 좌무위左武衛장군으로 임명해 군대를 이끌고 가서 상주를 돕게 했다. 그러나 시극굉이 상주에 채 도착하기도 전에 조정에서 결정이 번복되었다는 통지가 날아들었다. 시극굉 대신에 대장 주광업朱匡業을 파견한다는 것이었다.

조서를 받아든 시극굉은 연왕燕王 이홍기李弘冀에게 하소연하며 말했다. "제가 성인이 되어 군에 몸담은 이래로 나라를 위해 충성하겠노라고 결심하지 않은 날이 없습니다. 지금 상주가 풍전등화 같은 운명인데 폐하께서는 전쟁을 바로 코앞에 두고 손바닥 뒤집듯 장수를 바꾸셨습니다. 결국 제 심장의 피만 공연히 뜨거워져 갈 곳을 잃게 되었습니다. 참으로 안타깝고 억울할 뿐입니다. 각하께서 저를 위해 황제께 상소를 올려 주십시오. 소장도 제 가족의 목숨을 걸고 맹세하겠습니다. 오월의 군사들을 깨뜨리지 않으면 소장의 머리를 잘라 천하에 보답하겠노라고 말입니다!"

왕자 이홍기는 그의 일편단심인 우국충정에 크게 감동했다. 그는 자신의 가슴을 두들기며 약속했다. "장군의 호기로운 말씀은 참으로 존경스럽습니다. 옛말에 장수가 외지에 있을 때는 군주의 명 중에 듣지 않아도 되는 명이 있다고 했습니다. 장군은 마음 놓고 전쟁에만 전념하십시오. 제가 황제께 다 잘 말씀드릴 터이니 별 문제 없을 것입니다."

이홍기는 곧바로 상주가 풍전등화의 위기에 처해 있는데 중간에 이리 급작스레 주장을 바꾸는 것은 적절하지 않다는 상소를 써 올렸다. 그러나 시극굉이 곧 상주에 도착할 때쯤 추밀부사樞密副使 이정고李征古가 다시 한 번 사자를 보내 시극굉에게 돌아오라는 뜻을 전했다. 시극굉이 말했다. "나는 며칠 안에 적을 쳐부술 수 있소. 그런데도 나를 불러 돌아가라고 하다니 당신은 꼭 적과 한 패거리인 듯합니다." 그는 즉시 부장에게 명해 사자의 목을 치게 했다. 그러자 사자가 급히 말했다. "이건 추밀부사의 명이요." 이에 시극굉이 말했다. "추밀부사가 직접 온다 해도 똑같은 말을 전한다면 나는 추밀부사의 목도 자를 것이오."

시극굉은 사자의 목을 자른 후 부하에게 커다란 천으로 전함을 덮어 위장하도록 명했다. 또 배 안에 완전무장한 군사들을 숨겨두었다. 그는 이렇게 적의 진영으로 몰래 들어가 기습해서 오월의 군대를 일시에 격파했다.

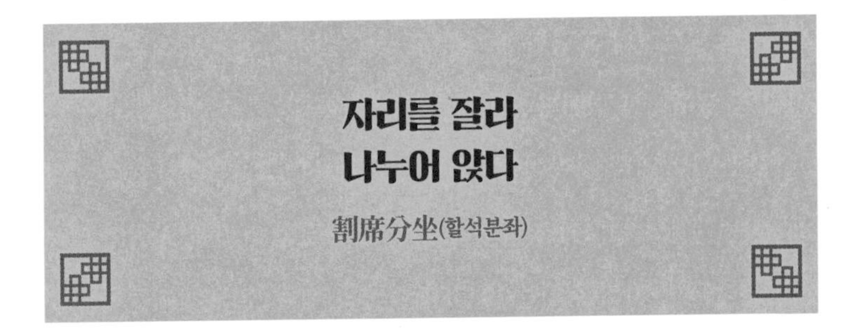

자리를 잘라 나누어 앉다

割席分坐(할석분좌)

관녕은 이때부터 화흠의 됨됨이를 경멸하게 되었다. 그는 함께 앉은 자리를 칼로 잘라 나누고 다시는 그와 친구하지 않았다.

북해의 주허朱虛 사람인 관녕管寧과 평원平原 사람인 화흠華歆, 그리고 같은 현 사람인 병원邴原은 친한 친구로 함께 여러 곳을 다니며 공부했다. 당시 사람들은 화흠과 병원, 관녕이 함께 있으면 꼭 한 마리 용 같다고 표현했다. 화흠은 용의 머리요, 병원은 용의 몸통, 관녕은 용의 꼬리라는 것이었다.

하루는 관녕과 화흠이 채소밭에서 김을 매다가 땅속에서 금 한 덩이를 캐냈다. 이때 관녕은 금덩이를 보지 못한 것 마냥 김매기에만 열중했지만, 화흠은 좋아서 어쩔 줄 몰라 하며 얼른 금을 주워 품에 감추려 했다. 그러나 관녕의 차가운 표정을 보고는 곧 부끄러워져 슬그머니 금 덩어리를 버렸다.

또 한번은 두 사람이 서재에서 책을 읽고 있는데 마침 높은 관직에 있는 관리의 행렬이 지나갔다. 깃발이며 햇빛 가리개, 사람과 말이 우르르 몰려가며 호령하는 소리, 가마꾼의 행차 소리가 떠들썩한 것이 아주 위풍당당했다. 그러나 관녕은 그 소리가 전혀 들리지 않는 것마냥 책만 집중해서 읽고 있었다. 반면에 화흠은 책을 내던지고 뛰어나가 한참이나 구경을 하고는 행렬이 다 사라진 뒤에야 돌아왔다. 서재로 들어와서는 관녕에게 그 관리의 행렬이 얼마나 화려했는지 침을 튀기며 설명하는데 그의 눈 속에는 부러움의 빛이 가득했다.

관녕은 이런 그가 혐오스럽게 느껴져 화흠의 됨됨이를 경멸했다. 그는 칼을 꺼내더니 두 사람이 함께 앉은 자리 사이를 쭉 그어 자리를 두 쪽 냈다. 그리고 화흠에게 엄숙한 목소리로 선언했다. "자네는 이제부터 내 친구가 아니네. 나하고 같은 자리에 앉지 말게!"

지혜가 꼬리를 무는 역사 이야기

오기吳起는 어린 시절 집이 매우 부유했다. 하지만 그가 뜻을 이루겠다며 밖으로 나가 천하를 두루 돌아다니다가 뜻을 얻는 데 실패해 결국 가산만 탕진한 꼴이 되었다. 어느 날 고향 사람 한 명이 이를 비웃자 오기는 그 자리에서 그 사람을 죽여 버렸다. 그러고 나서 어머니께 작별인사를 드리며 "저 오기는 재상이나 고관이 되지 못하면 절대 위나라로 돌아오지 않겠습니다."라고 말하고는 위衛나라의 동문을 빠져나갔다.

그는 그 후 증자曾子(기원전 505~기원전 436경. 이름은 삼參, 자는 자여子輿. 공자의 문하생이고, 『대학』의 저자임)를 스승으로 모셨다. 얼마 후 그의 어머니가 돌아가셨다는 소식을 들었지만 그는 위나라로 돌아가지 않았다. 그러자 증자는 그를 매우 무시하며 앉는 자리도 나누어 앉았다.

오기는 그래도 아랑곳하지 않고 다시 노나라로 가서 병법을 배우며 노나라 왕을 모셨다. 하지만 노나라의 군주는 오기를 의심해 곧 그의 관직을 빼앗아 버렸다.

오기는 위魏나라의 문후文侯가 현명하다는 이야기를 듣고 그를 섬기고 싶어 했다. 문후도 그 이야기를 듣고는 자신의 대부大夫 이리李悝에게 오기에 관해 물었다. "오기는 어떤 사람입니까?" 이리가 대답했다. "오기는 탐심이 많고 여자를 좋아합니다. 하지만 병사를 아주 잘 사용합니다. 사마양저司馬穰苴가 살아있다 해도 오기보다 낫다고 확언할 수는 없을 정도입니다." 그리하여 위 문후는 오기를 장수로 기용하기로 했다. 오기가 실력을 발휘하며 진秦나라를 공격하니 위나라는 금세 진의 다섯 성을 얻게 되었다.

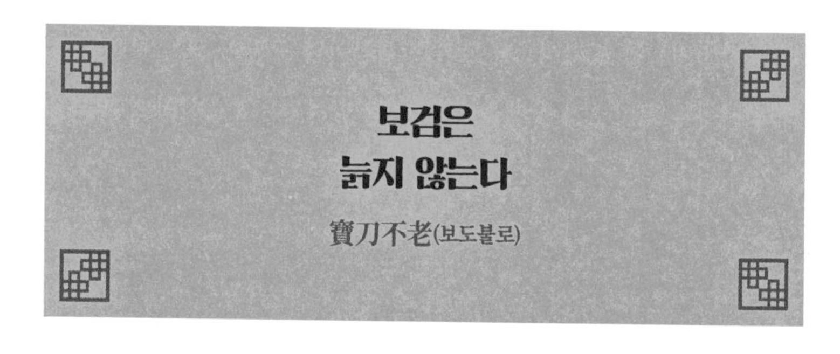

보검은 늙지 않는다

寶刀不老(보도불로)

말을 달려 나온 장합張郃은 황충黃忠을 보더니 비아냥거리며 말했다. **"연세도 이렇게 많으신 분이 부끄러운 줄도 모르고 전쟁에 나오셨군요!"** 그러자 황충이 노하며 대꾸했다. **"새파랗게 젊은 놈이 나이 많다고 어른을 무시해? 나는 늙었어도 내 손에 들린 보검은 늙지 않았다!"**

황충은 촉나라 군 가운데 아주 유명한 노장이었다. 당시 조조의 장수 장합이 연전연패하던 상황이었는데, 조홍曹洪(조조의 사촌 동생으로 위魏나라의 명장)은 장합에게 다시 병마 5천을 주며 가맹관葭萌關을 함락시키라고 명령했다.

이 소식을 전해들은 유비는 군사들과 함께 대책을 논의했다. 제갈량이 유비에게 이렇게 말했다. "장합은 조조 수하에 있는 명장이니 그를 이기려면 적어도 장비 정도 실력은 되어야 할 것 같습니다." 그의 말한마디는 바로 노장 황충을 격노케 했다. 그는 자신이 전쟁에 나가겠노라 출전을 자청했다. 그러자 제갈량은 다시 한 번 언성을 높이며 말했다. "황 장군께서 용감하긴 하시지만 연세가 너무 많으십니다. 장합의 적수가 될 수 없을 겁니다!" 이 말을 들은 황충은 더욱 화가 나 백발이 다 곤두선 것처럼 보였다. 그는 문밖으로 성큼성큼 걸어 나가더니 선반 위에 놓인 큰 칼을 집어 들고 나는 듯이 칼을 휘둘렀다. 또 벽에 걸려 있는 튼튼한 활을 잡아당겨 연속으로 활 두 개를 부러뜨렸다. 제갈량은 그의 모습을 보고 말했다. "장군께서 나가신다면 누구를 부장으로 데리고 가시렵니까?" 황충이 말했다. "노장 엄안嚴顔을 데리고 가겠소. 만일 우리 둘이 나가서 승리하지 못하면 백발이 된 내 머리라도 바치리다." 이에 유비와 제갈량은 그 둘이 군사를 거느리고 나가 장합과 전투를 치르라고 명했다.

황충과 엄안은 신속히 가맹관에 도착했다. 이미 도착해 있던 장합이 이를 보고는 비웃으며 말했다. "나이도 이렇게 많으신 분이 부끄러운 줄도 모르고 전쟁터에 나와 싸우려 하십니까?" 황충은 노기충천해서 대답했다. "새파랗게 젊은 놈이 나이 많다고 나를 무시해? 내 손에 들린 보검은 아직 늙지 않았다!"

그는 말채찍을 휘두르며 달려 나가서 장합과 결전을 벌였다. 둘이 약 20여 합을 싸웠는데 장합의 뒤쪽에서 홀연히 고함 소리가 들려왔다. 샛길을 따라 장합의 후군을 덮친 엄안의 부대였다. 황충과 엄안

양군은 기세 높게 협공했다. 결국 장합은 크게 패해 군사를 이끌고 80여 리 가량이나 후퇴해야 했다.

지혜가 꼬리를 무는 역사 이야기

측천무후則天武后가 적인걸狄仁傑(당나라 시기의 명관)에게 이런 질문을 한 적이 있다. "짐이 중임을 맡길 만한 걸출한 인재를 찾고 있는데 경이 볼 땐 누가 제일 적당한 것 같습니까?" "폐하께서는 무슨 일을 맡기시려고 하십니까?" 적인걸이 반문했다. 측천무후가 말했다. "재상을 맡길까 합니다." 적인걸은 그제야 대답하며 말했다. "글재주도 있으면서 멋도 아는 인재를 찾으신다면 소미도蘇味道나 이교李嶠가 후보로 적당할 것 같습니다. 그러나 정말 군계일학인 기재를 찾으신다면 형주荊州 장사長史(막료에서 으뜸가는 장수) 장간지張柬之가 유일한 인물일 듯합니다. 나이는 좀 많지만 공무를 수행하는 능력은 전혀 손색이 없습니다. 그야말로 늙지 않은 보검이니 재상감으로 안성맞춤인 재목입니다."

측천무후는 곧바로 장간지를 발탁해 낙주洛州 사마司馬(중요 도시의 군사관)에 임명했다. 그로부터 며칠이 지나자 측천무후는 또 적인걸에게 인재를 추천해 달라고 청했다. 적인걸이 대답했다. "제가 며칠 전에 추천했던 장간지는 아직 재상에 임명되지 않았습니다." "하지만 벌써 승진시켰습니다." 측천무후가 말했다. 그러자 적인걸이 대답했다. “제가 추천해드린 장간지는 재상에 걸맞은 재목입니다. 사마 정도를 시키라고 추천해 드린 것이 아니었습니다.”

이에 측천무후는 장간지를 추관시랑秋官侍郎(각 부의 장관에 해당함)에 임명했고 한참 시간이 흐른 후에는 결국 재상으로까지 임명했다. 이로써 장간지는 자신이 늙지 않는 보검이라는 것을 증명해 보였다.

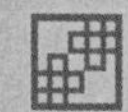

한 걸음마다 군영을 만든다

步步爲營(보보위영)

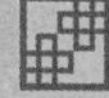

"병사들을 힘써 위로하고 진지를 옮겨 전진하되 한 걸음마다 군영과 보루를 만드십시오. 이렇게 하후연을 꾀어 전쟁을 벌이면 그를 사로잡을 수 있습니다. 이것이 바로 객이 주가 되는 계략입니다."

유비는 서천을 얻은 후 곧 황충을 선봉으로 삼고 한중으로 진격했다.

황충과 법정이 정군산定軍山 아래까지 공격해 오는데 어찌 된 일인지 한중을 지키는 하후연은 방어만 할 뿐 전혀 밖으로 나오려 하지 않았다. 속이 탄 황충은 법정과 함께 적을 깨뜨릴 계략을 의논했다. 법정이 말했다. "황 장군은 걱정하지 마십시오. 하후연은 용감하긴 하지만 지략이 별로 없고 경솔하니 큰일을 해내기 어려운 자입니다. 지금 그가 성을 지키기만 하고 나오지 않으니 우리는 '객이 주가 되는 계략'을 사용해 하후연이 전쟁터에 나설 수밖에 없도록 만든 다음에 기회를 노려 성을 공격하면 됩니다." 법정은 군사 제갈공명이 직접 파견한 사람이었기에 황충도 함부로 대할 수 없어 얼른 가르침을 청했다. "선생, 좀 자세히 알려 주시겠습니까? 객이 주가 되게 하는 계략이란 무엇을 말하는 것입니까?" 그러자 법정이 대답했다. "객이란 멀리서 오는 사람을 말합니다. 우리 군이 정군산에 들어갈 때는 본래 멀리에서 온 객처럼 주인의 집에 들어가기를 거절하고 주인을 공경해야 합니다. 하지만 저는 지금 그 도리와는 정반대로 행하려 합니다. 객이 주인의 집에 들어가는데도 주인이 아무런 제제를 하지 않는다면 객은 결국 주인이 될 것입니다. 그런 식으로 일 보步(옛날에는 5척을 한 보로 계산함) 전진할 때마다 군영과 보루를 만들고, 일 보씩 집 안으로 들어가면 주인은 화를 내며 문밖으로 나와 객을 쫓아낼 터이니 우리는 이 기회를 틈타 성을 뺏을 수 있을 것입니다."

황충은 그의 계략을 듣자 매우 절묘한 계략이라며 연신 감탄했다. 그는 곧 삼군의 군사들을 위로하라고 명해 사기를 진작시켰다. 곧 삼군의 사기는 하늘을 찌를 듯해 군사들은 모두 죽음도 불사하고 결전을 벌이길 원했다. 이를 본 황충은 그 날 진지를 10리 전진시키라고 명령했고 진지는 즉시 이동되었다. 그리고 다시 진지를 이동하고 또 다시 진지를 전진시켜 새로 세우도록 했다. 이렇게 움직일 때마다 계속 정군산에 가까이 다가가 황충의 군대는 어느새 조조 군의 대군영을 바로 코앞에 두고 위협하게 되었다. 산꼭대기에 자리 잡고 있던 조나라 군은 깜짝 놀랐다. 하후연은 촉나라 군이 점점 그들을 향해 가까이 오자 드디어 군대를 이끌고 출전했고 결국 황충의 칼에 두 동강이 나고 말았다.

지혜가 꼬리를 무는 역사 이야기

한나라 선제宣帝 시절 선영강先零羌은 자신의 부족 부락을 연합해 황수湟水를 건너고 한나라의 변경 지역을 점거했다. 이에 선제는 군대를 보내 강족의 반란을 평정하기로 했다. 선제는 본래 농서 사람인 조충국趙充國이 이미 여러 차례 변경 정복 전쟁을 다녀와 그곳의 사정에 밝다는 것을 잘 알고 있었기에 그를 불러 물었다. "이번 전투에서 누구를 총사령관으로 삼는 것이 가장 좋겠소?" 그러자 그가 대답했다. "저보다 더 적합한 사람이 없을 겁니다." 이때 조충국의 나이는 벌써 73세였다.

조충국은 병사를 이끌고 선영강이 점령한 곳에 급히 도착했다. 선영강은 그때 미처 방어할 준비도 해두지 않고 있다가 정벌군이 온다는 이야기를 듣고는 곧바로 줄행랑을 쳤다. 적군은 모든 전쟁 물자를 버리고 서로 황수를 먼저 건너겠다고 야단법석을 피웠다. 게다가 길은 좁고 사람은 많아 강족 군사들이 몰린 곳은 질서라고는 전혀 없는 한바탕 아수라장이 되었다.

이를 본 한나라의 장수들은 모두 입을 모아 조충국에게 건의했다. “지금이야말로 우리 군대가 놈들을 공격해 추풍낙엽처럼 쓸어버릴 때입니다. 원수께서는 어서 명령을 내려주십시오!” 하지만 조충국은 조용히 말했다. “저놈들은 지지리도 못난 오랑캐 놈들일 뿐이다. 추격할 가치도 없다.” 그러고는 군사들에게 한 발 한 발 진격하며 강족에게 점점 가까이 다가가는 식으로 천천히 쫓도록 했다. 그 결과 선영강의 군사 수만 명은 대부분 싸우다 죽거나 부상을 당했고 그렇지 않은 자들은 투항을 해와 도망친 사람은 거의 찾아볼 수 없었다.

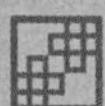

기를 눕히고 북을 치지 않다

偃旗息鼓(언기식고)

그리하여 모든 군사에게 기를 눕히고 북을 치지 않으며 아무도 지키지 않는 척 하도록 명했다.

위나라 군주 조비는 조휴曹休·조진曹眞·조인曹仁에게 각각 대부대를 맡겨 오나라를 토벌케 하는 한편, 직접 어림군御林軍을 이끌고 가 앞선 군대들과 협공을 시도했다.

동오에서는 여범呂范을 보내 조휴를 상대하게 하고 제갈근은 남군南郡의 조진을, 주환朱桓은 유수濡須를 지키며 조인을 상대하게 했다.

조인은 당시 병마 수만을 이끌고 유수를 덮칠 계획이었지만 고함은 동쪽에서 치고 사람은 서쪽에서 나타나는 식으로 겉으로는 선계羨溪를 공격하는 척했다. 유수에 진주해 있던 주환은 선계가 공격당할 듯하자 얼른 군사를 나누어 지원군을 파견했다. 그런데 막 지원군을 보내자마자 조인의 대군이 유수에서 겨우 70리 떨어진 곳까지 진격해 왔다는 날벼락 같은 정보가 탐지되었다. 그는 병사를 다시 보내 선계로 가는 부대를 추격하게 했지만 군대는 금세 돌아오지 않았다. 이런 상황에서 조인의 군대가 벌써 코앞에 닥쳐왔다.

유수를 지키던 오나라 군대는 겨우 5천 명 가량이었기에 오의 장수들은 중과부적衆寡不敵의 상황 앞에 두려움과 공포를 느꼈다. 그러나 주환은 이들과 달리 침착하게 자신의 생각을 설명했다. "양군이 서로 겨룰 때 승패는 어디까지나 장수가 얼마나 기막히게 군대를 운용하고 지휘하느냐에 달린 것이지 병력이 얼마나 많고 적으냐에 달린 것이 아닙니다. 지금 조인의 군대는 천 리를 달려온 터라 사람도 말도 모두 지쳐 있습니다. 하지만 우리가 지키는 성은 견고하고 또 남으로는 광활한 강이 흐르고 북으로는 험산준령이 가로막고 있어 방어하는 데 큰 수고를 들일 필요가 없으며 또한 주인이 객을 제압한다는 백전백승의 지형에 자리 잡고 있습니다. 설사 조비가 친히 군대를 이끌고 쳐들어온다고 해도 걱정할 필요가 없는 요새입니다. 그러니 조인이라면 더 말할 나위가 없지 않겠습니까?"

말을 끝마치자 주환은 전 부대에 명을 내려 깃발을 눕히고 북을 울리지 않도록 하며 매복이 있는 듯한 허술한 모습으로 조인을 속이려 했다. 예상대로 감쪽같이 속아 넘어 조인은 감히 진격해 오지 못했고 주환은 이를 전화위복의 기회로 삼아 위기를 곧바로 기회로 연결시켰다. 그는 조금도 주저하지 않고 재빠르게 반격해 위나라 군을 크게 무찔렀다.

지혜가 꼬리를 무는 역사 이야기

당 현종 때 토번 기병 수만이 과주瓜州를 공격해 함락시켰고 그 와중에 과주를 지키던 장수 왕군환王君煥이 전사하게 되었다. 사흘 후 토번인은 수많은 부녀자와 재물을 가득 싣고 퇴각했다.

얼마 후 과주의 후임 자사로 장수규가 파견되었다. 그는 임지에 부임하자마자 토번인의 침략 때 살아남은 군사와 백성을 불러 모아 말했다. "우리는 적군의 재침입을 막을 준비를 해야 합니다." 그는 사병 1천여 명을 조직해 성벽을 건축하고 백성들의 가옥을 짓게 하는 한편, 늙고 어리고 약하고 병든 백성들은 초막을 지어 쉬게 했다. 이렇게 열심히 노력한 결과 어느덧 성벽은 거의 다 복구되고 가옥은 반가량이 다시 지어졌다. 장수규가 사람들과 함께 막 성벽의 현판을 걸고 있을 때 수비병이 헐레벌떡 달려오더니 보고했다. "토번의 기병이 쳐들어오고 있습니다. 산과 들이 새까맣게 뒤덮였습니다!" 깜짝 놀란 사람들은 서로 얼굴만 쳐다볼 뿐 속수무책이었다.

침묵을 깨고 장수규가 말했다. "적은 수가 많고 우리는 수가 적은 데다 아직 전쟁의 피해도 가시지도 않았습니다. 이런 때에 날카로운 화살과 돌로 적군에 대항한다는 것은 우리에겐 정말 힘에 벅찬 일입니다. 우리는 모략을 써야만 적군을 물리칠 수 있습니다." 이어서 그는 깃발을 눕히고 북을 울리지 말라고 명령했다. 그리고 성루 위에서 연회를 열고는 악공을 청해 음악을 연주하게 하고 장사들과 함께 거나한 술자리를 벌였다. 성 앞까지 쳐들어온 토번인들이 이 모습을 보고는 틀림없이 성 안에 복병이 있을 거라 여기고 감히 공격하지 못했고 얼마 후에는 결국 스스로 포위를 풀고 돌아가 버렸다.

후세 사람들은 이 사건을 찬탄하며 시를 한 수 남겼다.

능 기 선 사 점 오 두
能騎善射占鼇頭 말을 타고 활을 쏘는 것은 천하제일이고

('오두鼇頭'는 궁궐의 대전 앞 돌계단에 조각된 자라의 머리로, 과거에는 장원급제한 사람만이 밟을 수 있었음)

대 병 용 장 유 지 모
帶兵用將有智謀 병사를 데리고 장수를 쓰는 것은 지모가 있네.

토 번 대 군 임 성 하
吐蕃大軍臨城下 토번의 대군이 성 아래까지 이르렀지만

수 규 지 권 보 과 주
守珪只拳保瓜州 장수규는 맨주먹으로 과주瓜州를 지켰다네.

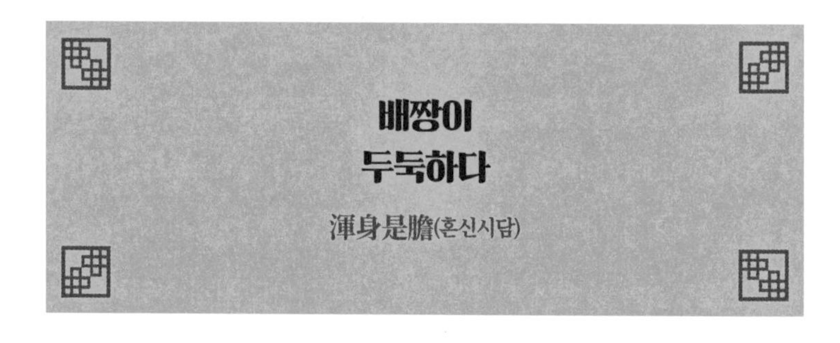

배짱이 두둑하다

渾身是膽(혼신시담)

군사가 조자룡이 황충을 구하고 한수를 지킨 일을 상세하게 이야기하자 현덕은 크게 기뻐했다. 그는 산 앞뒤의 험준한 길을 살펴보더니 제갈공명에게 기쁜 듯 말했다. **"자룡은 온 몸이 전부 배짱으로 두둑하구려!"**

황충은 하후연을 죽이고 마침내 정군산定軍山을 함락시켰다. 조조는 화가 머리끝까지 나 미창산米倉山의 군량과 여물을 한수漢水 곁에 있는 북산北山의 진채로 옮기고 자신이 친히 20만 대군을 이끌고 가맹관으로 진격했다. 이에 황충과 여러 장수들은 모여 전략을 짠 뒤에 밤의 어두움을 틈타 위나라 군의 군영을 습격해 군량과 물자들을 불태우기로 했다. 황충과 장저張著는 북산을 향했다. 그들은 미리 정해

둔 시간이 넘어도 돌아오지 않으면 조운이 병사를 이끌고 진지를 나와 그들과 협공하며 적군에 대항하기로 했다. 그러나 황충과 장저는 북산으로 향하던 길에 진군 중에 조조가 인솔하는 부대를 맞닥뜨렸다. 한편 진지를 지키던 조운은 약속한 시간이 넘어도 황충이 돌아오지 않자 곧 출병해 그들과 호응했다. 그는 적군의 대오를 거침없이 누비며 조조의 대군을 혼비백산하게 하고 황충과 장저를 무사히 구출해 냈다.

그러나 조조도 순순히 물러나지는 않았다. 반드시 조운을 없애겠다며 대부대를 지휘해 맹렬히 추격전을 벌인 조조는 이윽고 촉의 진지까지 이르렀다. 조운의 부장 장익張翼은 조운이 이미 본진지에 돌아온 후 뒤에 조조의 군사들이 맹렬하게 추격해 오는 것을 보고 진지의 문을 굳게 걸어 잠그고 방어하려 했다. 그러나 조운은 오히려 진지의 문을 활짝 열고 깃발도 전부 눕히고 북을 울리는 것도 멈춘 채 조조의 군대를 들여보내라고 명령했다. 또 궁수들을 진지 안팎에 매복시키고 자신은 말 한 필에 올라타 단지 창 하나만 들고 진지 입구에서 적을 기다렸다.

본래 의심이 많은 성품인 조조는 진지 입구까지 추격해 왔으나 대문이 활짝 열려 있는 것을 보고 분명히 매복이 있는 것이라 여겼다. 그는 본대에 급히 철수하라고 명령했다. 조조 군이 막 후퇴하려는 찰나, 갑자기 촉의 진영에서 일제히 북소리가 울리며 "쳐라!"하는 군사들의 함성이 하늘을 흔들고 화살이 소나기같이 쏟아졌다. 조조 군은 모두 갑작스럽게 벌어진 일에 너무 놀라 각자 제 살 길 찾기에 바빴다. 서로 치고 밟고 뒤엉키는 아비규환 속에서 죽은 자도 수두룩했다. 촉나라 군사들은 이 기세를 틈타 조조 군의 군량을 빼앗고 조조군 군사와 말을 크게 무찌른 후에 진영으로 돌아왔다.

다음날 아침 승전보를 들은 유비는 진영을 방문해 장군과 병사들을 위로했다. 유비는 어제 전투가 벌어졌던 곳을 순시하면서 장군과 병사들을 통해 조운의 눈부신 활약상을 전해 들었다. 유비는 조운의 용맹스러움에 자신도 모르게 감탄하며 말했다. "자룡은 온 몸이 전부 배짱으로 두둑하구려!" 그리고 조운을 '호위虎威장군'이라 불렀다.

지혜가 꼬리를 무는 역사 이야기

정관貞觀 18년(644년) 당 태종 이세민은 친히 고구려를 정복하려고 장안과 낙양 등지에서 군사를 모집했다. 이때 설인귀薛仁貴도 장사귀張士貴 장군이 이끌던 부대에 지원해 군에 입대했다.

645년, 당 태종은 낙양을 출발해 직접 고구려로 떠났다. 한편 소식을 들은 고구려에서는 대장 고연수高延壽와 고혜진高惠眞 장군이 15만 대군을 이끌고 안시성을 지원하러 와 있었다. 이에 당 태종은 고구려의 원군을 안시성安市城 동남쪽으로 팔 리쯤 떨어진 곳까지 유인해 결전을 벌였다. 이때 갑자기 사납게 변하더니 검은 구름이 사방에서 일고 천둥번개가 쾅쾅 쳐댔다. 평소 자신의 용맹에 자부심이 컸던 설인귀는 이 기회에 꼭 전공을 세워야겠다고 벼르고 있던 참이었다. 그는 일부러 눈에 잘 띄는 하얀 두루마기를 입고 손에는 화극을 들고 등에는 활을 맨 채 큰 고함을 내지르며 적진을 향해 달려 나갔다. 그의 갑작스런 출현에 고연수 장군은 깜짝 놀랐다. 병사들을 나누어 전투를 벌이려 생각했던 고구려군은 설인귀의 황당한 출현에 그만 대열이 무너지고 병사들이 사방으로 도망치는 바람에 삽시간에 2만여 명의 목숨을 잃고 말았다.

온 몸을 흰 두루마기로 감싼 설인귀는 눈에 아주 잘 띄었다. 그의 모습은 전쟁 상황을 지켜보던 당 태종에게도 금세 발견되었다. 설인귀의 활약에 감탄한 당 태종은 물었다. "흰 두루마기를 입고 제일 앞에서 적진으로 내달리던 장군은 누구인가?" 사람들이 대답했다. "설인귀라 합니다."

전쟁 후 당 태종은 설인귀를 불러 배짱이 아주 두둑하다며 칭찬했다. 말 두 필과 비단 40필을 하사한 뒤 그를 유격遊擊장군으로 승격시키고 장안 태극궁太極宮의 북쪽 정문正門을 지키는 책임관으로 임명했다.

인생의
무기가
되는
삼국지

먹자니 맛이 없고 버리자니 아깝다

먹자니 맛이 없고 버리자니 아깝다

食之無味 棄之可惜(식지무미 기지가석)

양수가 말했다. "오늘 밤에 쓰는 암호를 통해 위 왕이 곧 병사를 철수하고 돌아간다는 것을 알 수 있습니다. 닭갈비는 먹자니 고기가 없고 버리자니 아까운 것입니다. 마찬가지로 이제 와서 공격한다 해도 이길 수 없고, 퇴각한다 해도 사람들의 비웃음을 살 것이니 여기에 머물러 있는 것은 아무런 이익이 없습니다. 차라리 빨리 돌아가는 것만 못 합니다. 내일 위 왕은 분명히 군대를 이동할 것입니다. 그래서 저는 먼저 짐을 쌌습니다. 여행을 떠나기 전에 정신이 없을 것을 면하려고 말입니다."

조조가 한중으로 출병하던 때 양수楊修는 조조의 행군주부主簿(막료급 비서)를 담당했다.

군대가 한중에 들어선 후에 조조는 상황이 자신들에게 매우 불리하다는 것을 알게 되었다. 전진할 수도 없고 방어하기에도 마땅치 않았다. 그렇다고 군대를 철수시키자니 세상 사람들의 비웃음이 두려웠다.

그래서 망설이고 있는데 요리사가 닭곰탕을 받쳐 들고 왔다. 그는 닭곰탕을 먹으면서도 계속 생각에 생각을 거듭했다. 그가 막 닭갈비를 먹을 때, 대장 하후돈이 들어와 야간의 암호를 무엇으로 할 것인지 물었다. 그러자 조조는 단 한 마디를 내뱉었다. "계륵鷄肋(닭의 갈비)." 그러자 곁에 있던 양수는 이것이 무엇을 의미하는지 금방 알아차리고는 얼른 시종 드는 하인을 불러 떠날 채비를 하도록 했다. 한 사람이 이것을 보고 하후돈에게 보고하자 크게 놀란 하후돈은 양수를 막사로 불러들여서 왜 떠날 채비를 했느냐고 물었다. 그러자 양수가 대답했다. "계륵은 먹기에는 맛이 없고, 버리기에는 아까운 물건입니다. 조공께서는 지금 한중을 계륵으로 보고 계십니다. 이곳에 남아 있어도 별 의미가 없으니 곧 돌아가실 겁니다. 그래서 저는 먼저 떠날 짐을 챙긴 것이지요. 나중에 길을 떠날 때 정신이 없을 것 같아서요." 그의 말이 끝나자 하후돈이 감탄하며 말했다. "어찌 그리도 위 왕의 속마음을 잘 아시오?" 군영으로 돌아온 후 하후돈 역시 짐을 꾸리고 떠날 준비를 했다. 그러자 하후돈의 진지에 있는 장군들도 이를 보고 각자 자기 짐을 챙기기 시작했다.

한편 조조는 한밤중이 되자 더욱 마음이 심란하기 그지없었다. 그는 손에 도끼 하나만 들고 홀로 진지를 돌아보기로 했다. 그런데 하후돈의 진지를 둘러보니 군사들이 전부 짐을 꾸리며 돌아갈 준비를 하는 게 아닌가? 깜짝 놀란 조조는 얼른 막사로 돌아와서 하후돈을 불러 이유를 캐물었다. 하후돈은 주부 양수가 돌아가고 싶어 하는 조조의 마음을 꿰뚫어 보았다고 사실을 털어놓았다. 조조는 다시 급히 양수를 불러와 그를 심문했다. 그러자 양수는 암호 '계륵'의 뜻으로 철수를 짐작했다고 대답했다. 조조는 크게 노해 말했다. "네가 감히 헛소문을 만들어 군심을 어지럽히다니!" 그는 즉시 양수를 끌고 나가 참수시키고 머리는 원문 밖에 걸어놓아 경계로 삼도록 했다.

지혜가 꼬리를 무는 역사 이야기

당 현종 개원開元 24년(736년) 3월 좌효위左驍衛 장군을 맡았던 안녹산安祿山은 장수규의 명을 받들어 당 왕조에 반발한 계단契丹족을 정벌했다.

안녹산은 평소 자신을 천하무적의 용장으로 여겼기에 계단족쯤은 전혀 상대로 여기지도 않았다. 그러나 그는 군사 수백 명만 이끌고 무모하게 추격전을 벌이다가 계단 사람들의 매복에 속아 전군이 섬멸되고 말았다. 그리고 자신은 말 한 필에 몸을 의지해 홀로 유주로 도망쳐 왔다. 장수규는 군법에 따라 안녹산을 참수형에 처하려 했다. 그러자 안녹산은 전혀 개의치 않는다는 듯 큰 소리로 외쳤다. "장공께서는 계단 사람을 무찌르려고 오시지 않으셨습니까! 어찌 계단 사람을 멸하기도 전에 장수를 먼저 죽이려 하십니까?"

그의 담대한 태도에 장수규는 마음이 흔들렸다. 그래서 장수규는 안녹산이 인재임을 아깝게 여기고 상소문을 써서 그를 수도 장안까지 압송하고 조정에서 그의 문제를 처리하도록 했다. 당시 우승상右丞相 장구령張九齡은 상소문을 읽어보고 유주에 이런 회답을 보냈다. "과거 사마양저는 군기가 엄격하여 제나라 경공景公의 총애를 받던 군사 감독 장가莊賈까지도 죽이기를 두려워하지 않았습니다. 손무孫武 역시 군기가 엄하여 오나라 왕이 총애하던 비빈을 두 명이나 죽인 일이 있습니다. 장군께서 만일 군기를 엄격하게 지킨다면 안녹산의 죽을죄를 용서해 주어서는 안 될 것입니다."

한편 장수규의 상소문을 본 당 현종은 안녹산이 포악하고 오만한 면이 있어 먹자니 맛은 없을 것 같았지만 버리자니 역시 아까운 생각이 들어 그의 죄를 사면하도록 명했다. 그 대신에 그를 모든 관직에서 파면하고 군사를 이끌고 전쟁에 나가 공을 세우는 것으로 자신의 죗값을 치르도록 했다. 안녹산은 이렇게 해서 비록 잠시 동안은 관직을 잃었지만 덕분에 조정에서 유명 인사가 되었다. 나중의 성공에는 유리한 조건을 확보한 셈이었다.

하룻강아지 범 무서운 줄 모른다

初生之犢不畏虎(초생지독불외호)

관평關平이 말했다. **"하룻강아지 범 무서운 줄 모른다라는 말이 있습니다. 아버님께서 그 사람을 참수하신다 해도 그는 그저 서강西羌의 일개 병졸일 뿐입니다. 만일 자칫 소홀하여 목숨이라도 잃게 된다면 백부님(유비)의 큰 기대를 저버리는 것입니다."**

조조는 대장 우금을 정남征南장군, 방덕龐德을 선봉으로 삼아 일곱 갈래로 나눈 대군을 이끌고 어두운 밤을 틈 타 번성으로 이동했다. 조조 군이 바깥쪽에서 번성을 돕자 관우는 전신무장을 하고 친히 나가 적을 맞았다.

관우와 방덕은 100여 합을 맹렬히 싸웠지만 승부를 가리지 못했다. 양아들 관평이 전쟁에 나설 필요가 없다고 극구 말렸지만 관우는 이를 듣지 않고 그 다음날에도 방덕과 결투를 벌였다. 두 장수가 50합까지 겨루던 상황에서 방덕은 말을 돌려 도망을 쳤다. 그러나 이 기회를 놓칠 관우가 아니었다. 관우는 그를 놓치지 않고 끝까지 쫓아갔다. 그러나 방심한 사이에 방덕이 순식간에 몸을 돌려 쏘는 화살을 미처 피하지 못하고 부상을 입고 말았다. 결국 추격을 멈추고 자기 진영으로 돌아가 상처를 치료하는 수밖에 없었다.

수십 일이 지난 후 드디어 관우의 상처가 아물었다. 그런데 조조의 병사들이 성의 북쪽으로 주둔지를 옮겼다는 이야기가 들리자 관우는 어찌 된 일인지 말을 타고 높은 곳에 올라 주위부터 관찰했다. 성 북쪽의 산골짜기 안에는 조조 군이 빽빽이 들어찼고 양강襄江의 물은 기세가 험악했다. 관우는 부하들에게 나룻배를 준비하고 우의를 챙겨 모든 수문을 막으라는 명령을 내렸다.

한편 방덕의 진영에서는 장군들의 전체 회의 결과 산골짜기는 오래 머무르기에 마땅치 않으니 다음날 높은 지대로 이동하자는 결정을 내렸다. 그런데 바로 그날 밤 비바람이 크게 일더니 하늘이 울리고 사방에서 큰물이 밀려오는 소리가 들려오는 것이 아닌가? 그날의 폭우로 조조 군영에서는 엄청난 수의 군사가 익사했다. 우금, 방덕 등 장군들은 작은 언덕에 올라 간신히 대피를 하긴 했으나 순식간에 대군을 이끌고 온 관우의 공격은 미처 피하지 못했다.

사면초가에 몰린 우금은 어쩔 수 없이 관우에게 투항하고 말았다. 방덕과 그를 따르던 패잔병들 역시 관우의 군대에 겹겹이 포위되어 얼마 싸우지도 못하고 전군이 항복했다. 그 와중에 방덕은 은밀히 작은 나룻배를 구해 물길을 타고 서쪽으로 도망치려 했다. 하지만 그 역시도 주창周倉의 큰 배에 부딪혀 배가 뒤집히는 바람에 생포당하고 말았다.

지혜가 꼬리를 무는 역사 이야기

곽거병霍去病은 서한 시대 하동군 평양平陽현 사람으로, 곽중유霍中孺와 평양平陽공주의 시녀 위소아衛少兒 사이에서 태어난 사생아였다. 곽거병은 후에 표기장군이 되어 군사를 이끌고 흉노를 정벌하러 가며 하동군을 지나게 되었을 때야 비로소 자신의 아버지가 누구인지 알았다고 한다. 한편 위소아의 여동생 위자부衛子夫가 황후의 자리에 오르자 곽거병은 한 무제의 신임과 총애를 한 몸에 받았다.

기원전 123년, 당시 겨우 17살이던 곽거병은 외삼촌 위청衛青 대장군을 따라 흉노 정벌에 나섰다. 하룻강아지 범 무서운 줄 모른다더니 그는 겨우 병사 800명을 데리고 돌격대를 조직해 적진 수백 리까지 침투했다. 그가 이끄는 돌격대는 새벽이 어슴푸레하게 밝아올 때까지 흉노의 대군영을 습격해 적군 2천여 명을 섬멸하는 전과를 올렸다. 이렇게 해서 그는 첫 번째 전쟁에서 큰 승리를 거두고 돌아왔다. 한 무제는 뜻밖의 승전 소식에 무척 기쁜 나머지 아직 약관에 불과한 소년 곽거병을 관군후冠軍侯로 봉했다.

기원전 121년 한 무제는 곽거병을 다시 표기장군에 봉하고 기병 1만 명을 주며 농서를 출발해 흉노를 정벌하라고 명을 내렸다. 이에 다시 병사를 이끌고 흉노 정벌에 나선 곽거병은 흉노족과 연이은 엿새 동안 치열한 전투를 벌였다. 흉노족은 후퇴에 후퇴를 거듭했다. 곽거병과 그의 기병대는 천여 리를 넘게 흉노족을 추격했다. 그 추격 길에는 혼여渾邪(지금의 간쑤성 지방), 휴도休屠(지금의 간쑤성 우웨이武威 북쪽) 등 수많은 흉노족의 속국이 자리 잡고 있었다. 한나라 군사들은 그곳을 지나며 혼여의 왕자와 재상을 포로로 잡고, 휴도 왕 제천祭天의 금 조각상까지 전리품으로 획득했다.

한 무제는 곽거병의 혁혁한 전공을 치하하고 싶어 특별히 그에게 훌륭한 저택을 한 채 지어 주려 했다. 그러나 곽거병은 정중히 사양하며 말했다. "아직 흉노족을 다 정벌하지 못했는데 소신이 어찌 집에 머물 생각을 하겠습니까?"

관운장은 뼈를 긁어 독을 치료했고 여자명은 흰 옷을 입고 강을 건넜다.

관우는 번성을 공격하는 과정에서 잠시의 부주의로 그만 오른 팔에 독화살을 맞고 말았다. 군사들이 서둘러 화살촉을 빼냈지만 독은 이미 뼛속까지 침투한 상태였다. 장수들이 우선 형주로 돌아가 상처를 치료하라고 권했지만 관우는 번성을 함락시키기 전까지는 절대 철병할 수 없다는 결의를 밝혔다. 관우의 상처가 점점 더 심각해지는 것이 걱정된 유비의 장수들과 군사들은 하는 수 없이 사방에 사람을 풀어 명의를 찾았다.

어느 날 한 사람이 작은 배를 타고 강을 따라 한나라 군대의 진영에 찾아왔다. 그는 자신의 성이 화華요, 이름은 타佗라고 밝히면서 관우를 치료하려고 특별히 이곳까지 왔노라고 했다. 관우를 진찰한 화타는 "화살촉에 묻어 있던 독이 벌써 뼛속까지 미쳤습니다. 살을 째고 뼈를 긁어내야만 비로소 독을 완전히 제거할 수 있습니다."라고 말했다.

관우는 화타에게 어떻게 치료할 것인지 방법을 물었다. 화타가 말했다. "사실 저는 관우 장군께서 수술을 두려워하시진 않을까 걱정입니다. 그래서 땅에 기둥을 하나 박고 그 기둥에 고리를 하나 매달아 팔을 그 고리에 집어넣은 후, 밧줄로 팔을 단단히 묶고 천으로 장군의 눈을 가린 다음에 수술을 하려고 합니다." 관우는 이야기를 듣더니 빙그레 웃으며 말했다. "나는 죽는 걸 고향으로 돌아가는 것처럼 생각하는 사람이오. 무엇이 두렵겠소?"

그는 곧 화타와 술자리를 함께 할 연회를 준비하게 했다. 관우는 술 몇 잔을 마시고 다른 사람과 함께 바둑을 두면서 화타에게 자신의 오른팔을 내밀었다. 화타는 관우의 살가죽을 찢고 칼로 뼈를 긁어냈다. 팔뚝에서 흘러내리는 피가 대야 가득 넘쳤는데도 관우는 수술을 받으면서 술을 마시고 웃고 떠들며 평상시와 똑같은 모습이었다. 뼈에 스며든 독을 전부 긁어낸 후 약을 바르고 상처를 봉합하자 관우는 웃는 얼굴로 일어나 뭇 장군들에게 말했다. "내 팔은 이제 전처럼 마음대로 움직일 수 있게 되었습니다. 화타 선생, 선생은 정말 신의神醫이십니다!" 그러자 화타가 말했다. "제가 의술을 행한 이래로 장군처럼 대단한 분은 처음 뵈었습니다. 장군이야말로 신인神人이십니다!"

지혜가 꼬리를 무는 역사 이야기

오대십국 시기에 후량의 주우정朱友貞은 즉위한 후 과거 위박魏博이 소유했던 여섯 주州를 두 개의 진鎭으로 분리시켰다. 그러자 현지의 군대들은 그 결정에 복종하지 않았고 결국 군교軍校 장언張彦은 반란을 일으켰다. 그는 절도사 하덕윤賀德倫을 납치해 후량을 배반하고 진晋에 투항하도록 강요했다. 이에 진왕晋王 이존욱은 직접 대군을 이끌고 황택령黃澤嶺에서 동으로 내려왔다. 허나 장언의 행동이 유인 작전인지 아닌지 확실한 판단이 서지 않았기에 일단 병사를 주둔시키고 움직이지 않았다. 그러자 하덕윤은 판관사공判官司空을 보내 이존욱의 군대를 위로하며 그에게 반란군의 뼈를 긁어 근본적인 치료를 하는 것이 좋겠다며 은밀하게 건의했다. 다시 말하자면 우선 장언을 제거하는 것이 가장 근본적인 해결책이라고 제안한 것이다.

이존욱은 하덕윤의 건의를 들은 후 군대를 이끌고 전진해 영제永濟에 주둔했다. 그때 장언이 정병 500명을 이끌고 그에게 인사 차 찾아왔다. 그러나 이존욱은 역참의 성루 위에 서서 장언에게 고했다. "사람들이 내게 와서 네가 주장主將을 모욕하고 협박하며 백성들을 가혹하게 대한다고 하소연한 것이 벌써 100번도 더 되었다. 너는 내게 공을 세운 것은 분명하다만 나는 위주魏州 백성들에게 사죄하기 위해

널 죽여야겠다!”

그리고 장언과 그 패거리 일곱 명을 바로 참수해버렸다. 하지만 반란군의 잔당들에게는 “죄가 있는 것은 그 여덟 명뿐이다. 다른 사람들에게는 죄를 묻지 않겠다. 너희들은 이제부터 나에게 충성하면 된다.”라고만 말했다.

그 다음날 가벼운 옷차림에 넓은 띠를 두르고 나타난 이존욱은 장언의 병사들에게 갑옷을 입고 창을 들고 자신의 좌우를 따르라 명했다. 이존욱의 신임을 받은 장언의 병사들은 그의 막사를 지키는 친위병이 되었고 그 이후 반란군은 이존욱의 말에 복종하게 되었다.

방심하다 형주를 잃다

大意失荊州(대의실형주)

육손이 크게 기뻐하며 몰래 사람을 보내 정탐해 보니 관우는 과연 형주의 군사를 반 이상이나 철수시켜 번성으로 보내고 화살에 맞은 상처가 낫기만을 기다리며 진군 준비를 하고 있었다. 육손은 계속해서 더 자세한 상황을 정탐해 내고는 곧바로 사람을 보내 한밤중에 손권에게 이 사실을 보고했다. 손권은 여몽을 불러 상의했다. **"지금 관운장이 형주의 군사를 철수시키고 번성을 공격하려고 하니 형주를 습격해 취할 계책을 세울 수 있겠소."**

유비는 제갈량과 함께 계속 사천 일대를 공략하고 있던 차라 형주를 지키는 중책은 관우가 맡게 되었다. 한편 유비가 스스로를 한중왕漢中王으로 일컫자 조조는 바로 손권에게 사신을 보내 형주의 관우

를 함께 치자고 제안했다. 그러나 손권은 그 당시 동의하지 않았다. 그러는 가운데 관우는 북쪽에 머물고 있던 조조 군을 쳐서 군대를 익사시키고 우금과 방덕 등 장군을 생포하는 등의 전공을 올리자 차츰 적을 가볍게 여기는 자만심이 생겨났다.

이때 손권이 출병해 형주를 치기로 결심했다. 육구陸口를 지키던 오나라의 대장 여몽呂蒙은 지혜롭고 꾀가 많은데다가 마침 형주의 지세와 관우의 인물됨도 아주 잘 알았다. 그는 관우가 경계심을 풀도록 병을 핑계로 사직하고 당시만 해도 아직 무명이던 젊은 장수 육손陸遜에게 육구를 지키는 책임을 맡겼다. 그와 함께 관우에게는 극히 예의 바르고 겸손한 말투로 인사이동 사실을 알리는 서신을 보냈다.

육손을 얕잡아 본 관우는 과연 경계를 완전히 풀었다. 강동 쪽에는 다시 우환이 없을 것이라 여기고 형주의 군사를 반 이상 철수시켜 번성을 공격하게 한 것이다. 이로써 여몽은 형주를 칠 절호의 기회를 잡게 되었다. 그는 병사들을 상인의 모습으로 변장시켜 관우 수하의 강변 수군을 속이고 순조롭게 강을 건너 군사 하나 다치지 않고 손쉽게 형주를 점령했다.

지혜가 꼬리를 무는 역사 이야기

기원전 200년 겨울 흉노족의 모돈선우冒頓單于는 마읍馬邑을 점령하고 계속 남하해 진양을 포위했다. 이에 유방은 직접 진양으로 가 흉노와 대치했다. 그런데 유방이 보낸 정탐병들은 입을 모아 모돈선우의 부하들은 하나같이 늙고 쇠약하고 병든 군사들뿐이며 말까지도 비루먹은 말 일색이라고 보고했다. 이런 상황에서 전쟁을 벌이면 승부는 보나마나 뻔한 것이었다. 하지만 유방은 병사들의 정탐 내용이 확실하지 않다고 여기고 다시 유경劉敬을 보내 흉노군의 군영까지 정탐하고 오게 했다.

정탐을 마치고 돌아온 유경이 보고했다. "우리가 볼 수 있는 흉노 병사는 확실히 전부 늙고 약하고 병든 병사밖에 없습니다. 하지만 제 생각에는 모돈이 분명 정병들을 어딘가에 매복시켜 놓았을 듯합니다. 폐하께서는 절대로 이들의 위장 전술에 속으시면 안 되옵니다."

그러자 유방의 대노하여 말했다. "네가 어느 안전이라고 함부로 지껄이는 것이냐? 네가 감히 우리 군대의 진격을 훼방하려 하느냐?" 그는 유경을 옥에 가두고 스스로 군대를 지휘하여 흉노족을 공격하기로 했다. 그러나 군대를 거느리고 평성平城에 도착해보니 사방에 수많은 흉노족들이 매복해 있는 게 아닌가! 게다가 처음에 봤던 그 늙고 약하고 병든 군사들은 다 어디로 사라졌는지 하나도 보이지 않았고 전부 건장하고 억센 군사들이었으며 말들도 모두 튼튼했다. 결국 유방은 한순간 방심하다 형주를 잃은 관우 꼴이 되고 말았다. 그 상황에서 한나라 군대는 죽을힘을 다해 싸운 끝에 간신히 평성 동쪽에 있는 백등산白登山으로 퇴각할 수 있었다. 그러나 모돈선우가 곧바로 정병 40만 명을 풀어 백등산 정상에 피해 있던 유방군을 겹겹이 둘러싸 주위에 있던 한나라 군대들도 유방을 구할 뾰족한 수가 없었다. 그리하여 유방과 함께 살아남은 병사들은 백등산에서 꼬박 이레 동안을 오도 가도 못하는 독안에 든 쥐가 되어야 했다.

후에 모사 진평陳平이 사신을 보내 모돈선우의 아내를 매수하고 유방을 위해 힘쓰게 한 후에야 유방은 겨우 호랑이 굴에서 빠져나올 수 있었다.

때를 알고 힘쓰는 자가 진정한 영웅이다

識時務者爲俊傑(식시무자위준걸)

인사가 끝나고 차도 다 마시자 제갈근이 말했다. "저는 오나라 군주의 명을 받고 특별히 장군께 권유하고자 왔습니다. 자고로 '때를 알고 힘쓰는 자가 진정한 영웅이다'라는 말이 있습니다. 지금 장군이 통치하시던 아홉 군은 이미 다른 사람의 손에 모두 넘어가고 겨우 작은 맥성麥城 하나만 남았습니다. 그나마도 안에는 사람 먹을 양식과 말 먹일 꼴이 없고 밖으로는 구원병이 없어 풍전등화의 위기에 처하게 되었습니다. 장군께서 제 권유대로 오나라 군주에게 투항하시면 형주와 양양을 다시 다스리실 수 있을 뿐만 아니라 가족의 생명도 보전하실 수 있습니다. 장군께서는 심사숙고하시기 바랍니다."

관우는 여몽이 강을 건너 형주를 취했다는 보고를 받자 마량馬

良과 이적伊籍을 성도成都에 보내 구원병을 요청하는 한편 자신은 형주를 수복하기로 하고 직접 병사들을 이끌고 출병했다. 그리고 요화廖化와 관평關平을 남겨 후방을 지키게 했다. 그런데 진격하는 도중에 여몽의 군대는 군기가 반듯하여 형주성에 남은 가족들을 전혀 해치지 않았다는 소식이 전해지자 많은 장병이 형주로 돌아가 오군에 투항해 버렸다.

이렇게 되어 얼마 안 되는 군을 이끌고 형주를 수복하러 가는 길에 관우가 제일 먼저 만난 장수는 장흠張欽이었다. 그를 물리치자 바로 주태周泰와 한당韓當이 달려들었다. 이어 왼쪽에서는 정봉丁奉이 오른쪽에서는 서성徐盛이 튀어나왔다. 게다가 앞쪽에 있던 오나라의 세 부대도 다시 돌아와 관우를 포위했다. 그때 관우의 곁에는 겨우 군사 300여 명만이 남아 있을 뿐이었다.

이때 관평과 요화가 각각 부대를 이끌고 와 포위를 뚫고 관우를 구출해 냈다. 관평은 관우에게 이렇게 건의했다. "군심이 이미 어지러워졌습니다. 지금 우리 군의 상태로 볼 때 반드시 성을 하나 얻어 잠시 쉬어야 합니다. 맥성은 비록 작지만 군사를 주둔시킬 수 있을 겁니다." 관우는 그의 말에 따라 남은 군사를 이끌고 맥성으로 들어갔다. 그는 군사를 나누어 동서남북 사방의 문을 굳게 지키도록 했다. 그러자 여몽은 맥성을 단단히 에워싸고, 제갈근을 보내 관우에게 투항을 권유했다. 제갈근은 맥성에 사신으로 와 관우에게 말했다. "자고로 '때를 알고 힘쓰는 자가 진정한 영웅이다'라는 말이 있습니다. 장군이 통치하시던 아홉 군은 이미 다른 사람의 손에 넘어가고 이제 겨우 작은 맥성 하나만 남았습니다. 그나마도 안에는 사람 먹을 양식과 말 먹일 꼴이 없고 밖으로는 구원병이 없어 풍전등화의 위기에 처하게 되었습니다. 장군께서는 왜 제 말대로 오나라 군주에게 투항하시어 가족의 생명을 보전하지 않으십니까?"

이에 관우가 정색하며 말했다. "나는 비록 해량解良의 일개 무사에 불과했으나 우리 군주 유비께서 손발과 같이 여겨 주시는 은혜를 베푸셨는데 어찌 도의를 저버리고 적국에 투항하겠소? 성을 빼앗겼으니 앞길에는 오직 죽음만 기다리고 있을 뿐이오. 옥은 깨어져도 그 색이 변하지 않고 대나무는 불에 태워도 그 마디가 변하지 않는다 했소. 이 몸은 비록 죽는다 할지라도 이름은 역사에 길이 남길 수 있는 것이오. 다른 말로 더 권해도 소용없으니 빨리 성에서 나가 주시오. 나는 무슨 일이 있더라도 손권과 죽기까지 싸울 것이오!"

제갈량은 돌아와 손권에게 보고했다. "관우는 강철처럼 마음이 굳세어 도저히 설복할 수가 없었습니다." 손권은 감탄하며 말했다. "관우는 진정한 충신이로구나!"

지혜가 꼬리를 무는 역사 이야기

거록 전쟁에서 패한 후 진秦나라 대장군 장한章邯은 거록 남부의 극원棘原에 군사력을 집중시켰다. 항우가 승승장구하는 기세를 타고 장수漳水 남쪽 언덕까지 진나라 군을 추격해오자 양군은 잠시 대치 국면을 형성했다. 진나라 군사는 앞서 전쟁에서 수차례나 패퇴했기에 진 이세二世 황제는 사신을 보내 대장군 장한을 꾸짖었고 또 승상이었던 조고趙高도 이 일에 연루될 것을 걱정해 장한에게 애꿎은 죄를 뒤집어씌우려 했다. 이 소식을 들은 장한은 자신의 앞날이 매우 두려워졌다.

이때 진여가 장한에게 편지를 써 진나라에 반기를 들라고 권유했다. 그는 그 이유를 이렇게 설명했다. "백기白起와 몽념蒙恬은 모두 큰 공을 세운 진나라의 유명한 장군들이었습니다. 하지만 결국에는 죽음을 면치 못했지요. 진나라는 공이 있는 사람도 죽이고 공이 없는 사람도 죽이는 나라이니 세상 사람들도 진나라가 반드시 멸망할 거라고 생각하고 있습니다. 옛말에도 '때를 알고 힘쓰는 자가 진정한 영웅이다'라는 말이 있지 않습니까. 장군께서는 어찌 제후들과 연합해 진 왕조를 몰아내고 나라를 나눠 스스로 왕이 되려 하지 않으십니까?"

그러나 장한은 아직 확신이 서지 않았다. 그는 몰래 항우에게 사신을 보내 강화를 요청했지만 항우는 곧바로 대답을 하지 않았던 것이다. 항우는 강화에 찬성하는 대신 오히려 포蒲 장군을 보내 병사를 이끌고 밤낮을 달려 삼호진三戶津에서 장수漳水를 건너 남하하도록 명하고 다시금 진나라 군대를 격파해 장한의 퇴로를 끊어 버렸다. 또 자신은 주력부대를 이끌고 오수汚水(장수의 지류로 지금의 허베이성 린장臨漳 부근)에서 진나라 군에게 무차별 공격을 퍼부어 진군에 커다란 패배를 안겼다. 장한은 싸움에서 연달아 패배하고 원군도 없는데다 진 이세와 조고에게 죽임을 당할 것이라는 두려움에 다시금 항우에게 투항을 요청했다. 항우도 이번에는 그의 요청을 응낙했다. 진 이세 3년(기원전 207년) 7월 장한은 진나라 군사 20여 만 명을 이끌고 환수洹水 남쪽의 은허殷墟(지금의 허난성 안양安陽)에서 항우에게 투항했다.

항우가 진나라 군의 주력부대를 전부 섬멸하는 크나큰 승리를 거둔 덕에 유방은 진나라 군과 싸우지도 않고 바로 관중에 들어가 함양을 정복할 수 있는 유리한 조건을 얻게 되었다.

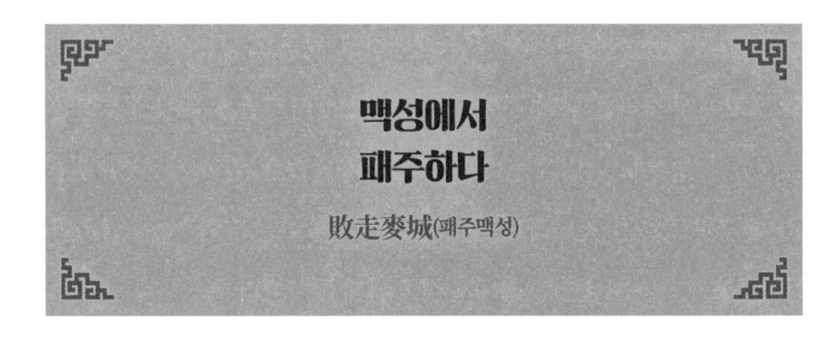

맥성에서 패주하다

敗走麥城(패주맥성)

서공명徐公明(즉 서황徐晃)은 면수沔水에서 큰 싸움을 벌였고 관운장은 맥성에서 패주했다.

관우가 제갈근의 투항 권유를 거절한 후, 여몽은 맥성을 겹겹이 포위하고 더욱 거센 공격을 퍼부어 댔다. 관우는 요화를 보내 유봉劉封에게 구원군을 요청했다. 하지만 유봉은 담이 작고 겁이 많은데다 맹달孟達이 곁에서 부추기자 출병하려 하지 않았다. 이제 맥성에 있는 마병과 보병은 겨우 300여 명에 불과했다. 게다가 양식과 꼴도 다 떨어진 상태였다. 관우는 주창周倉과 왕보王甫를 남겨 맥성을 지키게 한 후 자신은 관평, 조루趙累와 함께 남은 병졸 200여 명을 이끌고 북문의 포위를 뚫고 나가 지름길을 통해 서천으로 향했다.

하지만 여몽은 관운장의 수를 일찌감치 꿰뚫어 보고 진작 길목마다 병사를 매복시켜 놓았다. 관우가 맥성을 나서서 막 10여 리를 갔을 때 제일 먼저 오나라 군 대장 주연朱然과 마주쳤다. 주연을 무찌르고 한 사오 리쯤 갔을까? 또다시 오나라의 장수 반장潘璋이 달려들었다. 이 싸움에서 조루가 전사하고 말았다. 이제 관우의 곁에는 겨우 병졸 10여 명만 남아 있었다.

오경五更(3시에서 5시 사이)이 되어 관우가 계속 발걸음을 재촉하는데 갑자기 대포 소리가 들리더니 사방에서 복병들이 튀어나왔다. 복병들은 긴 창에 매달린 올가미로 먼저 관우가 타고 있는 적토마를 붙잡아 넘어뜨렸다. 관우는 순식간에 말 위에서 떨어져 반장의 수하인 마충馬忠에게 포로로 붙들렸다. 그리고 부친이 사로잡혔다는 소식을 듣고 홀로 전투에 뛰어든 관평 역시 싸우다가 힘이 다해 역시 포로로 붙잡히고 말았다.

손권은 관우를 불러 오나라에 투항할 것을 권유했지만 오히려 관우에게 호된 호통만 들어야 했다. 그때 주부主簿 좌헌左憲이 손권에게 간언했다. "예전에 조조가 관우에게 그렇게 잘 대해 주었지만 관우는 조조의 부하들을 죽이고 유비에게로 도망쳤습니다. 그러니 공께서 선대하신다 한들 관우는 오나라에 남지 않을 것이옵니다." 그의 간언을 들은 손권은 바로 관우를 처형했다.

기원전 494년 봄, 월 왕 구천은 군대를 이끌고 물길을 따라 오나라로 진군했다. 이에 부차는 정병 10만을 이끌고 나와 부초夫椒(지금의 장쑤성 우현吳縣 남쪽, 타이후太湖 부근)에서 구천과 결전을 벌였다. 오나라 군은 손무와 오자서의 전략에 따라 한밤의 어두움을 이용해 자기 진영에 군사들이 많이 있는 것처럼 위장하고 실제 군사들은 두 갈래로 나누어 횃불을 들고 월나라 군대의 진지로 이동하게 했다. 칠흑 같은 어둠 속에 오나라 군의 횃불은 점점이 빛나며 어디론가 빠르게 움직여 갔다. 이윽고 월나라 진지에 도착한 그들은 일순간에 우레와 같은 함성을 내지르며 공격을 개시했다. 불의의 습격에 혼비백산한 월나라 군은 순식간에 흐트러졌고 오나라 군은 기세를 타고 총공격해 월나라 군을 대패시켰다.

맥성에서 패한 구천은 오도 가도 못한 채로 회계산에 포위되었다. 상황은 아주 위급한 지경이었다. 이 때 구천은 탄식하며 말했다. "설마 내가 여기에서 죽어야 한단 말이냐?" 그때 문종이 그에게 간언했다. "상의 탕왕은 하태夏台에서 죄수가 되었고 주 문왕은 유리羑里에 갇혔으며 진晋의 공자 중이重耳는 적翟으로 망명했고 제의 공자 소백小白은 거莒 나라로 도망했습니다. 하지만 모두 절망적인 상황을 딛고 마침내 패왕의 위업을 일궈 냈지요. 이렇게 따져 본다면 지금의 상황이 꼭 복이 아니라고 단언할 수 있겠습니까?"

문종의 말을 옳게 여긴 구천은 그의 계책을 듣기로 했다. 구천은 금은 재물과 미녀들을 준비해 몰래 오나라의 태재 백비에게 보내면서 오나라 왕 앞에서 월나라를 두둔해 달라고 부탁했다. 뇌물을 받고 입이 벌어진 백비는 오 왕 앞에 나아가 아뢰었다. "제가 듣자하니 고대에는 다른 나라를 칠 때 상대가 굴복하면 희생을 더 요구하지 않았다고 합니다. 지금 월나라는 이미 우리 오나라에 굴복했으니 무엇을 더 바라겠습니까?"

이에 오 왕 부차는 태재 백비의 의견을 존중해 월나라와 화약을 맺고 월 왕 구천을 대신해 문종이 월나라 백성을 다스리는 것을 허락했다.

차에 싣고 말로 담을 정도

車載斗量(거재두량)

조비曹丕(조조의 차남. 위 문제文帝로 등극함)가 물었다. **"그러면 선생 같은 분은 오나라에 몇 명이나 있습니까?"** 이에 조자趙咨가 대답했다. **"총명하면서도 특출한 재주가 있는 사람은 한 8, 90명 있고 저 같은 사람은 차에 싣고 말로 담아야 할 정도로 많아 수를 셀 수가 없습니다!"**

221년 유비는 손권이 관우를 죽인 원수를 갚기 위해 이릉夷陵 전투를 준비했다. 유비가 직접 대군을 이끌고 손권을 정벌하려 하자 손권은 먼저 사자를 보내 화해를 청했다. 하지만 유비는 단번에 거절해 버렸다. 손권은 어쩔 수 없이 위나라의 도움을 받을 요량으로 조비에게 아주 겸손한 태도를 보이며 자신을 신하로 칭했고 조비는 손권을 오吳 왕王으로 책봉했다.

손권은 이에 조자를 사신으로 파견해 낙양에서 조비를 알현하도록 했다. 조비는 조자에게 아주 거만한 태도로 물었다. "오 왕은 어떤 군왕인가? 오나라는 우리 위나라를 두려워하는가, 두려워하지 않는가?" 이런 모욕적인 질문을 받은 조자는 순간 기지를 발휘해 아주 적절한 대답을 했다. "오 왕은 걸출한 재주와 원대한 계획을 품으신 분으로 노숙을 중용해 그 지혜를 증명했고, 여몽을 등용해 명석한 판단력을 증명했습니다. 또한 포로로 잡은 우금을 죽이지 않는 것으로 인의를 증명했고 칼에 피 한 방울 안 묻히고 형주를 취한 일로써 예지叡智를 증명했습니다. 남방의 세 주를 차지하고 사방을 호령하는 모습만 놓고 보더라도 오 왕의 걸출한 재주와 원대한 계획은 증명하고도 남습니다. 이런 오 왕이 폐하에게 신하라고 칭한 것은 그가 책략을 알고 있다는 걸 증명합니다. 오나라가 위나라를 두려워하는지 아닌지가 궁금하시다면 이렇게 말씀드리겠습니다. 큰 나라는 큰 나라대로 타국을 정벌할 무력을 갖추고 있고 작은 나라는 작은 나라대로 자신을 방어할 좋은 책략을 갖추고 있게 마련입니다. 하물며 우리 오나라는 용맹한 병사가 100만이요, 강한江漢이라는 천혜의 요새를 차지하고 있는데 왜 다른 나라를 두려워하겠습니까?" 조금의 흐트러짐도 없이 그 자리에서 바로 흘러나오는 침착한 답변에 크게 감탄한 조비는 이번에는 좀 더 예의 바른 말투로 다시 질문을 던졌다. "그러면 선생 같이 재능 있는 분은 오나라에 몇 명이나 있습니까?" 조자는 다시 한 번 당당하게 대답했다. "총명하면서도 특출한 재주가 있는 사람은 적어도 8,

90명은 있고, 저 같은 사람은 그야말로 차에 싣고 말로 담아야 할 정도로 많아 수를 셀 수가 없습니다!"

이렇게 위풍당당한 외교 사절의 발언을 들으면서 위나라 조정의 대신들은 모두 조자에게 숙연한 존경심이 생겨났다. 조비 역시 감탄을 연발하며 조자를 칭찬했다. "사신이 되어 사방을 다니면서도 군주의 명예에 욕을 끼치지 않다니, 선생께서는 정말 사신의 임무에 손색이 없는 분이십니다."

조자가 동오로 돌아오자 손권은 그가 군주의 명예에 욕을 끼치지 않고 사명을 다하고 돌아온 것에 매우 기뻐하며 상을 내렸고 이후로 그의 능력을 인정해 더욱 중용했다.

지혜가 꼬리를 무는 역사 이야기

남북조 시대에 북방에서는 피에 굶주린 군벌들이 들고 일어났다. 그 가운데 가장 대표적인 사람이 바로 혁련발발이다.

혁련발발은 본래 흉노족으로 부친과 자신의 자손의 성은 유씨였지만 자신만은 '혁련'이라는 성을 사용했다. 혁련발발은 유유가 후진後秦을 멸망시키자 그가 조정으로 돌아간 틈을 타 진晋을 깨뜨리고 유의진劉義眞을 대패시켰다. 그리고 이때 수만이나 되는 사람의 해골을 쌓아 수도의 명물로 삼고 이름도 끔찍한 '해골탑'이라 불렀다.

잔인하고 포악하기로 유명했던 혁련발발은 백성을 마치 지푸라

기처럼 여겼다. 그가 절대 무너지지 않는 견고한 성을 짓겠다며 오년간 성을 쌓은 일은 아주 유명하다. 그는 견고한 성벽을 쌓으려고 벽돌을 만드는 진흙에 쌀죽과 양의 피를 넣고 끓여 만들었고 성벽 한 구간이 완성되면 건축을 감독한 병사에게 명해 쇠 송곳으로 벽돌을 찔러보게 했다. 만일 쇠 송곳이 일 촌寸(3.33센티미터가량) 이상 들어가면 성벽 벽돌을 만든 벽돌장이는 죽어야 했다. 그리고 그가 만든 구간의 성벽은 모두 허물어 벽돌장이의 시체를 그 안에 집어넣고 성벽을 새로 쌓게 했다. 그러면서도 혁련발발은 대신들에게 이렇게 호언장담했다.
"짐은 평생에 반드시 천하를 통일하고 만방에 군림할 것이다. 그런 의미에서 이 성의 이름은 통만성統萬城이라 한다!"

혁련발발의 군대에 무기를 만들어 바치는 장인의 운명 역시 비참하기 그지없었다. 갑옷과 활, 화살들이 일정량 만들어지면 혁련발발은 다른 이를 시켜 화살로 갑옷을 쏘게 해서 견고함을 실험했다. 만일 화살이 갑옷을 뚫지 못하면 활과 화살을 만든 장인이 죽어야 했고 반대로 화살이 갑옷을 뚫으면 갑옷을 만든 장인이 죽어야 했다.

이렇게 끊임없이 죽고 죽이는 비극 가운데 그에게 죽임을 당한 백성들은 차에 싣고 말로 담아야 할 만큼 많아 차마 그 수를 셀 수가 없었다.

모욕을 참으며
막중한 책임을 지다

忍辱負重(인욕부중)

육손陸遜은 이야기를 다 듣고 나서 검에 손을 얹으며 매섭게 이야기했다. **"저는 비록 일개 서생에 불과하지만 주상께서 저에게 막중한 임무를 맡기신 것은 미미하나마 쓸 만한 구석이 있기 때문입니다. 바로 모욕을 참으며 막중한 책임을 질 줄 안다는 점입니다."**

유비가 이끄는 군대는 수군과 육군이 동시에 출병해 단숨에 이릉彝陵까지 진격했다. 그들은 장강 남쪽 언덕 600~700리 정도 되는 곳에 병영을 수십 곳 세웠는데 기세가 아주 대단했다. 육손은 촉나라 군사들의 사기가 드높고 유리한 지형을 차지한 것을 보고, 진지 안에 들어가 문을 굳게 걸어 잠그고 적과 싸우지 않는 방어전을 택했다. 그런데 당시 이릉성에는 동오의 부대가 촉나라 군에 포위되어 오도 가

도 못한 채 육손의 지원만 기다리고 있었다. 하지만 육손은 증원병을 보내지 않기로 하고 장군들에게 이렇게 말했다. “이릉성은 성벽이 견고하고 한동안 먹을 식량과 말 먹일 꼴도 충분합니다. 제가 세워둔 계획대로 되기만 하면 자연히 포위가 풀릴 것이니 지금 구원병을 보내진 않겠습니다.”

그러자 장군들은 주장인 육손이 촉나라 군을 공격하지도 않고 적군에 포위당한 아군도 도우려 하지 않는 것에 분통을 터뜨리며 이는 분명히 육손이 용기도 없고 전쟁을 두려워하는 것이라 여겼다. 특히 그런 생각을 가진 장군 가운데 노장들과 손권의 친척들은 육손의 지휘조차 따르려고 하지 않았다.

군영의 심상찮은 분위기를 감지한 육손은 곧 장군들을 불러 모아 회의를 열었다. 그는 자신의 보검에 손을 얹고 이야기를 시작했다. “유비는 천하가 그 이름을 알고 조조도 두려워하는 자입니다. 지금 군사를 이끌고 우리를 공격하는 유비는 실로 막기 어려운 강한 적입니다. 뭇 장군들께서는 더 큰 목표를 위해 합심 단결해 적을 몰아내고 나라의 은혜에 보답하도록 합시다. 저는 비록 일개 서생에 불과하지만 주상께서 군대를 통솔케 하셨으니 온 힘을 다해 직무를 감당할 것입니다. 뛰어난 장군들이 계시는데도 주상께서 제게 지휘를 맡기신 것은 미미하나마 제가 모욕을 참으며 막중한 책임을 질 줄 아는 쓸 만한 구석이 있기 때문입니다. 군령은 태산과 같으니 위반한 사람은 모두 군법에 따라 처리할 것입니다. 여러분께서는 군령을 철저히 지켜 주시기 바랍니다!"

육손이 이렇게 말하자 뭇 장군들은 노기가 가라앉았다. 이후로는 아무도 감히 육손의 명령을 어기지 못했다.

지혜가 꼬리를 무는 역사 이야기

주아부周亞夫는 한나라 경제 시기의 중신으로, 칠국의 난을 평정하는 혁혁한 전공을 세워 관직은 승상에까지 이르렀다. 그는 평소 경제를 위해 많은 조언과 계책을 올렸고 항상 나라에 충성하는 충신이었다.

어느 날 경제는 연회를 열고 주아부를 초청해 그에게 커다란 고깃덩어리를 하사했다. 그러나 그 고깃덩어리는 먹기 좋게 잘라져 있지도 않고 젓가락마저 준비되어 있지 않아 먹을 수가 없었다. 주아부는 언짢은 기색을 드러내며 내시에게 젓가락을 달라고 했다. 그러자 경제가 웃으며 말했다. "승상, 짐이 이렇게 큰 고기를 상으로 내렸는데 승상께서는 왜 만족하지 못하십니까?" 그러자 주아부는 얼른 무릎을 꿇고 자신의 죄를 사죄했다. 경제가 말했다. "승상께서 불편하시다면 됐습니다. 연회는 이걸로 마치지요." 이것으로 주아부는 퇴궐했지만 심기는 여전히 불편하기 짝이 없어 보였다. 그의 모습을 처음부터 끝까지 전부 지켜본 경제는 한탄하며 말했다. "주아부는 내가 무례하게 대하는 것조차 참지 못하는데 어린 군주가 젊은 혈기로 함부로 대하는 무례함은 어떻게 참겠는가?"

한 경제는 임금이 신하에게 큰 고깃덩어리를 상으로 내리면 신하는 고기를 손으로 덥석 붙들고 감사히 먹을 수 있어야 신하로서 본분을 지키는 것이라 생각했다. 주아부가 불쾌해하며 젓가락을 달라고 한 행동으로 미루어 보아 경제는 그가 모욕을 참으며 막중한 책임을 감당할 만한 인물이 아니라는 것을 짐작할 수 있었던 것이다. 경제는 곧바로 주아부에게 태자를 가르치게 하려던 계획을 취소해 버렸다.

사람이 죽을 때는 하는 말도 선하다

人之將死 其言也善(인지장사 기언야선)

유비는 종이와 붓을 가져다 유서를 작성한 후 공명에게 전해주며 한탄했다. "짐은 책을 많이 읽지 못해 커다란 책략만 대강 알고 있을 따름이오. 하지만 성인의 말씀에도 새는 죽을 때가 되면 울음도 애처롭고 사람은 죽을 때가 되면 말도 선하게 한다고 했소. 짐은 본래 경들과 함께 역적 조씨 가문을 몰아내고 한나라를 함께 지키려 했는데 불행히도 중간에서 이별하게 되었소. 승상은 번거롭겠지만 내 유서를 태자 유선劉禪에게 전해 주시고 절대 평범한 말로 여기지 말라 전해 주시오. 이후 모든 일은 승상의 더 많은 가르침을 바라겠소."

이릉 전투에서 군대를 전부 잃어버린 유비는 영안永安으로 후퇴할 수밖에 없었다. 백제성百濟城의 영안궁에 들어온 그는 곧 몸져누웠

다. 자신의 병은 도저히 나을 수 없는 것임을 직감한 유비는 성도에 있던 제갈량을 불러와 뒷일을 부탁했다.

제갈량은 태자 유선을 성도에 남겨 성을 지키게 하고, 자신은 유비의 다른 두 아들, 유영劉永과 유리劉理를 데리고 백제성으로 달려왔다. 영안궁에 당도해 병으로 몰골이 말이 아닌 유비를 보자 제갈량은 황급히 유비의 침대 앞에 엎드려 절했다. 유비는 뭇 장군들과 신하들을 불러 모으고 친히 붓을 가져다 유서를 작성해 제갈량에게 건네주었다. 그는 한탄하며 말했다. “짐은 본래 경들과 함께 조비를 몰아내려고 했지만 불행히도 중간에서 이별하게 되었소. 승상은 번거롭겠지만 내 유서를 태자 유선에게 전해 주시고 이후 모든 일은 승상의 많은 가르침을 바라겠소.” 제갈량 등 신하들은 모두 바닥에 엎드려 말했다. “폐하께서는 편히 쉬소서. 신들은 반드시 있는 힘을 다해 충성하며 저희를 알아주신 그 은혜를 갚을 것입니다.”

유비는 좌우에 있는 시종에게 명해 제갈량을 부축해 일으키게 했다. 그는 한 손으로는 흐르는 눈물을 닦고 다른 한 손으로는 제갈량의 손을 움켜쥐며 말했다. “경의 재간은 조비보다 10배는 뛰어나시니 반드시 큰일을 이룰 수 있을 겁니다. 유선이 도와줄 만한 재목이거든 도와주시고 영 안 될 것 같거든 경께서 촉의 군주가 되어주시오.” 제갈량은 유비의 말을 듣자마자 ‘엉엉’ 소리 내 울며 땅에 머리를 조아리고 엎드려 말했다. “신은 죽을 때까지 제 모든 힘을 다해 태자를 도울 것입니다.” 그리고 땅에 머리를 찧으며 절을 하는데 이마에서 피가

흐를 때까지 그치지 않았다. 또 유비는 제갈량을 자신의 곁에 앉히더니 두 아들을 불러 제갈량에게 절을 하도록 했다. 그리고 뭇 장수들과 신하들에게 부탁했다. "내 이미 국가 대사를 승상에게 맡겼고 내 아들에게는 승상을 아버지같이 대하도록 명했으니 여러분께서도 이 명을 지키는 데 게을리 하지 말아 주시오." 말을 마치자 유비는 두 눈을 굳게 감고 곧 숨을 거두었다. 그의 나이 63세였다.

지혜가 꼬리를 무는 역사 이야기

남북조 시기에 전진의 군주였던 부견은 왕맹王猛을 아주 귀하게 여겨 그를 승상·중서감中書監·상서령尙書令·태자태부太子太傅·사예교위司隸校尉 등의 직위에 임명하며 군대와 국내외의 대사를 다룰 수 있는 결정권을 주었다. 왕맹 역시 그의 큰 기대를 저버리지 않고 조정을 깨끗하고 강직한 분위기로 쇄신시켰다. 또한 농업과 양잠업을 육성하고 군대를 양성하는 등 다양한 노력을 쏟으며 전진의 부국강병 시대를 열어 갔다.

그러나 375년 6월 왕맹은 과로로 몸져눕게 되었다. 이에 마음이 불에 타는 것처럼 애가 탄 부견은 자신이 직접 왕맹을 위해 기도를 하는가 하면 시신侍臣들을 전국 명산대천에 두루 보내 기도를 올리며 왕맹의 병세 호전을 위해 백방으로 애를 썼다. 왕맹의 병세가 조금 호전되자 부견은 사형수 이하의 죄수들을 특사로 사면해 주기까지 했다.

그러나 왕맹의 병은 점점 심각해져 결국 부견이 그를 직접 찾아가 뒷일을 물었다. 왕맹은 부견에게 의미심장한 말을 남겼다. "진晉나라 왕조는 비록 지금은 강남 궁벽한 곳으로 피해 있지만 결코 얕볼 수 없는 중국 정통 왕조입니다. 현재 우리나라는 백성과 신하들이 모두 평강하니 소신이 죽은 후 폐하께서는 진을 토벌할 생각은 절대 하지 마시기 바랍니다. 그리고 선비·서강족 등 우리에게 투항한 부족의 귀족들은 모두 두 마음을 품는 우리의 적입니다. 언젠가는 화를 끼칠 것이니 미리 화근을 없애 버리시는 것이 나라에 유익합니다. 옛말에 '사람이 죽을 때는 말도 선하게 한다'고 했습니다. 폐하께서는 제 말을 꼭 명심하시기 바랍니다."

왕견은 폐부肺腑에서 우러난 진심 어린 간언을 남기고는 마침내 숨을 거두었다. 부견은 그의 관을 붙들고 세 번이나 통곡했다. 또한 태자 부굉苻宏에게도 안타까운 마음을 토로하며 한탄했다. "하늘은 짐이 천하를 통일하길 원치 않으시나 보다. 어찌하여 짐이 그토록 아끼던 왕맹을 이리도 빨리 빼앗아 가신단 말이냐?"

그러나 부견은 후에 왕맹이 임종 시에 남긴 부탁을 듣지 않고 선비·서강족과 밀접한 관계를 맺었다. 그뿐 아니라 그들과 100만 대군을 규합해 동진을 공격하여 결국 비수淝水 전투에서 비참한 영웅의 말로를 맞고 말았다. 게다가 전진 국내에 있던 오랑캐 족들까지 이 기회를 이용해 잇달아 반란을 일으키는 바람에 전진은 한 번의 패배 후 다시는 일어서지 못하는 나라가 되고 말았다.

좁은 시야가 확 트이다

頓開茅塞(돈개모색)

장온은 더 대답할 말이 없자 곧 자리를 피해 고마워하며 말했다. **"촉에 인재가 이토록 많이 나는 줄은 몰랐습니다. 말씀을 들으니 저의 좁은 시야가 확 트이는 듯합니다."**

유비가 죽은 후 제갈량은 계속해서 오나라와 연합해 위나라를 토벌하는 정책을 펼쳤다. 그는 호부상서戶部尙書 등지鄧芝를 사신으로 동오에 보냈고 손권 역시 중랑장中郎將 장온張溫을 성도에 보내 답방했다. 장온이 임무를 완성하고 귀국하기 전, 촉의 후주 유선은 성남城南의 우정郵亭에서 그의 송별연을 열었다. 공명이 막 장온에게 술을 권하려는데 별안간 한 사람이 술자리로 들어섰다. 그는 고개를 높이 치켜들고 들어와 자리에 앉은 사람들을 향해서 두 손을 모으고 고개만 한

번 꾸벅하더니 바로 술자리에 끼어들었다. 그의 태도가 탐탁지 않았던 장온이 공명에게 물었다. "저 사람은 누굽니까?" 공명이 대답했다. "성은 진秦이고 이름은 밀宓이라 합니다. 지금 익주에 학사學士로 있습니다." 장온은 피식 웃으며 말했다. "부르기는 학사라고 할지 모르겠지만 얼마나 많은 학문을 배웠는지는 모르겠군요?" 그러자 진밀이 정색하며 대답했다. "우리 촉에는 키가 삼 척인 어린 아이도 학문이 있는데 나라고 없겠소?" 장온이 물었다. "그럼 선생께서 배운 것이 어느 것에 관한 학문인지 알려주시겠습니까?" 그러자 진밀이 대답했다. "위로는 천문이요, 아래로는 지리, 삼교三教와 구류九流, 제자백가에 대해 정통합니다. 또 성현의 경전은 모르는 것이 없습니다."

장온이 말했다. "선생, 상당히 자신만만해 하시는데 그럼 제가 하늘에 관해 문제를 몇 개 내보겠습니다. 하늘에는 머리가 있습니까?" 장밀이 즉각 대답했다. "있습니다." 그러자 장온이 물었다. "그럼 머리가 어느 쪽에 있습니까?" "서쪽입니다. 『시경』에서 말하길 '내권서고乃眷西顧', 다시 말해 앙모仰慕하는 마음으로 고개를 돌려 서쪽을 바라본다고 했으니 이것으로 미뤄 보아 하늘의 머리는 서쪽에 있습니다."

장온은 반박할 만한 말을 찾지 못하자 얼른 다른 문제를 냈다. "그럼 하늘에는 귀가 있습니까?" 진밀이 대답했다. "하늘은 비록 아주 높기는 하지만 지상의 소리를 들을 수 있습니다. 『시경』에서는 학명구고鶴鳴九皐, 성문우천聲聞于天이라 하여 학이 깊은 늪에서 우는 소리도 하늘은 능히 들을 수 있다고 했습니다. 귀가 없다면 어떻게 들을 수 있겠습니까?"

장온은 또다시 물었다. "하늘에는 다리가 있습니까?" 장온이 대답했다. "있지요. 『시경』에 천보간난天步艱難, 즉 하늘이 걷기가 힘들다라는 말이 있습니다. 다리가 없으면 하늘이 걷는다는 말이 어떻게 나올 수 있겠습니까?" 이에 장온은 다시 물었다. "하늘에는 성이 있습니까?" "왜 성이 없겠습니까? 하늘의 성은 유씨입니다." 그러자 장온이 물었다. "무슨 근거로 그런 말씀을 하십니까?" 이에 진밀이 대답했다. "하늘의 아들인 천자의 성이 유씨이니 하늘은 당연히 유씨이지요." 이 말을 듣고 장온이 반박하며 말했다. "태양은 동쪽에서 떠오르지 않습니까?(천자를 태양에, 동오를 동쪽에 비유한 말)" 그러나 진밀은 지지 않고 대답했다. "하지만 태양은 서쪽으로 집니다!(서쪽은 촉나라를 가리킴)"

진밀의 막힘없는 대답에 자리에 있던 사람들은 모두 크게 감탄했고 장온 역시 탄복하며 말했다. "촉에 이런 영웅호걸이 있는 줄은 정말 몰랐습니다. 오늘 하신 말씀으로 저의 좁은 시야가 확 트이는 것 같았습니다."

지혜가 꼬리를 무는 역사 이야기

전국 시대에 전단田單은 조趙나라의 재상을 지냈다.

하루는 그가 수차례 큰 공을 세운 대장 조사趙奢와 한담을 나누고 있었다. 전단이 말했다. "저는 장군의 용병술에 그저 놀라울 따름입니다. 하지만 용병 규모가 너무 크다는 점은 마음에 들지 않습니다. 과거 군왕들은 출병하면 군사 3만 명을 넘지 않고도 천하를 평정했습니다. 그런데 지금 장군은 툭하면 10만, 20만이나 되는 군사를 출동시키니 저는 이 점을 이해할 수가 없습니다."

조사는 전단에게 설명했다. "예전에 사해 안에는 만 개나 되는 나라가 있었고, 성의 둘레는 길어봐야 300장밖에 되지 않았으며 백성은 아무리 많아도 3천 호를 넘지 않았습니다. 하지만 지금은 고대에 분열되어 있던 1만 국이 일곱 개 국으로 통합되었고 도시의 규모는 1천 장까지 늘어났습니다. 주민이 1만 호 이상 되는 도시도 심심찮게 볼 수 있습니다. 사회에 이런 변화가 일어났으니 전쟁에 출동시키는 병사의 숫자도 그에 걸맞게 변화가 있어야 할 것입니다. 예를 들어 제나라가 20만 군대를 동원해 초나라를 공격했을 때 그 전쟁은 오 년이 지나서야 끝났습니다. 그리고 조나라는 20만 군대로 중산中山을 공격했다가 오 년이 지난 다음에야 고국으로 돌아갈 수 있었습니다. 이때 제, 조 두 나라의 실력은 비슷했습니다. 그런데 이 둘이 서로 전쟁을 한다면 군사 3만 명을 이끌고 승리할 수 있겠습니까? 군사 3만 명으로 둘레가 1천 장이나 되는 성을 포위하려 한다면 성의 한 모퉁이밖에 포위하지 못하고 들에서 전투한다고 해도 포위 공격은 불가능할 겁니다. 이런 상황인데 용병의 규모를 줄이면 어떻게 하시겠다는 말씀이십니까?" 조사의 이 말은 전단의 좁은 생각의 세계를 순식간에 넓혀 주었다. 전단은 탄복하며 바로 조사에게 감사를 표했다.

창자가 당기고 배가 걸리다

牽腸掛肚(견장괘두)

제갈량은 막사에 이르러 포박한 것을 풀어 주고 그들을 위로하며 말했다. **"여러분은 모두 착한 백성인데 불행하게도 맹획에게 붙들려 있다가 지금 이렇게 놀라운 일을 당하고 있습니다. 여러분의 부모와 형제·아내·아들딸들이 전부 문가에 기대 여러분이 돌아올 날만 기다리고 있을 겁니다. 만일 전쟁에 패했다는 이야기를 들으면 분명 배가 끊어지고 창자가 당길 것이며 눈에서 피눈물이 날 것입니다. 오늘 여러분들을 전부 풀어 줄 터이니 돌아가서 부모와 형제·아내·자녀들의 마음을 안심시켜 주십시오."**

촉의 후주 유선이 다스린 건흥建興 3년(225년), 남방의 오랑캐 왕인 맹획孟獲은 금환金環 등 삼 개 동洞의 병마와 연합해 반란을 일으켰다. 게다가 건녕建寧 등 삼 개 군이 맹획에게 항복하며 영창은 위급한

지경에 이르렀다. 이에 제갈량은 친히 대군을 이끌고 남방 정벌을 나섰다. 촉나라 군이 먼저 삼군을 공격해 반란을 일으킨 장수들을 죽이자 주동자 맹획은 요리조리 도망치며 계속해서 완강히 저항했다.

같은 해 5월 제갈량은 군대를 이끌고 노수瀘水를 건너 맹획을 추격했다. 그는 복병을 숨겨 놓은 채 적을 유인하려고 일부러 퇴각하는 척하면서 맹획을 끌어들였다. 맹획은 여기에 속아 넘어가 결국 촉나라 병사의 매복에 걸려들었고 전투에서 남방 오랑캐 병사들이 크게 패하면서 맹획과 장군들은 촉나라 군에 생포되었다.

제갈량은 전쟁 포로들을 잘 먹이고 입힌 후 전부 석방하며 이렇게 말했다. "여러분의 부모와 형제·아내·아들딸들은 전부 문가에 기대 여러분이 돌아올 날만 기다리고 있을 겁니다. 만일 전쟁에 패했다는 이야기를 들으면 분명 애간장이 끊어지고 피눈물을 흘릴 것입니다. 여러분은 모두 고향으로 돌아가십시오."

제갈량은 이번에는 맹획에게 물었다. "오늘 그대는 내게 붙잡혔는데 마음으로 굴복하겠소?" 맹획이 대답했다. "내가 자칫 잘못해 네 계략에 걸려들었을 뿐인데 어떻게 굴복하겠느냐! 날 풀어 준다고 해도 나는 군사와 말을 재정비하고 다시 돌아와서 결사전을 치를 것이다. 만일 네가 다시 날 붙잡는다면 그때 가서 마음으로 굴복하겠다."

제갈량은 그 말을 듣고도 그를 놓아주었다. 맹획은 풀려난 후 자기 부락으로 돌아가 정말로 군대를 재정비해 다시 한번 촉나라 군을 공격해왔다. 하지만 그는 두 번째에도 생포되었다. 제갈량이 다시 그에게 투항을 권유했지만 맹획은 여전히 마음으로 굴복하지 않았다. 제갈량은 그를 또다시 풀어 주었다. 이렇게 잡았다가 풀어 주고, 또 잡았다가 풀어 주기를 무려 일곱 번이나 반복했다.

맹획이 일곱 번째 붙잡혔을 때 제갈량은 또 그를 풀어 주려 했다. 그러나 맹획은 눈에 눈물을 글썽이며 말했다. "승상께서 저를 일곱 번이나 붙잡았지만 일곱 번 모두 풀어주셨으니 정말 인자함과 도리를 다해 저를 대해 주셨습니다. 저는 이제 마음속에서부터 승상을 존경하고 감복하게 되었습니다. 앞으로 다시는 반란을 일으키지 않겠습니다."

맹획은 돌아간 후 남방의 오랑캐 각 부족들을 설득해 모두 촉에 투항시켰고 그 덕분에 중국의 남중부 지역은 다시금 촉한의 세력권 아래 놓일 수 있게 되었다.

지혜가 꼬리를 무는 역사 이야기

송나라 초기에 조빈曹彬과 반미潘美 등 송의 장군들은 10만 대군을 이끌고 중국 북부로 진격해 북한北漢과 요遼나라의 연합군과 대치했다. 그러나 큰 성패 없이 그렇게 대치하는 상태로 이 년이란 긴 시간이 지나자 조빈과 반미 등 장군들 사이에서는 여러 가지 대책들이 쏟아졌다. 회의를 한 결과 송이 먼저 요에 평화조약을 제안하든지 아니면 요나라 군과 크게 한판 싸워 북한의 영토에서 요나라 군을 내쫓든지 어서 결론을 내야 한다는 쪽으로 중론이 모아졌다. 사실 계속 시간만 끌다보니 꽤 든든하게 비축해두었던 군량도 엄청나게 낭비돼서 자칫 잘못하다간 본래 목적인 남당南唐 정벌도 물 건너 갈 판이었다.

그때 조빈은 요나라 재상 야율사耶律沙의 아우를 포함한 요나라 왕실의 가족들이 당시 송·요·북한 삼국의 국경 지역에서 사냥을 하고 있다는 정보를 입수했다. 조빈이 반미에게 말했다. "이들을 생포하면 요 왕실과 대신들은 자기 가족 때문에 애간장이 끊어서라도 함부로 도발하지 않을 겁니다."

그리하여 그는 당장 정예부대 5천 명을 이끌고 대본영을 떠나 깃발을 누이고 북도 치지 않은 채 조용히 북쪽으로 올라갔다.

태행산太行山을 넘은 조빈은 드디어 요나라 왕족들의 거동을 정탐해냈다. 그들은 바로 오대산五臺山 동쪽에서 100여 리쯤 떨어진 태백산太白山에서 사냥을 하고 있었다. 조빈은 즉시 수하의 장수에게 명해 부하 1천 명을 이끌고 당하唐河의 강변을 따라 행진하도록 했다. 그들의 임무는 사냥을 하고 있는 요나라 왕족들이 강을 넘어 도망갈 길을 봉쇄하는 것이었다. 그리고 그는 또 다른 부하 장수에게 군사 2천 명을 이끌고 곧바로 태백산으로 진격하라고 명령했다. 이들의 임무는 왕실 가족들을 호위하는 요나라 군을 섬멸하고 왕실 가족들을 생포하는 것이었다. 또한 자신은 나머지 군사 2천 명을 이끌고 평형관平型關을 점령해 서쪽에 있을 북한의 군대를 막기로 했다.

그 결과 요나라 왕실 가족들을 호위하던 요나라 군대는 거의 절반에 가까운 수가 죽임을 당하고 나머지 반은 포로가 되었으며 사냥하던 요나라 왕족 30여 명은 모두 송나라 군에 생포되었다. 그 와중에 야율사의 동생은 도망치다가 넘어져 팔에 부상을 입었다. 송나라가 인질들을 사로잡자 요나라 군은 다시는 송나라를 침략하지 않았다.